.

임동석중국사상100

십팔사략

十八史略

曾先之 編 / 林東錫 譯註

《十八史略》

元, 曾先之 編次

陳殷 音釋. 王逢 點校. 何景春 捐俸刊

"상아, 물소 뿔, 진주, 옥. 진괴한 이런 물건들은 사람의 이목은 즐겁게 하지만 쓰임에는 적절하지 않다. 그런가 하면 금석이나 초목, 실, 삼베, 오곡, 육재는 쓰임에는 적절하나 이를 사용하면 닳아지고 취하면 고갈된다. 그렇다면 사람의 이목을 즐겁게 하면서 이를 사용하기에도 적절하며, 써도 닳지 아니하고 취하여도 고갈되지 않고, 똑똑한 자나 불초한 자라도 그를 통해 얻는 바가 각기 그 자신의 재능에 따라주고, 어진 사람이나 지혜로운 사람이나 그를 통해 보는 바가 각기 그 자신의 분수에 따라주되 무엇이든지 구하여 얻지 못할 것이 없는 것은 오직 책뿐이로다!"

《소동파전집》(34) 〈이씨산방장서기〉에서 구당(丘堂) 여원구(呂元九) 선생의 글씨

〈西域人騎駝陶俑〉 唐 明器 1954 山西 長治 王琛 묘 출토

본권의 역사적 개괄(7)

북송北宋 철종哲宗→남송南宋 말까지

★ 본 《십팔사략》 제7권은 북송 철종(哲宗: 1086~1100년 재위)으로부터 북송이 망하고(1126) 고종(高宗, 趙構)이 조씨趙氏의 혈통을 이어 임안(臨安, 지금의 杭州)을 도읍으로 삼고 겨우 견뎌내며 명맥을 유지한 남송南宋의 마지막 제병(帝昺, 趙昺)에 이르기까지의 역사를 다루고 있다.

한편 이 시대 북방은 여진女眞의 금金나라가 세력을 떨치다가 곧 뒤를 이어 몽고蒙古의 원元이 다시 흥기하는 시기였다. 몽고는 여진의 금을 멸하고 남송을 괴롭히다가 결국 참혹하게 멸망시켜 한족漢族으로서는 엄청난 고통의 시기이기도 하다. 이처럼 송나라는 북송 시대는 요遼와 금金의 괴롭힘 대상이었고, 남송 시대는 금金과 원元의 먹이였다.

이 《십팔사략》은 권7이 북송北宋과 남송南宋이 걸쳐 있으나 이는 분량 때문에 나눈 것일 뿐 역사 분기를 중심으로 한 것이 아니다. 따라서 북송 전체의 해설은 6권에서 이미 마무리하였다. 이에 여기에서는 남송 전체와, 같은 시기의 금金과 서하西夏의 일부를 간략히 설명하겠다. 그리고 뒤를 이어 이미 북방에서 건국하여 대제국을 형성한 몽고칸국蒙古汗國이 뒤로 정식 원元나라가 되는 과정은 이 남송과 겹치며, 결국 송을 멸망시키고 대제국을 건설함으로써 편의상 여기에 원조元朝의 역사도 함께 실어 독자들의 이해를 돕는다.

이 7권의 전체 구성은 북송北宋 3 황제(哲宗, 徽宗, 欽宗)와 남송南宋 9 황제(高宗, 孝宗, 光宗, 寧宗, 理宗, 度宗, 恭帝, 端宗, 帝昺)로 이어지며, 중간에 금金과 원元의 역사와 일화를 삽입하여 설명하고 있다.

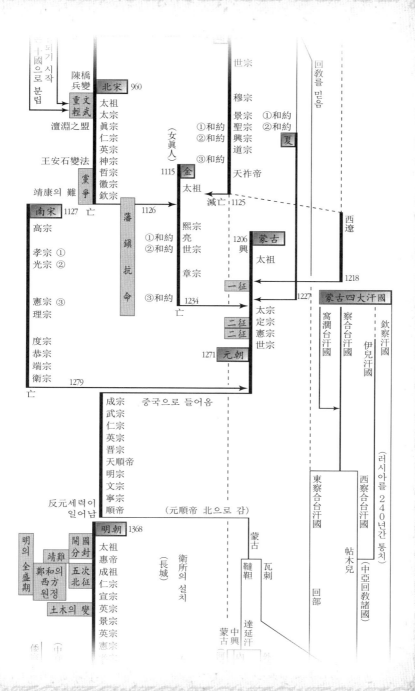

해설 <차례>(7)

Ⅰ. 남송南宋

1. 남송의 건국

정강지치靖康之恥로 금군金軍이 송나라 휘종徽宗과 흠종欽宗을 포로로 하여 북을 돌아가면서 금은 송나라 수도 변경汴京에 장방창張邦昌이라는 자를 황제로 하여 괴뢰국을 세워 놓고 국호를 '초楚'라 하였다.

그러자 송의 유신들은 흠종欽宗의 아우 조구趙構를 황제로 하여 우선 남경南京 응천부(應天府, 지금의 河南 商丘)에서 즉위시켰다.(1127) 이가 고종高宗이며 역사에서는 이후를 '남송南宋'이라 칭한다.

고종은 즉위 초에 중원中原을 회복할 뜻을 품고 이강李綱과 종택宗澤을 재상으로 삼아 각지의 의용군을 모집하여 금에 대항하였다. 그러나 전쟁에 지친 고종은 결심을 버리고 주화파의 의견을 들어 75일 만에 이강을 파직시키고 말았으며 종택은 이 일로 병을 얻어 '하수를 건너라'(渡河)라고 외치며 죽고 말았다.

얼마 뒤 금나라 장수 올출兀朮이 남하하자 고종은 감히 저항하지 못하고 남으로 도피하여 바다로 숨어버렸다. 금군은 강남江南까지 이르러 마구 약탈하고 불을 지른 다음 돌아가 버렸다.

이에 한세충韓世忠 등은 진강鎭江 부근에서 귀환하는 금군과 마주하여 황천탕 黃天蕩 대전을 치르며 금군을 궤멸시켰다. 그렇게 되자 고종은 비로소 나타나 임안부(臨安府, 지금의 杭州)를 도읍으로 정하고 행정제도를 갖추어 남송은 일시적 안정을 얻게 되었다.

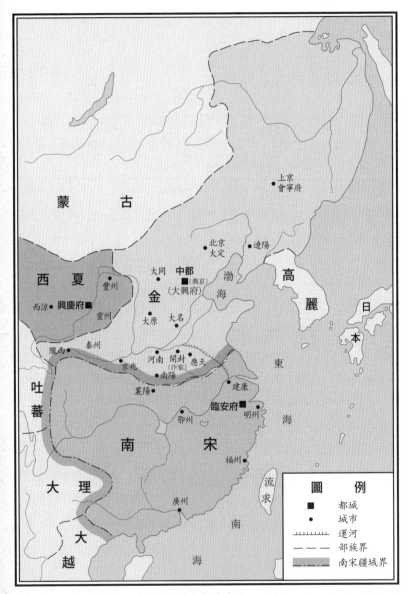

上京
會寧府

蒙　古

北京
大定　　遼陽

西　夏　　　　　大同　中都
　　　　豐州　　　　（燕京）　渤　高
西涼　興慶府　　金　　（大興府）　海　麗
　　　　靈州　　大名　　　　　　　　　日
　　　　　　大原　　　　　　　　東　本

隴西　秦州
吐　　　　　　河南　開封　應天　　海
　　京兆　　　（汴京）
蕃　　　　南陽　　　　　建康

　　　　襄陽　　　　臨安府　明州
　　　　　　　　鄂州　　　　　海
大　理　南　宋　　　　福州　　東
大　　　　　　　　　廣州　　流求
　越　　　　　　　　　　　南
　　　　　　　　　　　海

圖　　例

■　　都城
●　　城市
　　　運河
－－　部族界
　　　南宋疆域界

〈남송의 강역도〉

2. 악비岳飛의 저항

금군은 점령지마다 잔혹한 통치를 실행하여 각지에서 이에 대항하는 민병이 조직되기에 이르렀으며, 그 중에 널리 알려진 자가 바로 악비岳飛이다.

악비는 기강이 엄격한 군대를 길렀으며 이들은 싸움마다 승리를 거두어 '악가군岳家軍'이라 불렀다. 1140년(紹興 10년)에 금군이 다시 세 길로 나누어 남하하자 안휘安徽와 섬서陝西 지역으로 오던 금군은 송군에게 대패하고 말았으나 가운데로 내려오던 올출兀朮의 군대는 하남河南 언성郾城에서 악비와 결전을 벌이게 되었다. 금군은 머리에 철 투구를 쓰고 몸에 갑옷을 두른 병사로 마치 철로 된 탑과 같다 하여 '철부도鐵浮屠'라 불렀으며 그 양쪽의 날개 역할을 하는 '괴자마拐子馬'라는 기병을 전술로 하여 그 위세가 대단하였다. 그러나 악비군은 위로는 적의 머리를 치고 아래로는 철기의 말 다리를 자르는 방법으로 이들을 격퇴하였다. 그리고 승세를 타고 북쪽으로 진군하여 옛 수도 변경汴京의 40리 주선진朱仙鎭까지 밀고 들어갔으나 고종高宗은 급히 재상 진회秦檜의 말을 듣고 금과 화의를 청하고자 하루에 무려 12번의 전투중지의 명령문을 하달하였다. 악비가 이를 듣지 않자 고종은 도리어 악비를 죽이고 말았다.

岳飛의 글씨 "還我河山"

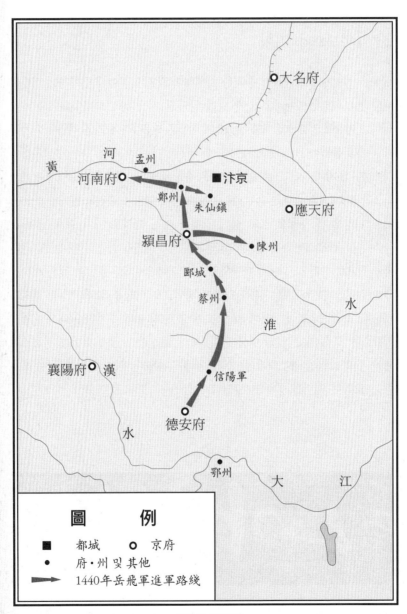

岳飛의 抗金圖

岳飛와 아들 岳雲 무덤(절강 항주)

3. 송금宋金의 강화講和

악비가 피살된 후 남송은 주화파가 득세하여 고종高宗과 진회秦檜를 중심으로 금과 강화를 맺게 된다. 진회가 재상으로서 권력을 잡은 10여 년 간 금에 대항을 부르짖던 장수와 신하는 모두 축출되어 남송은 더 이상 중원을 회복할 의도를 갖지 않게 되었으며 그만한 역량도 키우지 못하였다.

뒤에 효종孝宗이 즉위하여 비록 북벌의 논의는 있었지만 실패로 끝나 다시 금에게 강화를 애걸하는 쪽으로 기울고 말았다.

영종寧宗 때에 이르러 외척 한탁주韓侂冑가 다시 북벌에 나섰지만 내분이 일어나 송나라는 한탁주를 죽여 다시 금에게 강화를 청하였다. 이렇게 4번의 강화는 매년 국권을 상실하는 치욕적인 것으로 남송이 금에게 신하를 칭하기도 하였고, 매년 금, 은, 비단을 바치며 혹은 영토를 할양하거나 또는 남송 자신은 조카로, 금은 숙부로 불러야 한다는 경우도 있었다. 그런가 하면 남송이 금군을 위문하여 그 비용 3백만 냥을 부담하기도 하는 등 그 내용은 모든 굴욕을 그대로 견디며 수용할 수밖에 없는 상황의 연속이었다.

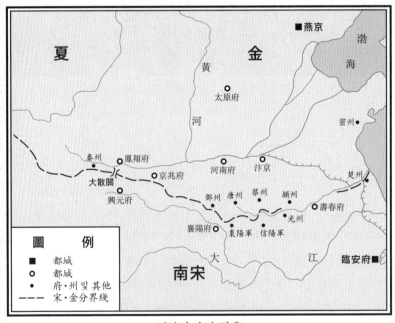

〈南宋과 金의 경계〉

Ⅱ. 서하西夏와 금金, 남송南宋의 멸망

1. 하夏의 멸망

12세기 북방 유목민족인 몽고蒙古가 일어났다. 몽고의 수령 테무진鐵木眞은 강력한 기마병과 뛰어난 전투력을 바탕으로 우선 몽고칸국蒙古汗國을 세웠다. 이가 곧 칭기즈 칸成吉思汗이다. 당시 중국에는 세 개의 나라가 상존하고 있었는데 바로 남송南宋과 금金, 그리고 서하西夏였다. 몽고는 먼저 서하를 침공하여 그 인구와 가축 수십만을 약탈하였으며 그 여세를 몰아 멀리 서아시아까지 원정하였다가 돌아오는 길에 칭기즈 칸은 아예 서하를 멸망시켜 없애버렸다.(1227)

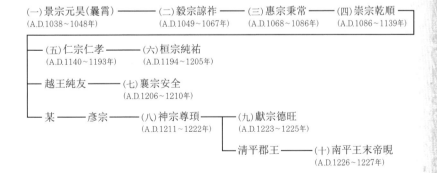

2. 금金의 멸망

테무진의 선대 엄파해俺巴孩가 몽고 부족의 연맹 추장이었을 때 타타르와 전투에서 포로가 되자 타타르는 이를 금에게 바쳤는데 금은 이 엄파해를 살해하여 버렸다. 테무진은 이를 원한으로 여기고 있었으며 몽고칸국을 건국하자 테무진은 끊임없이 금을 공격하였다. 견디다 못한 금은 결국 몽고에 화의를 청하였고, 이에 따라 금은 도읍을 남쪽 변경汴京으로 옮겨 몽고를 피하였다. 뒤에 몽고는 오고타이窩闊台가 칸大汗이 되자 두 길로 나누어 금나라 정벌에 나섰다. 금의 도읍 변경이 함락되자 금은 이에 채주(蔡州, 지금의 河南 汝南)로 도망하였다.

한편 남송은 금이 몽고에게 연패하는 것을 보고 드디어 몽고와 연합하여 함께 금을 공격하기로 하여 치욕을 씻고자 몽고와 약속을 맺었다. 우선 몽고가 금을 멸한 후 황하黃河 이남의 송나라 구지舊地를 남송에게 되돌려 줄 것이며, 황하 이북의 땅은 몽고가 소유한다는 조건이었다. 이에 송몽宋蒙 연합군은 채주를 협공하여 드디어 금을 소멸시키고 말았다.(1234)

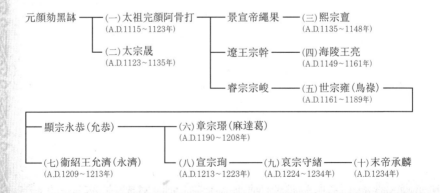

金世系圖
(A.D. 1115~1234)

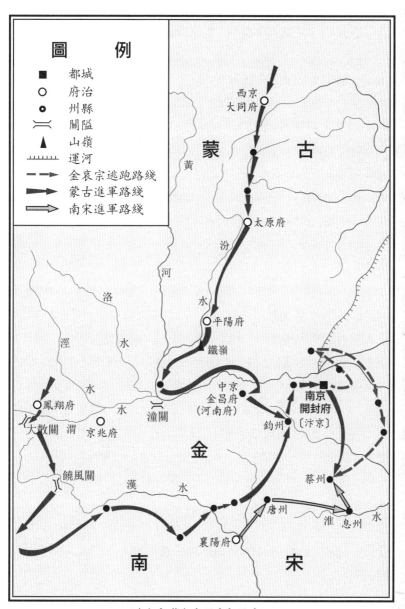

〈南宋과 蒙古의 금나라 공격도〉

3. 원元의 국호 제정과 남송의 멸망

몽고는 금을 멸한 뒤 약속한 황하 이남의 땅을 송나라에 귀속시키지 않았다. 이로써 두 나라의 관계는 악화되었지만 몽고가 서정西征을 하는 동안 잠시 남송은 그나마 안정을 취할 수 있었다.

그러나 쿠빌라이忽必烈가 칸이 되자 국호를 정식으로 '원元'으로 하고 남송 공략에 나섰다. 쿠빌라이는 먼저 대군을 이끌고 양양襄陽과 번성樊城에서 여문환 呂文煥, 범천순范天順, 우부牛富 등과 대치(1268)하기를 4년, 결국 여문환의 투항으로 이를 함락시키고 말았다. 이렇게 장강長江의 방어선이 뚫리자 원병元兵은 대대적으로 계속 남하하여 수도 임안(臨按, 杭州)에 이르러 공제恭帝와 황실을 포로로 하여 돌아갔다.

그러자 남송 각지의 군민의 항원抗元 활동이 극렬하게 번져 육수부陸秀夫, 장세걸張世傑 등이 먼 남쪽 복주福州에서 익왕(益王, 趙昰, 端宗)을 황제로 즉위시켜 겨우 남송의 명맥을 이으면서 버티게 되었다. 그러나 원병이 복주까지 공격해 들어오자 단종端宗은 광동廣東의 해상으로 도망하였다가 배 안에서 죽고 말았다. 이에 문천상文天祥과 육수부는 다시 여덟 살의 조병趙昺을 황제로 옹위하여 멀리 편벽한 애산(厓山, 지금의 廣東 新會 바닷가)으로 옮겨갔다. 그러나 1278년 원병의 대거 남침에 문천상은 오파령五坡嶺에서 포로로 잡히고 말았으며, 이듬해 원병은 애산을 공격하여 마지막 멸송滅宋 작전에 돌입하였다. 상황이 막바지에 이르자 육수부는 결국 어린 제병帝昺을 업고 바다고 뛰어들어 처절하게 자결하는 것으로 남송은 결말을 맺고 말았다.

뒤에 문천상은 몽고의 대도(大都, 지금의 北京)로 끌려가 끝까지 항거하다가 옥중에서 〈정기가正氣歌〉를 남기고 생을 마쳐 중국 역대 충신으로 널리 칭송되고 있다.

〈남송 최후의 지역 厓山〉 지금의 廣東 新會

〈宋王臺〉 陸秀夫가 帝昺을 福州에서 업고 도망하여 도착했던 九龍의 鯉魚門

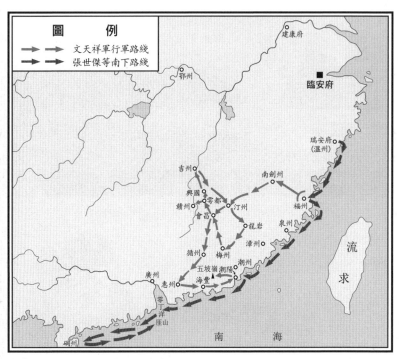

남송이 원에 쫓겨 최후의 도피했던 길과 멸망

   ✾ 본《십팔사략》은 이처럼 송나라 마지막 어린 황제 제병帝昺의 최후와 그 뒤의 간단한 이야기를 끝으로 전체 대단원을 내리고 있다. 그러나 몽고와 겹치는 부분이 많아 아래는 몽고칸국蒙古汗國과 원제국元帝國에 대하여 간단히 설명하기로 한다.

III. 원元

1. 몽고의 원정

몽고는 1206년 테무진(칭기즈 칸, 태조)이 몽고칸국을 세운 뒤 세 차례의 대규모 원정에 나섰다. 몽고의 기병은 아시아의 중서부와 멀리 유럽의 서쪽까지 말발굽을 남기며 무려 40여 개 나라를 멸망시키고는 그들이 정복한 지역에 사대四大 칸국 汗國을 세워 통치하였다.

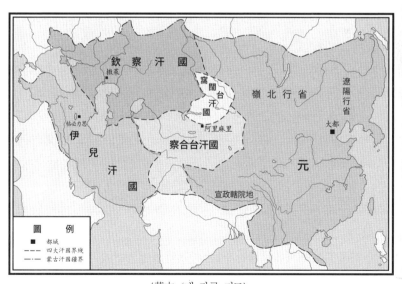

〈蒙古 4대 칸국 지도〉

四大汗國關係表

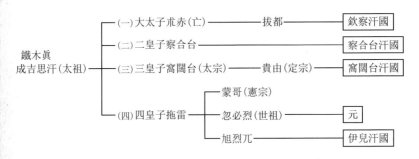

우선 제1차 원정(1219~1225)이다. 칭기즈 칸은 몽고의 상인商人이 화랄자모花剌子模 국왕에게 살해되었다는 소식을 듣고 직접 서정西征에 나서 먼저 그 왕을 죽이고 곧바로 유럽으로 진출하여 러시아 연합군을 대패시킨 뒤 돌아오면서 서하西夏를 멸망시켰다.

제2차 원정(1235~1244)은 모든 왕王들과 천호장千戶長, 백호장百戶長의 장자長子들만 뽑아 원정을 시킨 것으로 흔히 '장자서정長子西征'이라 한다.

즉 출적朮赤의 장자 발도拔都와 차허타이察合台의 장자 배답아拜答兒, 오고타이窩闊台의 장자 귀유貴由, 타뢰拖雷의 장자 몽가蒙哥 등이 이에 나섰으며, 오고타이가 발도拔都를 총사령관으로 삼았다. 이리하여 이들을 '장자군長子軍'이라 불렀다. 이들은 멀리 이탈리아의 베니스까지 진격하여 전 유럽이 진동하였으며 마침 오고타이가 죽었다는 소식을 듣고 돌아오면서 킴차칸국欽察汗國을 세웠다.

제3차 원정(1252~1269)은 몽가蒙哥가 욱렬올을 파견하여 이집트 변경까지 들어갔으나 마침 몽가의 죽음이 알려져 돌아오면서 욱렬올旭烈兀은 자신의 점령지에 일한국伊兒汗國을 세웠다.

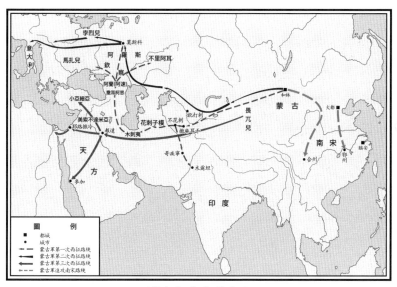

〈蒙古의 제3차 원정도〉

　이러한 유럽의 세 차례 원정을 두고 유럽에서는 '황화黃禍'라 부르며 두려워하였다. 이 사건은 유라시아 대륙을 뒤흔든 인류 역사상 보기 드문 대전투였다. 그들은 가는 곳마다 살육과 약탈을 일삼아 많은 국가와 도시가 초토화되었다. 그러나 몽고의 서정西征은 아시아와 유럽을 소통시켜 동서 교류를 촉진시키는 계기가 되기도 하였다. 즉 이 원정을 통해 중국의 화약제조술과 지남침, 인쇄술, 제지술 등이 유럽으로 전해졌으며, 대신 서양의 천문역법과 산술, 의술이 중국으로 전입되었다.

〈蒙古의 騎兵〉

〈원 태조 칭기즈 칸의 능〉(內蒙古)

2. 쿠빌라이 칸

몽고의 칸 몽가蒙哥가 1257년 두 길로 나누어 남송南宋을 공략하였다. 그 하나는 아우 쿠빌라이가 거느린 군대로 악주(鄂州, 지금의 武漢)를 공격하였고 하나는 몽가 자신이 거느린 주력부대로 합주合州가 공격대상이었다. 그러나 몽가가 이 합주 전투에서 부상을 입고 죽자 쿠빌라이는 몽가의 죽음을 듣고 급히 조정으로 돌아가 '대회大會'를 열었는데, 그 대회에서 아리불가阿里不哥가 칸으로 선출되자 불만을 품고 결정을 뒤집어 그를 공격하여 몇 년의 내전 끝에 자립하여 칸에 올랐다. 이가 원元 세조世祖이다.

3. 원제국의 건국

쿠빌라이는 칸大汗에 오르자 몽고칸국蒙古汗國의 국호를 한인漢人 유병충劉秉忠의 건의에 따라 '대원大元'으로 바꾸고 스스로 '황제'를 칭하였다. 그리고 도읍을 연경(燕京, 지금의 北京)으로 옮겨 대도大都라 불렀다. 그는 이어 남송南宋을 멸하고 (1279) 고려高麗를 복속시켰으며 서쪽으로는 인도양과 지중해를 아우르며 북쪽으로는 시베리아를 영토로 하는 대제국을 형성하였다.

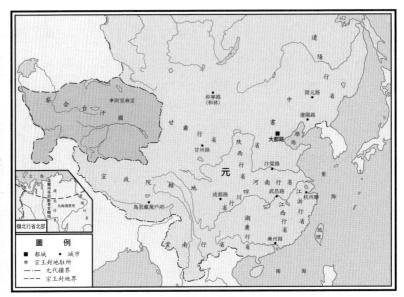

〈원제국의 영역도〉

4. 원조의 멸망

원나라는 중국을 통치하면서 고압정책으로 일관하였다. 우선 피지배의 민족들을 네 등급으로 나누어 차별하였다. 즉 몽고인蒙古人을 가장 우대하였으며, 다음으로 색목인(色目人, 西域의 각 민족과 西夏人), 그리고 한인(漢人, 북방의 漢族 및 거란, 여진인), 끝으로 남인(南人, 남방의 한족)을 가장 낮게 취급하였다. 그리고 한인漢人을 다시 10등급으로 하여 세금과 교육, 출세의 제한 등 여러 가지 차등과 억압정책을 실시하였다.

더구나 몽고인은 본래 유목민족으로 농업 경제에 대하여는 깊이 알지 못하였으며, 세 차례의 원정遠征과 하夏, 금金, 남송南宋을 상대로 한 장기간의 전투에 지쳐 전반적인 농업구조가 파괴되고 말았다.

나아가 원래 제도상 관료의 봉급이 없던 몽고칸국 시대부터 지방을 차지한 군부들과 귀족들은 마음대로 그 지역의 세금과 요역을 정하여 그 재정으로 사치와 부패를 일삼았으며, 이로 인해 백성의 부담은 가중되고 일관성이 없었으며 공평성을 잃고 있었다.

　　그러자 원말元末에 이르러 무려 3백 여 곳에서 반란과 저항이 속출하였다.

　　그 중 유복통劉福通과 한산동韓山童의 세력이 가장 강하였다. 이들은 북방을 휩쓸며 10여 년을 활동하여 원나라 조정은 거의 대항할 수 없게 되었다. 그러나 이들은 내분을 겪으며 힘이 분산되어 결국 실패로 끝나고 말았다.

〈원말 군웅할거도〉

그런데 남방의 주원장朱元璋은 곽자흥郭子興의 반원反元 대열에서 점차 성망을 얻어 영수가 된 뒤 장강長江 중류, 하류 일대를 전전하여 활동하다가 응천부(應天府, 지금의 南京)에서 칭제稱帝하여 '명明'을 건국하였다.(1368) 이가 명明 태조太祖이다. 같은 해 그가 북벌에 나서자 원은 더 이상 버틸 수 없게 되어 순조롭게 대도(大都, 북경)를 내어놓고 순제順帝는 몽고의 귀족들을 데리고 장성 밖으로 도망가고 말았다. 이로써 몽고는 종말을 고하였으며(1368) 명明이 천하를 대신하게 된 것이다.

〈원의 宴飮圖〉

〈원 세조 쿠빌라이의 出獵圖〉

〈蒙古軍의 투구와 갑옷〉

蒙古·元世系圖
(A.D. 1206~1368)

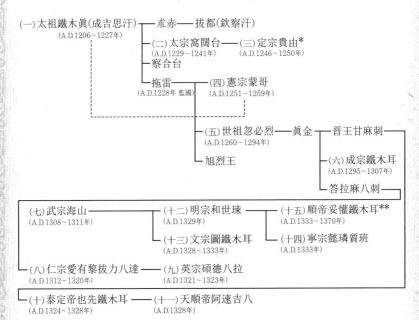

(一)太祖鐵木眞(成吉思汗) ── 朮赤 ── 拔都(欽察汗)
　(A.D.1206~1227年)

── (二)太宗窩闊台 ── (三)定宗貴由*
　(A.D.1229~1241年)　　(A.D.1246~1250年)

── 察合台

── 拖雷 ── (四)憲宗蒙哥
　(A.D.1228年 監國)　(A.D.1251~1259年)

── (五)世祖忽必烈 ── 眞金 ── 晋王甘麻剌
　(A.D.1260~1294年)

── 旭烈王

(六)成宗鐵木耳
(A.D.1295~1307年)

答拉麻八剌

(七)武宗海山
(A.D.1308~1311年)

(十二)明宗和世㻋
(A.D.1329年)

(十五)順帝妥懽鐵木耳**
(A.D.1333~1370年)

(十三)文宗圖鐵木耳
(A.D.1328~1333年)

(十四)寧宗懿璘質班
(A.D.1333年)

(八)仁宗愛有黎拔力八達 ── (九)英宗碩德八剌
(A.D.1312~1320年)　　　　　(A.D.1321~1323年)

(十)泰定帝也先鐵木耳 ── (十一)天順帝阿速吉八
(A.D.1324~1328年)　　　　(A.D.1328年)

* 1242~1245년 기간은 馬眞皇后의 집정시기이며, 1249~1250년은 海迷失皇后의 집정시기임.
** 1368년 順帝가 北京에서 퇴출하여 북쪽으로 갔으나 2년 뒤 완전히 멸망함.

❀ 이상《십팔사략》제7권은 주로《송사宋史》(托克托, 元. 총 196권)의 북송 일부와 남송 전체, 그리고《금사金史》(托克托, 원. 총 135권) 및《원사元史》에 관계된 사료를 기본으로 하고 있다. 단 원사元史는 증선지曾先之 당시에는 출현하지 않아 원대 부분은 다른 참고자료를 이용하여 송대宋代의 기紀에 맞추어 그 사실을 편년체 編年體로 초략, 재구성한 것이다.

《十八史略》 卷七

(十八) 北宋 (계속)

(十九) 南宋

차 례

◈ 세목細目

北宋(계속)

7. 哲宗皇帝

8. 徽宗皇帝

9. 欽宗皇帝

(十九) 南宋

1. 高宗皇帝

2. 孝宗皇帝

3. 光宗皇帝

4. 寧宗皇帝

5. 理宗皇帝

7. 孝恭懿聖皇帝

8. 端宗皇帝

9. 帝昺

北宋 (계속)

7. 哲宗皇帝

> ⊛ 哲宗. 宋(北宋)의 제7대 황제.
> 趙煦. 1086년~1100년 재위.

1105 철종황제哲宗皇帝

(1) 너무 어렵습니다

철종황제哲宗皇帝는 이름이 후趙煦이며 연안군왕延安郡王에 봉해졌다가 신종이 병이 위독하게 되자 황태자로 세워졌다.

이에 앞서 채확蔡確은 사인舍人 형서邢恕를 보내어 고공회高公繪를 맞아 그로 하여금 태후에게 이렇게 말해주도록 부탁하였다.

"연안군왕은 아직 너무 어리십니다. 기왕岐王, 趙顥이나 가왕嘉王, 趙頵은 모두 현명한 왕이십니다."

그러자 고공회는 두려워하며 이렇게 말하였다.

"공은 우리 집안에 재앙을 덮어씌울 작정이오? 어서 가시오."

형서는 고공서에게 화를 뒤집어씌울 못된 마음을 품고 반대로 태후와 왕규王珪가 표리가 되어 연안군왕을 버리고 호기왕를 태자로 삼으려 하였지만, 자신과 장돈章惇, 채확의 힘에 의해 변경하지 않았다고 떠들며 아울러 사대부들 사이에 이 말을 퍼뜨렸다.

哲宗皇帝: 名煦, 爲延安郡王, 神宗大漸, 立爲太子.

先是蔡確遣舍人邢恕, 邀高公繪, 欲使白太后言:「延安冲幼, 岐嘉皆賢王也.」

公繪懼曰:「公欲禍吾家, 亟去.」

恕包藏禍心, 反謂太后與王珪表裏, 欲捨延安而立子顥, 賴己及章惇‧蔡確得無變, 且播其說於士大夫閒矣.

【太后】神宗 어머니는 高氏이며 神宗이 죽고 나서 太皇太后로 존칭함.
【岐嘉】哲宗의 두 형인 岐王 趙顥와 嘉王 趙頵.
【顥】역시 哲宗의 형.

(2) 개혁 단행

신종이 죽고 연안군왕趙煦이 즉위하였는데(1086년) 나이 겨우 열 살이어서 태황태후가 함께 정치를 하게 되었다.

희녕熙寧(송 神宗 趙頊의 연호. 1069~1076년) 중에 태후는 이미 일찍이 신종에게 눈물을 흘리며 "왕안석의 신법은 불편한 것"이라 말해둔 적이 있었다. 이윽고 태후가 수렴하여 천하에 그 신법으로 백성이 고통을 겪은 지가 오래임을 알고는 우선 먼저 동경大梁의 호마법戶馬法을 폐지하고 서울의 동서로東西路에 두었던 보마법保馬法도 폐지하였으며 서울의 동서 양쪽의 물화장物貨場의 시역법市易法도 없애버렸다. 그리고 각 주의 진鎭과 채寨의 시역市易의 저당을 폐지하고 또 변하汴河의 제안사堤岸司에서 받던 토지세를 없애고 시역을 해방하고 상평常平의 면역금免役金도 면제해 주었으며 서울의 면행금免行金도 폐지하고, 제거提擧, 보갑保甲, 전량錢粮, 순교巡敎 등 관직을 없애고 방전方田 등의 제도도 폐지하였다.

이러한 개혁은 모두 궁중 태후에게서 나왔으며 대신들은 이에 관여하지 못하였다.

神宗崩, 太子卽位, 甫十歲, 太皇太后同聽政. 熙寧中, 太后已嘗流涕, 爲神宗言:「安石變法不便.」

旣垂簾知天下厭苦日久, 首罷東京戶馬, 罷京東西路保馬, 罷京東西物貨場. 罷諸州鎭寨市易抵當, 罷汴河堤岸司地課, 放市易, 常平免役息錢, 罷在京免行錢, 罷提擧保甲錢粮巡敎等官, 罷方田等. 皆從中出, 大臣不與.

【罷抵當】神宗 때 실시했던 제도로 현관에 물건을 대여하면서 그 전택이나 金帛을 담보로 하되 이자는 2할로 하였다. 그러나 기간 내에 상환하지 못할 경우 매월 罰錢으로 百分의 2를 추가하였으며 이때에 폐지하였음.(神宗時, 聽人賖貸縣官財貨, 以田宅或金帛爲抵當, 出息十分之二, 過期不輸, 息外每月更加罰錢百分之二. 今罷之. ─원주)

【罷汴云云】汴河堤岸司를 없앰. 그들은 매해 토지세를 부과하며 시장의 물가 조절과 면역 등에 이자를 붙여 대금업을 했었음.(罷汴河堤岸司, 每歲所收地課, 及所放市易常平免役科息錢. ─원주)

【免行錢】신종 때 呂嘉問의 상주에 의해 만들었던 법으로 이때에 이를 폐지함.

【從中出】모든 정책이 태후로부터 나옴을 뜻함.(自太后出. ─원주)

1106 낙양洛陽으로 가지 말아 주십시오

왕규王珪가 죽고 채확과 한진韓縝이 좌우복야左右僕射가 되고 장돈이 추밀원지사樞密院知事가 되었다.

사마광司馬光이 신종이 승하하여 대궐로 달려가 입구에 다다르자, 위사衛士가 멀리서 보고 손을 이마에 올리더니 이렇게 말하였다.

"사마 재상께서 오신다."

그리고는 다투어 말머리를 에워싸면서 이렇게 외쳤다.

"공께서는 다시는 낙양으로 돌아가시지 마십시오. 여기서 천자를 도와 백성을 살려주십시오."

그곳에 수천 명이 모여들어 이를 구경하였다. 사마광은 두려워 낙양으로 돌아갔으나 이윽고 불려와 정치를 잡게 된 것이다.

○ 王珪卒, 蔡確·韓縝爲左右僕射, 章惇知樞密院, 司馬君實, 神宗升遐, 赴闕入臨, 衛士望見, 以手加額曰:「司馬相公也.」

爭擁馬首呼曰:「公毋歸洛. 留相天子活百姓.」

所在數千人聚觀之, 光懼歸洛, 已而召爲執政.

【臨】 조문하여 곡함.(弔哭也. −원주)

1107 북송北宋의 이학理學

(1) 염계濂溪 주돈이周敦頤

하남河南 정호程顥가 이 해
에 죽었다. 정호는 자가 백
순伯淳이며 아우 정이程頤는
자가 정숙正叔이었다. 형제
모두 염계濂溪 주돈이周惇頤
에게서 공부하였다. 주돈이
는 자가 무숙茂叔이며 널리
배우고 실천에 힘써 일찍 도
를 깨우쳤다. 일을 만나면
강직하고 과감하여 옛날 군
자의 풍모가 있었다.

〈황정견(山谷, 魯直)〉《三才圖會》

정치에 있어서는 엄격하
면서도 관대하였고 모두 이
치대로 하여 명분과 절조를
자신이 닦아야 할 것으로 삼
았다. 아취가 있어 고상하
였으며 창문 앞에 풀도 깎지
않으면서 이렇게 말하였다.
"저 풀도 내가 생각하는
것과 똑같으리라."

〈주돈이(濂溪)〉《三才圖會》

황정견黃庭堅은 이렇게 칭하였다.
"그의 인품은 심히 고결하며 가슴속은 시원하여 마치 밝은 바람에
구름 걷힌 달빛과 같다."
그가 쓴 《태극도설太極圖說》과 《통서通書》가 세상에 전해오고 있다.

○ 河南程顥以是歲卒, 顥子伯淳, 弟頤字正叔. 兄弟皆從濂溪周惇頤受學. 惇頤字茂叔, 博學力行, 聞道早, 遇事剛果, 有古人風. 爲政嚴恕, 務盡理, 以名節自礪, 雅有高趣, 牕前草不除, 曰: 「與自家意思一般.」

黃庭堅稱: 「其人品甚高, 胸中灑落, 如光風霽月.」

有太極圖·通書, 行于世.

【是歲】元豐 八年.

【濂溪】周敦頤의 號.

【太極圖】無極, 太極, 陰陽, 五行의 오묘함을 형용하여 설명한 문장.(形容無極, 太極, 陰陽, 五行之妙. -원주)

【通書】모두 四十篇임.

(2) 이정(二程, 明道 程顥와 伊川 程伊 兄弟)

정호와 정이가 처음 그를 따랐을 때 우선 먼저 공자가 안자顏回를 두고 즐기는 일이 있다 하였는데 무슨 뜻인지 찾도록 하였다.

두 사람은 학문을 이루고 나서 각각 이 문장을 자신들의 임무로 삼았다.

정호는 일찍이 이렇게 말한 적이 있다.

〈정호〉(明道, 伯淳)《三才圖會》

"일명一命의 낮은 직위 이상 이라면 진실로 마음에 사물을 사랑하는 마음을 가지고 있어야 하며 남에게 반드시 이익을 줄 수 있어야 한다."

정호는 희령熙寧 연간에 신법이 합당하지 않다고 여겨 조정에서 나와버렸다. 신종이 일찍이 그에게 인재를 추천해 주도록 했을 때 추천되어

〈정이(伊川, 正叔)〉《三才圖會》

올라온 수십 명 중에 외숙 장재張載와 아우 정이를 맨 앞으로 세워 표를 올렸다.

顥頤初從之, 首令尋仲尼顏子所樂何事, 學成, 各以斯文爲己任, 顥嘗言:「一命以上, 苟存心於愛物, 於人必有所濟.」

熙寧中, 以新法不合去國, 神宗嘗使推擇人才, 所薦數十人, 以表叔張載弟頤爲首.

【一命】《周禮》에 「九命」이 있으며 선비로서 一命은 第九品에 해당함.

(3) 명도 정호의 비문碑文

그가 죽자 문언박文彥博은 중론을 채집하여 그의 묘에 '명도선생明道先生' 이라 썼고 아우 정이는 그 비문을 이렇게 썼다.

"주공周公, 旦이 죽은 뒤로 성인의 도리가 행해지지 않고, 맹자孟子가 죽은 뒤로는 성인의 학문이 전해지지 못했다. 도가 행해지지 않으니 백세에 훌륭한 치적이 없고, 학문이 전하지 않으니 천년을 두고 진정한 선비가 없게 되었다. 선치善治가 없으면 선비가 오히려 선치의 도를 밝혀 이를 여러 사람에게 펴고 여러 후인들에게 전하여야 하는 것인데, 진정한 선비가 없으니 천하가 그저 막막하기만 하여 어디로 가야 할지 모른 채 사람은 욕심대로 하고 하늘의 이치는 사라지고 말았다. 선생은 공자가 죽은 지 1천 4백 년이 지난 뒤에 나시어 전해지지 않아 잃었던 경학을 찾아 이단異端을 변별하고 사설邪說을 멈추게 하여 성인의 도가 다시 이 세상에 밝혀지도록 하였으니, 대체로 맹자 이후의 오직 이 한 분이 있을 뿐이다."

정이는 일찍이 남에게 이렇게 말하였다.

"내가 생각하고 있는 도를 알고자 한다면 이 서문을 살펴보면 알 수 있을 것이다."

其死也, 文彦博采衆論表其墓, 曰明道先生, 而弟頤爲之序曰:『周公沒, 聖人之道不行; 孟子死, 聖人之學不傳. 道不行, 百世無善治; 學不傳, 千載無眞儒; 無善治, 士猶得明夫善治之道, 以淑諸人, 以傳諸後; 無眞儒, 天下貿貿焉, 莫知所之, 人欲肆而天理滅矣. 先生生于千四百年之後, 得不傳之學於遺經, 辨異端息邪說, 使聖人之道, 復明於世, 蓋自孟子之後, 一人而已.』

頤嘗語人:「欲知吾之道者, 觀此序可矣.」

【千四百年之後】程顥 明道선생이 죽은 것은 孟子로부터 모두 1400년 만이었음. (明道先生去孟子之世, 凡千四百年. ―원주)

(4) 횡거橫渠 장재張載

장재는 자가 자후子厚로
처음에는 배우지 아니한 학문
이 없었다. 그러나 뒤에 이정
의 말을 듣고 이제껏 배운
것을 모두 버리고 그 학문을
강학하였다.

《동명東銘》,《서명西銘》,
《정몽正蒙》,《이굴理窟》등
의 저서가 있어 세상에 전하고
있다. 사람들은 그를 횡거
선생橫渠先生이라 불렀다.

〈장재(橫渠, 子厚)〉《三才圖會》

張載字子厚, 初無所不學, 後聞二程之言, 乃盡棄其學而講焉.
有東銘・西銘・正蒙・理窟等書, 行于世. 人謂之橫渠先生.

【張載】 자는 子厚이며 어려서 두루 배웠으며 뒤에 二程의 말을 들은 다음 자신의
　학문을 모두 버리고 그 이론을 강학하였음.《東銘》,《西銘》,《正蒙》,《理窟》
　등의 책이 세상에 전하며 橫渠先生이라 부름.
【無所不學】 장재는 孫吳兵法과 佛學, 老子 등을 두루 섭렵하였음.
【二程】 明道(程顥)선생과 伊川(程頤)선생 두 형제.

(5) 강절康節 소옹邵雍

공성共城의 소옹邵雍은 자가
요부堯夫이며 하남에서 살아
이정과 친구로 사귀었다.
소옹의 마음은 높고 밝은 경
지를 즐기며 천지의 변화와
음양의 소식消息을 살펴 만
물의 변화에 통달하며, 수리
數理에 정통하여 이를 추측
하여 맞추지 못하는 것이
없었다.

〈소옹(堯夫, 康節)〉《三才圖會》

정호가 어느 날 고시원考試院에서 소옹의 수리를 추측하고 나서 나와
소옹에게 이렇게 말하였다.

"요부 당신의 수리는 단지 두 배씩 더하는 법이군요."

소옹은 그의 총명함에 감탄하였다.

소옹은 그 수학을 이정에게 전해주고자 하였지만 이정이 받지 않자
형서邢恕가 받고자 하였지만 소옹이 허락하지 않으면서 이렇게 말하였다.

"한갓 간사한 영웅을 더욱 키워줄 뿐이다."

소옹의《황극경세서皇極經世書》12권과 시집《격양집擊壤集》등이
세상에 전해지고 있다. 사람들은 그를 강절선생康節先生이라 불렀으며
부필富弼과 사마광 등은 그를 매우 공경하고 존중하였다.

共城邵雍字堯夫, 居河南, 與二程友, 雍之學. 玩心高明, 觀天
地變化, 陰陽消長, 以達萬物之變, 精於物數, 推無不中.

顥嘗在考試院, 以其數推之, 出謂雍曰:「堯夫數只是加一倍法.」

雍歎其聰明, 雍欲以數學傳二程, 二程不受, 邢恕欲受, 雍不許曰:「徒長姦雄.」

雍有皇極經世書十二卷, 擊壤集歌, 傳于世. 人謂之康節先生. 富弼·司馬光等, 皆深敬重之.

【加一倍法】이를테면 太極이 兩儀를 낳고, 兩儀가 四象을 낳으며, 四象이 八卦를 낳는 것처럼 이를 추론하여 無窮하게 변화해 나감을 말함.(如太極生兩儀, 兩儀生四象, 四象生八卦之類, 推之無窮. —원주)

【皇極云云】大中至正에서 취하여 無窮함에 應變함을 뜻함.《觀物篇》10권과 《觀物外篇》2권 등이 있음.(取大中至正, 應變無窮之義, 觀物篇十卷, 觀物外篇二卷. —원주)

(6) 의리지학義理之學

송나라는 구양수歐陽脩가 고문으로 천하를 창도한 이래고 비록 문장이 크게 변화를 일으켰으나 유학에서 의리를 따지는 학문은 주돈이와 정자에 이른 연후에 크게 명확해진 것이다.

소옹, 주돈이, 장재는 모두 신종 때에 죽었으며 이때에 이르러 정호도 죽고 정이 한 사람만이 남아 학자들이 그를 조종으로 삼아 이천선생伊川先生이라 하였다.

宋自歐陽脩以古文倡天下, 文章雖大變, 而儒者義理之學, 至周程出, 然後大明. 雍惇頤載, 皆歿於神宗之世, 至是顥又歿, 惟頤在, 學者宗之, 爲伊川先生.

1108 왕안석王安石의 탄식

(1) 사마광司馬光이 재상이 되다니

원우元祐 원년(1086년), 채확이 파직당하였다. 채확은 장돈·형서 등과 사귀며 결탁하고 있었다. 형서는 채확과 장돈과의 사이를 왕래하여 말을 전하는 역할을 하면서 스스로 폐하의 즉위에 공로가 있었다고 떠들고 다녔다.

간관諫官 왕적王覿은 장돈, 채확, 한진, 장조張璪 등이 사악한 붕당을 짓고 있다고 극언을 하였다.

그 밖의 유지劉摯, 주광정朱光庭, 소철蘇轍 등도 여러 차례 자주 수십 번 소를 올려 그들을 탄핵하여 채확이 먼저 축출되고 사마광이 좌복야左僕射가 되었다.

당시 왕안석은 이미 병이 들어 있었다. 그 아우王安國가 저택에서 관리가 가져온 편지를 왕 안석에게 가져다 보여주자 왕안석은 이렇게 말하였다.

"그 사마광이 재상이 되었다니."

그리고는 한참 동안 슬퍼하는 모습이었다.

○ 元祐元年, 蔡確罷. 確與章惇·邢恕相交結. 恕往來傳送語言, 自謂有定策功. 言官王覿, 極言惇確及韓縝·張璪朋邪. 劉摯·朱光庭·蘇轍, 累數十疏論劾, 確先黜, 以司馬光爲左僕射.

時王安石已病, 其弟以邸吏狀示之, 安石曰:「司馬十二作相矣.」悵然久之.

【言官】諫官을 가리킴.

【先黜】知陳州.

【其弟】王安石의 아우 王安國.

【十二】司馬光의 항렬.(光行. −원주)

(2) 이 법은 끝까지 지켜달라

논의를 일삼는 자가 혹 이렇게 말하였다.

"3년을 아버지의 도를 고치지 말라 하였는데 신법도 잠시 심한 것을 조금씩 덜어버려도 족할 텐데."

사마광은 개연히 이렇게 다투어 들었다.

"선제의 법으로서 좋기만 하다면 비록 백세가 흐른다 해도 고쳐서는 안 된다. 그러나 왕안석과 여혜경 등이 마련한 것은 천하에 해가 되는 것으로 선제의 본의에 맞지도 않으니 마땅히 불 속에서 사람을 구해내듯, 물에 빠진 사람을 구해내듯 해도 오히려 미치지 못할까 염려해야 하거늘 하물며 태황태후가 어머니로서 아들의 잘못을 고친 것이지 아들이 아버지의 것을 고친 것이 아니다."

중의가 이렇게 되어 결정한 것이다.

또 혹자가 사마광에게 이렇게 말하였다.

"장돈과 여혜경의 무리는 뒷날 부자의 관계를 거론하여 임금에게 아뢰면 붕당의 재앙이 되고 말 것입니다."

그러자 사마광은 일어나 팔짱을 끼고 날카로운 소리로 이렇게 말하였다.

"하늘이 만약 송나라에게 복을 줄 마음이 있다면 이런 일은 일어나지 않을 것이오."

왕안석은 매번 조정에서 자신이 만들었던 법을 고쳤다는 말을 들을 때마다 태연히 개의치 않는 듯이 하였으나 조역법助役法을 폐기하고

차역법差役法을 부활시켰다는 말을 듣고는 깜짝 놀라 말을 잃고 이렇게
부르짖었다.

"역시 법의 폐기가 여기까지 이르렀는가?"

그리고 한참 후에 이렇게 말하였다.

"이 법은 끝까지 폐지할 수 없다."

그 법은 왕안석이 신종과 논의하여 2년이나 걸린 뒤에 실행했던
것으로 곡진하게 점검하지 않은 곳이 없는 법률이었다.

議者或謂:「三年無改父道, 新法姑稍損其甚者足矣.」

光慨然爭之曰:「先帝之法, 善者雖百世不可變, 若安石·惠卿
等所建, 爲天下害, 非先帝本意者, 當如救焚拯溺, 猶恐不及,
況太皇太后, 以母改子, 非子改父.」

衆議乃定.

或謂光曰:「章惇·呂惠卿輩, 他日有以父子之議聞於上, 則朋
黨之禍作矣.」

光起立拱手, 屬聲曰:「天若祚宋心, 無此事.」

安石每聞朝廷變其法, 夷然不以爲意, 及聞罷助役復差役,
愕然失聲曰:「亦罷至此乎?」

良久曰:「此法終不可罷.」

安石與先帝議之, 二年乃行, 無不曲盡.

【父子之議】新法은 아버지 대의 임금이 세웠는데 그 아들 된 자가 이를 고침을
뜻함.(言新法乃先帝所立, 而子改之. -원주)

1109 장돈章惇과 한진韓縝

장돈章惇과 한진韓縝이 파직되었다.

○ 章惇·韓縝罷.

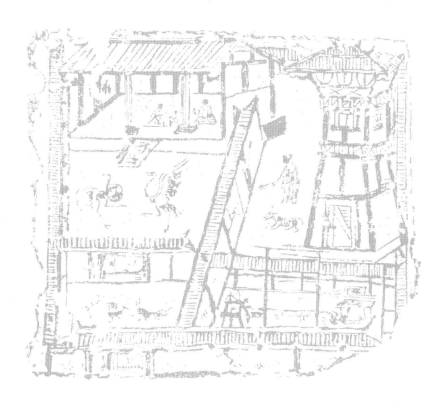

1110 복건福建 놈

왕안석이 죽었다. 왕안석은 금릉金陵에 있으면서 항상 홀로 '복건福建 놈'이라 하면서 여혜경에게 품은 원한을 중얼거렸는데, 이는 여혜경이 왕안석을 배반하였기 때문이었다. 장돈만은 처음부터 끝까지 왕안석을 배반하지 않아 왕안석은 다시 늘 이렇게 말하였다.

"신법의 시행을 시종 가히 실행할 수 있다고 여긴 자는 증자선曾子宣이 었으며, 시종 불가하다고 여긴 자는 사마광이었다."

○ 王安石卒, 安石在金陵, 常獨語福建子恨惠卿也, 惠卿叛安石. 惟章惇終始不叛.

安石又常曰:「新法之行, 始終以爲可行者, 曾子宣也; 始終以 爲不可者, 司馬君實也.」

【福建子】呂惠卿은 福建 출신이었음.

1111 신법파新法派를 몰아내다

여공저呂公著가 우복야가 되고 문언박文彦博이 군국중사軍國重事가 되었다. 정이는 숭정전崇政殿의 설서說書가 되고 소식은 한림학사翰林學士가 되었다. 여혜경·등관鄧綰 등 신법파는 멀리 쫓겨나 폄직되었다.

○ 呂公著右僕射, 文彦博軍國重事. 程頤崇政殿說書, 蘇軾翰林學士. 竄貶呂惠卿·鄧綰等.

1112 문정공文正公 사마광司馬光

(1) 그 초상을 그려 돈을 벌다

사마광은 재상이 된 지 여덟 달을 넘기고 죽었다. 태황태후는 통곡을 하며 울었고 어린 황제도 흐르는 눈물을 그치지 못하였다. 사마광에게 태사온국공太師溫國公의 호를 추증하고 시호를 문정文正이라 하였다.

사마광이 재위하였을 때는 요遼나라, 서하西夏에서 사신이 오면 반드시 사마광에게 생활을 물었으며, 요나라는 자신들의 변방 관리들에게 이렇게 칙령을 내리기까지 하였다.

"중국은 사마광이라는 재상이 있는 한 일을 일으켜 변화나 틈이 생기는 일이 있어서는 안 된다."

사마광이 죽었다는 소문이 퍼지자 장안 사람들은 모두 상점의 문을 닫아 애도하였으며, 사마광의 초상화를 그려 이를 인쇄하여 팔아 큰 부자가 된 화공도 있었다. 그의 장례 날이 되자 사방에서 모여든 자들이 울어 마치 자신의 친척이 죽은 듯이 여겼다.

○ 司馬光爲相, 八閱月而薨, 太皇太后哭之慟, 上亦感涕不己. 贈太師溫國公, 諡文正.

光在位, 遼人夏人使來, 必問光起居, 而遼人敕其邊吏曰:「中國相司馬矣. 切毋生事開變隙.」

及卒京師民罷市, 畫其像, 印鬻之, 畫工有致富者.

及葬, 四方來會者, 哭之如哭其親戚.

⑵ 평생 지니고 살아야 할 말 한마디

일찍이 사마광은 조무구晁無咎에게 이렇게 말한 적이 있었다.
"나는 남보다 다만 평소 내가 한 일로서 남에게 이야기하지 못할 것이 하나도 없을 뿐이오."
유안세劉安世가 사마광에게 물었다.
"단 한 마디로써 종신토록 행해야 할 것이 무엇입니까?"
그러자 사마광이 말하였다.
"그건 정성誠이라는 것이리라!"
안세가 다시 어떤 방법으로 그 길로 들어가는가를 묻자 사마광은 이렇게 대답하였다.
"거짓말을 하지 않는 것으로 시작하여 들어가야 합니다."

光嘗語晁無咎曰:「吾無過人, 但平生所爲, 未嘗不可對人言者耳.」
劉安世問光:「一言可以終身行之者?」
光曰:「其誠乎!」
安世問其所從入, 曰:「自不妄語入.」

1113 소식蘇軾과 정이程頤

(1) 노래한 날은 문상가지 않는다

소식과 정이가 함께 경연經筵에 종사하고 있었다. 소식은 해학을 좋아하고 정이는 예법을 지켜 스스로 조심하는 형이었다. 그리하여 소식은 매번 정이를 조롱하고 모욕하였다.

사마광이 죽었을 때 조정의 백관들에게 마침 경사스러운 일이 있었다. 그 일이 끝나고 사마광의 집으로 조상하러 가고자 하자 정이는 불가하다며 이렇게 반대하였다.

"공자는 남의 죽음을 슬퍼하여 곡을 하였다면 같은 날 노래를 부르지 않았소."

혹자가 그 말을 받아 이렇게 말하였다.

"공자는 노래를 먼저 하였을 경우에 곡하지 않는다고 하였소."

그러자 소식이 이렇게 말하였다.

"이는 거꾸로 죽어 시장에나 내다 팔 숙손통叔孫通이라는 자가 만든 예법이오."

정이는 노하여 두 사람은 드디어 사이가 벌어지고 말았다.

정이의 문인 주광정朱光庭과 가이賈易가 간관諫官으로 있었는데 그들은 소식을 극력 공격하였다. 그러자 부요유傅堯兪, 왕암수王巖叟, 여도呂陶 등도 서로 이어 그 논쟁에 뛰어들어 부요유, 왕암수는 주광정을 지지하였고 여도는 소식을 편들었다.

○ 蘇軾·程頤, 同在經筵. 軾喜諧謔, 而頤以禮法自持, 軾每嘲侮之. 光之薨也, 百官方有慶禮, 事畢欲往弔, 頤不可曰:「子於是日哭則不歌.」

或曰:「不言歌則不哭.」

軾曰:「此枉死市叔孫通, 制此禮也.」

頤怒, 二人遂成隙.

門人朱光庭·賈易, 爲言官, 力攻軾. 傅堯兪·王巖叟·呂陶等,
相繼論列. 堯兪·巖叟右光庭, 陶右軾.

(2) 당파 싸움

그 당시 원풍(元豐, 신종의 연호. 1078~1085년) 시대의 대신들이었던 사람
들은 한직에 물러나 있어 모두가 그 원한이 골수에 맺혀 있었다. 이에
몰래 그 틈을 엿보고 있었는데 여러 사람들은 이를 깨닫지 못한 채
한탕 서로 분당을 이루어 공격하는 중이었다.

낙당洛黨, 천당川黨, 삭당朔黨의 세 당파가 있었으며 낙당은 정이를
영수로 하여 주광정과 가이가 그 우익羽翼이 되어 있었고, 천당은 소식을
영수로 하여 여도 등이 우익이 되어 있었으며, 삭당은 유지劉摯와 왕암수,
유안세 등이 영수가 되어 그들의 우익은 아주 많았다.

얼마 지나지 않아 정이가 파면되어 다시는 부름을 받지 못하였고,
한참 뒤에 소식 역시 파면되어 두 번 세 번 들어왔으나 모두 얼마
견디지 못하고 다시 축출되었다.

是時元豐大臣, 退於散地, 皆銜怨入骨. 陰伺間隙, 諸賢不悟.
方自分黨相攻, 有洛黨·川黨·朔黨. 洛黨以頤爲領袖, 光庭易
爲羽翼; 川黨以軾爲領袖, 陶等爲羽翼; 朔黨以劉摯·王巖叟·

劉安世爲領袖, 而羽翼尤衆. 未幾, 頤罷不復召, 久之軾亦罷.
後再入三入, 皆不久而出.

【元豐】神宗의 연호.

1114 여대방呂大防과 범순인范純仁

여공저呂公著가 사공동평장군국사司空同平章軍國事가 되고, 여대방呂大防과 범순인范純仁이 좌우의 복야僕射가 되었다. 범순인은 범중엄范中淹의 아들이다. 여공저가 얼마 후 죽었다.

○ 呂公著爲司空同平章軍國事, 呂大防·范純仁左右僕射. 純仁仲淹子也. 公著尋薨.

1115 당파 조정調停

지한양군知漢陽軍 오처후吳處厚가 이렇게 말하였다.

"채확이 안주安州로 귀양가는 날 '여름날 차개정車蓋亭에 올라'라는 시를 지어 간관諫官을 비방하였습니다."

이리하여 채확을 거론함이 끝이 없었다. 그로 인해 그를 다시 신주新州로 안치하였다. 그러자 여대방, 유지, 범순인, 왕존王存 등이 채확을 오령五嶺을 넘어 멀리 사지死地로 귀양 보내는 것은 너무 부당하다고 여겼다. 이에 범순인은 이렇게 말하였다.

"신주로 가는 이 길은 18년 동안이나 가시밭길로 막혀 있소. 어떻게 그러한 길을 헤치고 가란 말이오? 우리 무리의 정치도 아마 이런 경우를 면하지 못할 수도 있지 않을까 두렵소."

그러나 이렇게 쟁간하였지만 뜻을 이루지 못하였고 도리어 대간臺諫에서 교대로 글을 올려 범순인이 채확과 같은 당이라 하여 범순인은 마침내 파직되고 유지가 대신 우복야가 되었다.

그런데 여대방이 원풍元豊 시대의 당인黨人을 끌어들여 이들을 등용하여 구원舊怨을 풀어보고자 하였는데 이를 '조정調停'이라 하였다.

그러나 소철 등이 그것은 불가하다고 극력 진술하여 유지가 파직되고 대신 소송蘇頌이 우복야가 되었으나 소송이 파직되고 범순인이 다시 뒤를 이었다.

○ 知漢陽軍吳處厚言:「蔡確謫安州日, 作夏中登車蓋亭詩, 譏訕臺諫.」

論確不已, 安置新州, 呂大防・劉摯・范純仁・王存等, 以爲不宜令過嶺置死地.

純仁曰:「此路荊棘八十年矣. 奈何開之? 吾曹政恐不免耳.」

爭之不得, 臺諫交章攻純仁黨確, 純仁遂罷, 劉摯爲右僕射.
大防摯欲引用元豐黨人, 以平舊怨, 謂之調停. 蘇轍等力陳其
不可, 摯罷, 蘇頌爲右僕射, 頌罷, 純仁又代之.

【漢陽軍】 湖廣에 속하던 행정조직.

【安州】 湖北에 속하며 지금의 德安府.

【車蓋亭】 安州郡의 치소가 있던 곳.

【譏訕】 그 詩에 「嬌嬌名臣郝甌山, 忠言直節上元閒. 釣臺蕪沒知何處? 歎息思君
倚碧灣.」라 하여 대체로 唐 高宗 上元 연간에 급히 武后에게 제위를 넘기려
하자 甌山公 郝處俊이 이를 간언하여 말렸던 일을 지금 생각하니 이는 臺諫이
그렇게 해야 할 일을 하지 못했음을 기롱한 것이다.(其詩云:「嬌嬌名臣郝甌山,
忠言直節上元閒. 釣臺蕪沒知何處? 歎息思君倚碧灣」 蓋唐高宗上元中, 以疾欲
遜位武后, 甌山公郝處俊諫止之, 今思之, 乃譏臺諫之不能諫. −원주)

【新州】 廣東에 속함.

【過嶺】 廣東으로 들어가면서 오령을 경유함.(入廣途經五嶺. −원주)

【黨人】 神宗 말년의 王安石 黨을 가리킴.

1116 선인성렬태황태후宣人聖烈太皇太后

⑴ 명년의 사일社日에는 이 늙은이를 생각해 주오

원우 8년(1093년) 9월, 선인성렬태황태후宣人聖烈太皇太后가 죽었다. 태후는 임종에 철종의 앞에서 여대방과 범순인 등에게 이렇게 말하였다.

"이 늙은 몸이 죽은 뒤에는 틀림없이 젊은 천자의 관가를 조롱하고 희학하는 자가 많을 것이오. 절대로 그들의 말을 들어서는 안 되오. 공들도 역시 일찌감치 물러나 관가로 하여금 따로 한 무리의 새 사람들을 쓸 수 있도록 길을 열어주기 바라오."

그리고 좌우를 불러 물었다.

"일찍이 내려준 사반社飯을 모두 내왔느냐?"

그리고 인하여 이렇게 말하였다.

"공들은 각기 가서 한 숟갈씩의 사반이라도 잡수시오. 명년의 사일社日에는 이 늙은이를 생각해 주오."

그리고는 곧 숨을 거두었다.

○ 元祐八年九月, 宣仁聖烈太皇太后崩.

臨崩對上謂大防·純仁等曰：「老身沒後, 必多有調戲官家者, 宜勿聽之. 公等亦宜早退, 令官家別用一番人.」

呼左右, 問：「曾賜出社飯否?」

因曰：「公等各去喫一匙社飯, 明年社飯時, 思量老身也.」

⑵ 여자 중의 요순堯舜

태후는 9년 동안 정치를 맡아보아 천하는 그를 여자 중의 요순堯舜이라 칭송하였다. 태후는 자기 친정 고씨네에게 치우치는 일도 없었고, 황태자를 감싸 보호하기 위한다는 이유로 두 황자와 황녀까지도 멀리하였다.

천하를 지극히 공평하게 다스려 당세의 어진 사람들은 다 조정에 모여들어 군자가 들끓었다. 후세에 사람들은 경력(慶曆, 仁宗. 1041~1048년)과 원우(元祐, 哲宗. 1086~1093년) 시대를 병칭하고 있다.

태후는 전쟁을 싫어했던 신종의 뒤를 이어 백성과 함께 휴식을 얻게 되었다. 서융西戎의 귀장鬼章이 변방 장수에게 붙들려 서울로 호송되어 오자 태후는 풀어주고 주벌하지 아니하였으며 그의 부하들을 송나라로 불러들여 대접하기까지 하였다.

서하는 그 임금 병상秉常이 죽은 다음 건순乾順이 서고부터는 정치가 문란해지고 왕이 어려 자주 변방을 괴롭히며 번방 신하로서의 예를 잃었지만, 모두 그 나라의 강경파 신하들이 하는 짓이요 그 임금과 백성에게는 죄가 없는 것이라 여겨 차마 군대를 일으켜 토벌하지는 아니하고 여러 지역에 조서를 내려 오직 방비를 더욱 엄중히 하여 스스로 대비토록 하라고만 할 뿐이었다.

后聽政九年, 天下稱爲女中堯舜. 不比外家, 以擁佑嗣君之故, 二子一女皆疎. 以至公御天下, 當世賢者畢集于朝, 君子之盛, 後世以慶曆元祐並稱焉.

承神宗厭兵之後, 與民休息, 西蕃鬼章爲邊將擒獻, 釋不誅, 以招其部屬. 夏國自其主秉常卒乾順立, 政亂主幼, 屢寇邊, 失藩臣禮, 皆强臣爲之, 以其君民非有罪, 不忍興師討伐, 詔諸路嚴兵自備而已.

【嗣君】哲宗을 가리킴.
【二子】徐王과 魏王.
【慶曆】仁宗의 年號. 1041~1048년,
【元祐】哲宗의 연호. 太皇太后가 垂簾聽政할 때였음. 1086~1093년.

1117 조정의 권력투쟁

(1) 배에 탄 사람이 한쪽으로만 몰리면

철종이 비로소 친히 정치를 하게 되었다. 시랑侍郎 양외楊畏가 우두머리가 되어 여대방呂大防을 배반하였다.

양외는 속으로 철종황제는 비록 원우(元祐. 1086~1093년) 시대의 법을 따르고 있지만 마음은 희령(熙寧. 1068~1077년)과 원풍(元豊. 1078~1085년)의 신법시대에 있다고 여기고 들어가 대면하여 장돈을 불러들일 것을 청하였다.

이듬해에 연호를 소성紹聖으로 고쳤다.(1094년) 여대방이 파직되고, 장돈이 우복야가 되었으며 범순인도 파직되었다.

장돈이 서울로 돌아오다가 길에서 우연히 진관陳瓘을 만났다. 장돈은 평소 그 이름을 들어온 터라 홀로 그를 불러 함께 배에 태우고 당세의 업무에 대하여 물었다. 진관은 이렇게 말하였다.

"청컨대 우리가 타고 있는 이 배를 비유하여 말씀드리리다. 한쪽으로만 몰려 있으면 배가 갈 수 있겠습니까? 왼쪽이거나 오른쪽이거나 어느 한 쪽으로 몰리는 것은 마찬가지입니다."

장돈은 말없이 한참을 있다가 이렇게 말하였다.

"사마광이 간사하였음은 의당 먼저 변별해 놓아야 합니다."

진관이 말하였다.

"공께서 잘못 생각하고 있군요. 이는 오히려 배의 형세를 균형을 이루도록 하고자 하시면서 도리어 왼쪽을 옮겨 오른쪽에 두는 일과 같습니다. 그와 같이 하셨다가는 장래 천하의 바람을 잃게 될 것입니다."

○ 上始親政. 侍郎楊畏, 首叛呂大防. 自謂迹雖元祐, 心在熙豊, 入對乞召章惇. 明年改元紹聖. 大防罷, 惇爲右僕射, 純仁罷.

惇之來也, 道遇陳瓘.

惇素聞其名, 獨請共載, 訪以世務, 瓘曰:「請以所乘舟爲喩, 偏重其可行乎? 或左或右, 其偏一也.」

惇黙然, 良久曰:「司馬光, 姦邪, 所當先辨.」

瓘曰:「相公誤矣. 此猶欲平舟勢, 而移左以置右也. 果然將失天下之望.」

【熙豐】熙寧, 元豐은 王安石이 집정하던 시기였음.

(2) 대거 축출과 폄직

장돈은 서울로 올라가 점차 희령, 원풍의 신법을 모두 부활하여 원우 연간에 신법을 폐지한 사람들의 죄를 다스리기에 그냥 보내는 날이 없게 되었다. 이리하여 사마광, 여공저, 왕암수, 조첨趙瞻, 한유韓維, 손고孫固, 범백록范百祿, 호종유胡宗愈, 사마강司馬康 등 이미 죽은 사람들조차 모두 벼슬의 추폄追貶하고 추증하였던 시호를 빼앗아버렸다.

그리고 여대방, 유지, 소철, 양도梁燾, 범순인, 유봉세劉奉世, 한유韓維, 왕적王覿, 한천韓川, 손승孫升, 여도, 범순례范純禮, 조군석趙君錫, 마묵馬默, 고림顧臨, 범순수范純粹, 공무중孔武仲, 왕흠신王欽臣, 여희철呂希哲, 여희순呂希純, 여희적呂希績, 요면姚勔, 오안시吳安詩, 왕빈王份, 장뢰張耒, 조보지晁補之, 황정견, 가이賈易, 정이, 진관秦觀, 주광정, 손각孫覺, 조설趙卨, 이지순李之純, 두순杜純, 이주李周, 소식, 범조우范祖禹, 유안세劉安世, 정협鄭俠 등도 모두 연달아 좌천되거나 멀리 쫓겨났다.

문언박은 오랫동안 벼슬에서 물러나 있었지만 태자태보太子太保로 강등되고 하사받았던 부월符鉞도 몰수당하였으며 얼마 뒤 죽었다.

惇旣至, 以漸盡復熙豐之法, 治元祐人之罪無虛日.

司馬光·呂公著·王巖叟·趙瞻·韓維·孫固·范百祿·胡宗
愈·司馬康等已死者, 皆追貶奪贈. 呂大防·劉摯·蘇轍·梁燾·
范純仁·劉奉世·韓維·王覿·韓川·孫升·呂陶·范純禮·趙君
錫·馬黙·顧臨·范純粹·孔武仲·王欽臣·呂希哲·呂希純·
呂希績·姚勔·吳安詩·王份·張耒·晁補之·黃庭堅·賈易·
程頤·秦觀·朱光庭·孫覺·趙髙·李之純·杜純·李周·蘇軾·
范祖禹·劉安世·鄭俠等, 皆連貶竄. 文彦博久致仕, 降爲太子
太保, 罷節鉞, 尋薨.

【奪贈】옛날의 죄를 추론하여 이미 주었던 관작을 폄직하고 추증했던 봉호를
빼앗아 버림을 뜻함.(追論前罪, 貶其官爵, 奪其封贈. -원주)
【罷節鉞】절도사가 될 수 없도록 함.(追回節旄斧鉞, 不得爲節度使. -원주)

(3) 태황태후까지 폐출

황후 맹씨孟氏는 태황태후가 선발하여 초빙을 받았던 사람이었는데
궁중에 있은 지 5년 만에 폐출廢出되었다. 장돈과 채변蔡卞은 태황태후도
추폐追廢하고자 청하였으나 철종의 어머니 황태후 상씨尙氏와 태비太妃
주씨朱氏가 울면서 간한 덕분에 철종도 깨닫게 되었다.

그래도 장돈과 채변은 견결히 태황태후의 추폐를 끈질기게 청하였다.
그러자 철종은 화를 내며 이렇게 말하였다.

"경들은 짐이 영종英宗의 사당 뜰에 들기를 바라지 않고 있소?"

그리고는 그들이 올린 문서를 땅에 내던져버렸다.

皇后孟氏, 太皇太后所選聘也, 在中宮五年而廢. 章惇·蔡卞,
請追廢太皇太后, 賴太后向氏, 太妃朱氏泣諫, 上悟.

惇卞堅請施行, 上怒曰:「卿等不欲朕入英宗廟庭乎?」

抵其奏於地.

【孟氏廢】이 사건은《宋鑑》紹聖 2년(1095년)에 자세히 실려 있음.(事見宋鑑
紹聖三年. −원주)

【向氏】神宗의 왕후이며 哲宗의 어머니. 向은 '상'으로 읽음.

【朱氏】神宗의 妃.

【上悟】《宋鑑》에「取惇奏, 就燭焚之」라 함.

1118 선비의 할 일이 여기서 끝나는 것은 아니다

현비賢妃 유씨劉氏가 황후가 되었다. 우정언右正言 추호皺浩가 유씨의 황후 책립을 중지하고 따로 훌륭한 집안에서 선발하기를 청하자 철종은 조서를 내려 추호를 제명시켜 아예 벼슬을 못하게 하고, 신주新州로 기관羈管시켜버렸다. 추호는 신주로 가는 길에 친구 전획田畫을 만나 이별에 임하여 눈물을 흘렸다. 그러자 전획은 정색을 하며 이렇게 말하였다.

"자네가 숨어 묵묵히 서울에 있었다 해도 감기에 걸려 땀을 내지 않으면 닷새면 죽고 만다네. 어찌 유독 영해嶺海 밖이라 하여 능히 사람을 죽이는 곳이겠는가! 원컨대 스스로 너무 상심하지 말기를 바라네. 선비로써 마땅히 해야 할 일이 여기서 끝나는 것은 아니라네."

○ 立賢妃劉氏爲后. 右正言鄒浩, 乞追停冊禮, 別選名族, 詔浩除名, 勒停羈管新州.

浩道過其友田畫, 臨別出涕, 畫正色曰:「使君隱黙官京師, 遇寒疾不汗, 五日死矣. 豈獨嶺海之外能死人哉! 願無自沮, 士所當爲者未止此也.」

【冊禮】황후를 책립하는 예.(冊立皇后之禮. ―원주)

1119 철종哲宗이 죽다

원부元符 3년(1100년), 철종이 죽었다. 재위 15년에 연호를 세 번 바꾸었으며 35세의 수를 누렸다. 황제의 아우가 섰다. 이가 휘종황제徽宗皇帝이다.

○ 元符三年, 上崩. 在位十五年, 改元者三, 壽三十五. 皇弟立, 是爲徽宗皇帝.

【改元者三】元祐, 紹聖, 元符 등 연호를 세 번 바꾸었음.

8. 徽宗皇帝

> ❀ 徽宗. 宋(北宋)의 제8대 황제.
> 趙佶. 1101년~1125년 재위.

1120 휘종황제徽宗皇帝

휘종황제徽宗皇帝는 이름이 길趙佶이며 신종神宗의 열한 번째 아들이다. 그는 처음에 단왕端王에 봉해졌다가 철종이 죽자 흠성헌숙황태후欽聖憲肅皇太后 상씨尚氏가 재상들을 소집하여 후사를 의논하게 되었다. 황태후는 단왕을 세우고자 하였으나 장돈이 반대하였다.

"단왕은 낭자浪子일 뿐입니다."

증포曾布도 함께 있었는데 증포는 키가 컸다. 멀리 단왕이 이미 주렴 아래에 있는 것을 보고 이렇게 장돈을 꾸짖었다.

"장돈, 황태후의 처분을 듣도록 하시오."

단왕이 주렴에서 나오자 장돈은 송구하여 몸 둘 바를 몰랐다.

이리하여 단왕이 즉위하여(1101년) 태후에게 얼마 동안 군사와 국사를 돌보아 주기를 청하였다.

범순인 등 20여 명이 함께 복직되었고, 공쾌龔夬, 진관陳瓘, 추호鄒浩를 대간으로 삼았다.

徽宗皇帝:

名佶, 神宗第十一子也. 初封端王, 哲宗崩, 欽聖憲肅皇太后向氏, 召宰執議立嗣.

后欲立端王, 章惇曰:「端王浪子耳.」

曾布身長, 望見端王已在簾下, 叱曰:「章惇, 聽太后處分.」

王出簾, 惇惶恐失措.

王卽位, 請太后權同處分軍國事. 范純仁等, 二十餘人, 並收敍. 龔夬·陳瓘·鄒浩爲臺諫.

【二十餘人】모두가 章惇이 집정하였을 때 폐출된 자들이다.(皆章惇得志時貶黜者. －원주)

송 휘종〈花鳥圖〉

1121 한충언韓忠彦

한충언韓忠彦이 우복야가 되었다. 충언은 한기韓琦의 아들이다.

○ 韓忠彦爲右僕射. 忠彦琦子也.

1122 서른세 명의 복관復官

문언박·사마광 등 33명의 벼슬도 추후로 회복되었다.

○ 文彥博·司馬光等, 三十三人, 追復官.

【三十三人】文彥博, 王珪, 呂大防, 劉摯, 韓維, 梁燾, 司馬光, 呂公著, 孫固, 傅堯兪, 趙瞻, 鄭雍, 王巖叟, 范祖禹, 趙彥君, 錢勰, 顧臨, 趙君錫, 李之純, 呂大忠, 鮮于侁, 孔武仲, 姚勔, 盛陶, 趙卨, 孫覺, 杜純, 孔文仲, 朱光庭, 李周, 張茂則, 高士英, 孫升 등으로 역시 章惇이 집정하였을 때 追貶奪贈당한 자들이다.(원주)

1123 태후의 수렴정치가 끝나다

태후는 수렴하기를 반년쯤 하고 정치를 휘종에게 돌려주었다.

○ 太后垂簾半年而還政.

1124 장돈章惇이 파면되다

장돈章惇이 파면되어 얼마 후 귀양갔다.

○ 章惇罷, 尋竄.

1125 한충언韓忠彦과 증포曾布

한충언韓忠彦과 증포曾布가 좌우의 복야가 되었다.

○ 韓忠彦·曾布左右僕射.

1126 형서邢恕

형서邢恕를 폄직시켰다.

○ 貶邢恕.

1127 장수를 쏘려거든 말을 먼저 쏘아라

채경蔡京과 채변蔡卞을 폄직시켰다. 채변은 왕안석의 사위이다.

이에 앞서 대간 공쾌龔夬, 진관陳瓘, 임백우任伯雨가 채변 등을 공격하여 그들의 집정을 파직시켰던 것이다. 채경이 한림승지翰林承旨로 있을 때 진관은 그가 태양을 바라보면서 눈 하나 깜짝하지 않는 것을 보고는 이렇게 말하였었다.

"이 사람은 틀림없이 크게 귀하게 될 것이다. 그러나 구구한 정신精神으로서 감히 태양에 항거하는 것을 보니 훗날 뜻을 얻으면 반드시 천하의 우환거리가 될 것이다."

진관은 다른 사람에게 이렇게 말하였다.

"장수를 쏘려거든 먼저 그 말을 쏘는 법이며 도둑을 잡고자 하면 먼저 그 우두머리를 잡는 법이다."

그는 연달아 채경을 소원히 하고 공격하기에 힘을 쏟아 결국 채경이 파면되었고, 얼마 후 다시 어사 진차승陳次升 등의 논의에 의해 채변을 함께 폄직시켰던 것이다.

○ 貶蔡京・蔡卞. 卞安石壻也.

先是臺諫龔夬・陳瓘・任伯雨等攻卞, 罷其執政.

京爲翰林承旨, 瓘見其視日不瞬, 謂:「此人必大貴, 然以其區區精神, 敢抗太陽, 他日得志, 必爲天下患.」

瓘語人曰:「射人先射馬, 擒賊先擒王.」

連疏攻之甚力, 京罷, 尋又以御史陳次升等言, 與卞俱貶.

【射人先云云】杜甫의 〈前出塞詩〉의 구절에 그 악을 제거하려면 의당 그 악의 우두머리를 제거해야 함을 인용하여 비유한 것.(杜甫前出塞詩詞, 引以喩去惡當去其魁. —원주)

1128 왕안석王安石을 받드는 자들

휘종은 오로지 희녕熙寧(신종. 1068~1076년), 원풍元豐(1078~1085년) 때 신법의 정치를 계승해서 펴고자 하였고 재상 증포는 속으로 희녕, 원풍의 신법과 원우(元祐, 哲宗, 1086~1093년)의 구법을 아울러 쓰고자 하였다.

그리하여 건중정국建中靖國 초(1101년)에 일찍이 장돈과 채변이 하던 정책을 약간 변경하였다. 이윽고 임금의 뜻을 펴고자 정인正人 임백우 任伯雨와 강공망江公望, 진관陳瓘 등을 조정으로 들어오는 것을 용납하지 않았다.

소인들은 비록 각각의 당파가 있었으나 경질과 출입이 있어 그 의향은 그저 함께 왕안석을 조종으로 받드는 것일 뿐이었다.

○ 上意專欲紹述熙·豐之政, 而曾布微有兩存熙·豐·元祐 之意. 故建中靖國初, 嘗略變章惇·蔡下所爲. 旣而布迎上旨, 正人任伯雨·江公望·陳瓘等, 不容於朝. 小人雖各有黨, 更迭 出入, 意向則同祖安石而已.

【建中靖國】 연호의 명칭.
✱ 靖康之禍의 싹이 이때부터 시작되었다고 李氏는 論하고 있다.
李氏曰:「言紹述熙豐之政者, 蓋欲逐元祐之正人爾. 正人如任伯雨等. 時相曾布 憚之, 各各斥去, 正人旣去, 而邪人得以肆行其志. 紹聖佞人邢恕章惇復得進用, 由王安石曲學偏見, 佞人邪黨, 布滿朝廷, 而釀成靖康之禍者, 良有以也.」

1129 요遼의 도종道宗

요遼의 임금 홍기耶律弘基, 道宗가 죽어 시호를 도종道宗이라 하였다.
손자 연희耶律延禧가 서서 호를 천조天祚라 하였다.(1101년)

○ 遼主弘基殂, 號道宗. 孫延禧立, 號天祚.

1130 여진女眞

(1) 아골타阿骨打

여진女眞의 아골타完顔阿骨打가 섰다. 여진의 본래 이름은 주리진朱里眞으로 숙신肅愼의 유종遺種이며 발해渤海의 별족이다. 혹은 본성이 나拏이며 진한辰韓의 후예라고도 한다.

《삼국지三國志》에 읍루挹婁라 하였고, 원씨元氏의 북위北魏 때에 물길勿吉이라 불렀으며, 당唐나라가 소위 흑수말갈黑水靺鞨이라 불렀던 것이 그 땅이다. 그들 여진에는 72개의 부락이 있으며 본래 서로 통솔함이 없었으나 송나라 대중상부(大中祥符, 宋 眞宗. 1008~1016년) 이후로는 끊어져 중국과는 통하지 못하였다.

女眞 귀족(명대 그림)

○ 女眞阿骨打立, 女眞本名朱里眞, 肅愼之遺種, 而渤海之別族也. 或曰本姓挐, 辰韓之後. 三國志所謂挹婁, 元魏所謂勿吉, 唐所謂黑水靺鞨者, 其地也. 有七十二部落, 本不相統, 自太中祥符以後, 絶不與中國通.

【辰韓】東夷에 馬韓, 辰韓, 辨韓(弁韓)이 있었다.(東夷有馬韓辰韓辨韓. —원주)
【元魏】元氏의 北魏를 가리킴.
【生女眞】《大金志》에 "混同江 남쪽에 사는 자들을 熟女眞이라 하며 그들은 契丹에 복속되어 있었다. 그 강의 북쪽에 사는 자들을 生女眞이라 하며 역시 거란에 복속되어 있었다"라 함.(大金志: 居混同江南者, 曰熟女眞, 以其服屬契丹也; 居江之北者, 曰生女眞, 亦臣於契丹. —원주)

(2) 생여진生女眞

생여진生女眞은 그 족류가 그래도 번성하여 그 추장 엄판嚴版에게 손자 양가태사楊家太師가 있어 드디어 여러 부족의 우두머리가 되었다. 혹은 그 양할楊割의 조상은 신라新羅 사람 완안씨完顏氏로서 여진이 자신의 딸을 그에게 시집 보내어 아들 둘을 낳았는데 맏이는 호래胡來라 하였으며 그로부터 3대를 전하여 양할에 이르렀다고도 한다. 완안아골타는 그의 아들로 사람됨이 침착하고 의기가 있으며 큰 뜻을 품고 있었다.

有生女眞者, 其類猶繁, 其酋曰巖版, 有孫曰楊哥太師, 遂雄諸部. 或曰楊割之先, 新羅人, 完顏氏, 女眞妻之以女, 生子二人, 長曰胡來, 傳三人而至楊割. 阿骨打其子也. 爲人沈毅有大志.

【新羅】 나라는 동이에 있다.(國在東夷. —원주)
【三人】 '人'자는 '世'자여야 함.

〈女眞人〉《職貢圖》

1131 당인黨人의 명부

　연호 건중정국建中靖國을 1년 만에 숭녕崇寧으로 고쳤다.(1102년) 한충언이
파직되고, 사마광 등의 벼슬을 다시 추탈追奪하고 원우元祐 때의 당인들
명부를 만들었다.

　○ 建中靖國, 一年而改崇寧. 韓忠彦罷, 再追奪司馬光等官,
籍元祐黨人.

【黨籍】 장부를 만들어 文彦博 등 119명의 성명을 적었다. 얼마 후 그 자손은
　관직의 유무에 관계없이 대궐 안으로 들어오는 직책은 불허하도록 조칙을 내렸다.
　그리고 다시 조서를 내려 종실은 그들 자손이나 服親한 자들과는 혼인할 수
　없도록 하였다.(籍記姓名, 文彦博等凡一百一十九人, 尋詔: 其子孫有官無官, 並不
　許列闕; 又詔: 宗室不得與其子孫及有服親爲婚姻. ―원주)

1132 토목공사와 사치

(1) 간당비姦黨碑

증포曾布가 파직되고 채경蔡京이 재상이 되었으며 채변蔡卞은 집정문 하시랑이 되었다. 그들은 또다시 원우元祐 때의 인물을 폄직하거나 먼 곳으로 귀양보냈다. 그리고 '간당비姦黨碑'를 세우기도 하였다.

채경은 숭녕 연간에 복야가 되고부터 대관大觀(1107~1110), 정화政和 (1111~1117년), 중화重和(1118년)의 시대를 거치면서 태사太師를 역임하였다. 그는 일찍이 잠시 파직된 적이 있었으나 문득 다시 들어왔고 비록 파직된 날일지라도 실제로는 나라의 명령을 집행하였다. 그러는 동안 조정지趙挺之, 장상영張商英이 재상이 되어 한 때는 채경과 달리 하기도 하였으나 그들의 재위는 각각 몇 달을 넘기지 못하였고 혹 1년 만에 파직당하곤 하였다. 그 외에 하집중何執中, 정거중鄭居中, 유정부劉正夫, 여심余深 등도 비록 재상의 지위에 있었지만 혹은 오래하기도 하고 혹은 일천하게 임기를 마쳤다.

정거중 역시 채경과 달리하여 항상 서로 배척하였고 유정부도 역시 약간 의견을 달리하기는 하였지만 채경이 휘종으로부터 받는 총애와 권세에는 아무런 손실을 주지 못하였다.

○ 曾布罷, 蔡京爲相, 蔡卞執政. 再貶竄元祐人. 立姦黨碑. 京自崇寧爲僕射, 歷大觀·政和·重和爲大師. 嘗暫罷, 輒復入, 雖罷之日, 實執國命. 其間趙挺之·張商英作相, 嘗與京異, 然在位各不過數月. 或一年而罷, 如何執中·鄭居中·劉正夫·余深, 雖在相位, 或久或淺. 居中亦與京異, 常相排, 正夫亦小異, 然於京之權寵無損也.

(2) 사치를 권장

채경蔡京의 아들 유蔡攸의 아내宋氏가 대궐을 출입하면서 채유는 크게 등용되어 드디어 부자간에 권세를 두고 서로 알력이 생기는 지경에 이르게 되었다.

휘종은 채유를 총애하면서 채경의 자제와 친척들도 존경하여 조정은 모두가 채경 부자의 일당으로 가득 차게 되었다.

채경은 사설邪說을 제창하여 그 당대를 '풍형예대豊亨豫大의 운수'에 해당하는 때라고 여기면서 휘종에게 마음 놓고 사치를 부리도록 권하여 토목공사를 끝없이 벌여 서울을 넓히고 대궐 안을 수리하였으며 내원內苑을 웅장하게 축조하였다.

그리고 구정九鼎을 만들어서 솥이 완성되자 구주九州의 물과 흙을 그 솥에 담아 놓았다. 그런데 북방의 보정寶鼎을 봉안한 것이 갑자기 물이 밖으로 새어 나오고 말았다.

대성악大晟樂도 만들었으며 옥청신소궁玉淸神霄宮을 지었다. 도사 임영소林靈素를 숭배하여 믿어 임영소는 임금에게 그들의 책을 올려 휘종을 교주도군황제教主道君皇帝로 삼아주었다.

연복궁延福宮을 짓고 보화전保和殿을 지었으며 만세산萬歲山을 만들었다. 그리고 주면朱勔에게 화석강花石綱을 맡아보게 하여 기이한 꽃과 나무, 괴상한 돌, 진기한 새와 짐승은 아무리 먼 곳에 있더라도 옮겨오지 않는 것이 없었다. 민간에 한 포기의 꽃, 한 그루의 나무라도 묘한 것이 있으면 문득 이를 바치게 하여 꽃 한 포기에 수천 민緡의 비용을 들였으며 돌 하나에 수만의 민을 들인 것들이 있었다.

만세산은 20년 만에 산은 높고 숲은 깊어져 미록이 무리를 이루었다. 이에 그 이름을 간악艮嶽으로 바꾸었다.

다시 그 안에다 촌가, 점포, 술집을 차려 푸른 발을 걸어 놓고 매해 동지가 지나고 나면 등불을 있는 대로 밝혀 걸어놓았다. 마구 술도 마시고 도박도 할 수 있도록 하면서 이를 '원소元霄를 미리 관상觀賞한다'라 하였다.

京子攸之婦, 出入宮禁, 攸遂大用. 至父子權勢自相軋. 上寵攸而尊京子弟親戚, 滿朝皆其父子之黨. 京倡邪說, 以爲當豐亨豫大之運, 專以奢侈勸上, 窮極土木之功, 廣京城修大內. 盛築內苑.

鑄九鼎, 鼎成, 以九州水土, 納鼎中. 及奉安北方寶鼎, 忽水漏于外. 作大晟樂.

作玉淸神霄宮, 崇信道士林靈素, 策上爲敎主道君皇帝.

作延福宮, 作保和殿, 作萬歲山. 以朱勔領花石綱, 寄花異木怪石, 珍禽奇獸, 無遠不致. 民間一花一木之妙, 輒令上供, 有一花費數千緡, 一石費數萬緡者. 二十年間, 出林高深, 麋鹿成群, 改名艮嶽.

又爲村居野店酒肆靑帘於其間, 每歲冬至後, 卽放燈縱令飮博, 謂之先賞元宵.

【鑄九鼎】《宋鑑》에 魏漢의 律議에 따라 鼎을 만들어 八方에 앉혔다. 蒼東方, 彤南方, 晶西方, 寶北方, 魁東南, 阜西南, 壯西北, 風東北 등 여덟 개였으며 그 중에는 帝鼎이라 하였다. 모두 九州의 물과 흙을 받아 담아두었다.(宋鑑: 魏漢律議制鼎各以奠八方. 曰蒼東方, 曰彤南方, 曰晶西方, 曰寶北方, 曰魁東南, 曰阜西南, 曰壯西北, 曰風東北, 凡八. 而中曰帝鼎, 皆以九州水土納之. -원주)

【忽水漏】寶鼎은 북방을 가리키는 것으로 이는 그 뒤 북방의 난이 일어날 징조를 보여준 것이다.(此啓其後北方致亂之兆. -원주)

【大晟樂】學校에서 先聖(孔子)에게 제사지낼 때의 음악.

【神霄宮】처음에는 '玉淸和陽宮'이라 하였으며 바로 福寧殿이다. 황제가 탄생한 곳이며 뒤에 다시 이름을 '神霄宮'이라 하였다.(初名玉淸和陽宮, 卽福寧殿. 誕聖之所, 後改名神霄宮. -원주)

【道君皇帝】徽宗을 道家敎主로 책립하여 道君皇帝라 불렀음.(策立徽宗爲道家敎主, 號道君皇帝. -원주)

【艮嶽】萬歲山을 艮嶽이라 고쳐 불렀음.

1133 흉한 조짐을 상서롭다고 보고하다

이때에 성망星芒, 혜성이 자주 나타나고 지진이 일어났으며 하수가
터지는 등 괴이한 일이 잇따라 일어났으나 나중에는 대범해져서 이러한
일들을 늘 있는 일로 여기게 되었다.

그럼에도 채경 등은 거짓으로 감로甘露가 내렸다느니 상운祥雲이 나타
났다느니, 학이 날아 하늘을 덮었다느니, 대나무에 자주빛 꽃이 피었다
느니, 지초가 간악艮嶽에 났다느니, 여러 주에 연리목連理木이 났다느니,
쌍화雙花의 부용, 연꽃, 작약, 모란이 피었다느니 하며 거짓 상주하였다.
더구나 심지어 섣달에 천둥이 치고 삼월에 눈이 내리자 이를 가리켜
모두가 상서로운 일이라 하며 표를 올려 축하하였다.

○ 時星芒屢見, 地震, 河決, 怪異迭出, 率以爲常. 京等誣奏甘
露降, 祥雲現, 飛鶴蔽空, 竹生紫花, 芝草産于艮嶽, 及諸州連理木,
雙花芙蕖芍藥牡丹. 至指臘月雷三月雪, 皆稱瑞表賀.

【連理木】 서로 다른 뿌리에서 난 것이 줄기가 연결되어 합침.(異本連幹. −원주)
【雙花芙蕖】 芙蕖는 연꽃을 말하며 다른 머리에 꽃대가 연결된 것을 雙花라
  함.(芙蕖, 蓮也. 異首連蒂曰雙花. −원주)

1134 동관童貫과 양사성梁師成

내시 동관童貫과 양사성梁師成이 정치를 맡았다. 양사성은 오직 휘종을 응봉應奉하는 임무였으므로 임금의 마음을 고혹蠱惑하게 하여 권세가 불길같이 지지고 태우듯 하며 궁중의 위복威福을 훔쳤다.
동관은 오로지 변경을 개척하는 일을 맡아 밖에서 일을 만들어 모두 채경 부자와 서로 안팎이 되어 일을 저질렀다.

○ 內侍童貫·梁師成用事, 師成專務應奉, 以蠱上心, 勢焰熏灼, 竊威福於中. 童貫專務開邊, 生事於外, 皆與蔡京父子相表裏.

1135 여진과 거란의 반목

(1) 해동청海東青

여진의 아골타完顏阿骨打가 중화重和 원년(1118년) 무술戊戌에 황제를 일컬었다. 처음 요나라 천조제天祚帝는 상벌을 마구 넘치게 하였으며 매사냥과 색色에 빠져 여진에게 해마다 해동청海東青을 바치도록 요구하였다.

여진은 그 이웃 동북쪽 오五라는 나라와 전투를 벌여 그 매를 구하여 요나라에 바치고 있었는데 그 구하기 어려움을 견딜 수 없었다. 아골타는 드디어 요나라에 반기를 들고 혼동강混同江 동쪽의 영강주寧江州를 공격하여 점령하여 버렸다. 요나라는 장군을 파견하여 이를 토벌하였지만 도리어 패하고 말았다.

요나라는 다시 중경로中京路, 상경로上京路, 장춘로長春路, 서요로西遼路의 네 길로 군사를 합하여 진격시켰는데 내류하淶流河의 부대가 홀로 깊이 들어갔다가 크게 패하여 다른 세 길의 군사도 모두 퇴각하고 말았다.

○ 女眞阿骨打, 以重和元年戊戌稱帝. 初遼主天祚, 刑賞僭濫, 荒於禽色, 歲索名鷹海東青於女眞. 女眞與其隣東北五國戰鬪, 乃能獲此禽以獻, 不勝其擾.

阿骨打遂叛, 攻陷混同江東之寧江州. 遼遣將討之而敗. 又起中京·上京·長春·西遼, 四路兵並進, 獨淶流河一路, 深入大敗, 三路皆退.

【禽色】禽獸와 女色.

【海東靑】 '五'라는 나라는 동쪽으로 大海와 인접하여 이름난 매(鷹)가 나며 그 중 海東에서 온 것을 海東靑이라 함.(五國之東接大海, 出名鷹, 來自海東者謂 之海東靑. ─원주)

【五國】 나라 이름. 女眞과 천리 거리이며 '五'는 그 나라 이름이다.(與女眞相去千里, 五其國名也. ─원주)

【混同江】 咸平府 長白山에서 발원하며 그 하류는 알 수 없다.(水出咸平府長白山, 下流未詳. ─원주)

【寧江州】 거란의 동북 귀퉁이 지역.(在契丹東北隅. ─원주)

【將】 海州刺史 高仙壽를 가리킴.

【中京】 遼陽에 있으며 지금의 二寧府.

(2) 아골타阿骨打가 대금大金을 세우다

여진은 요나라 동쪽 경계 지역의 숙여진熟女眞까지 모두 포로로 하여 철기鐵騎가 더욱 많아졌다.

요나라 천조제完顏阿骨打가 친정에 나섰지만 거듭 대패하였다.

여진은 승세를 타고 발해渤海, 요양遼陽의 54주를 병합하고 다시 요서 遼西를 넘어 다섯 주를 항복받았다. 아골타는 드디어 황제를 일컫고 이름을 민完顏旻으로 고쳤으며 국호를 대금大金이라 하였다. 이듬해에는 요나라 상경上京을 깨뜨려 버렸다.

女眞悉虜遼東界熟女眞, 鐵騎益衆. 天祚親征復大敗. 女眞 乘勝, 幷渤海·遼陽五十四州, 又度遼西降五州. 阿骨打遂建號, 改名旻, 國號大金. 明年破遼上京.

1136 고려高麗의 책략

고려가 와서 의원을 보내줄 것을 청하였다. 휘종은 두 의원을 보내주었다. 그들이 돌아와 이렇게 상주하는 것이었다.

"실은 의원이 필요하였던 것이 아니라 이에 저들이 중국은 장차 여진과 더불어 거란契丹을 도모할 것임을 알고 '거란을 그대로 두면 오히려 족히 중국의 변방을 막아주는 역할이 될 것입니다. 여진은 이리나 호랑이 같아 사귈 수 없습니다. 마땅히 서둘러 이를 위해 대비하여야 합니다'라고 일러주었습니다."

휘종은 이를 듣고 불쾌히 여겼다.

○ 高麗來求醫, 上遣二醫往.

還奏:「實非求醫, 乃彼知中國將與女眞圖契丹, 謂:『苟存契丹, 猶足爲中國捍邊. 女眞狼虎, 不可交, 宜早爲之備.』」

上聞之不樂.

1137 기생집을 드나드는 황제

임금이 일찍이 도시의 술집과 기생집에 미행微行을 하였다. 정자正字 조보曹輔가 이에 대하여 간언을 올렸다가 침주郴州로 편관編管되고 말았다.

○ 上嘗微行都市酒肆妓館, 正字曹輔上言, 編管郴州.

1138 요遼나라 정벌과 금金에게 조공

(1) 북벌계획

동관童貫은 숭녕崇寧(1102~1106년) 연간부터 왕소王韶의 아들淳과 함께 군사를 지배하여 황주湟州를 수복하여 변경의 책임을 맡게 되었다. 그 뒤 서쪽의 선주鄯州와 곽주廓州도 서강西羌으로부터 탈환하였다. 그리 하여 동관은 마침내 선무사宣撫使가 되어 서쪽 변방西戎에서 뜻을 얻자 드디어 북쪽 변방 요도 시도해볼 만하다고 여기게 되었다.

정화政和(1111~1116) 초에 이에 스스로 요나라의 정세를 알아보는 사신 으로 가겠다고 청하여 나섰다. 이때 연燕 땅 사람 마식馬植이라는 자가 동관에게 연나라를 멸할 계책을 일러주어 그를 데리고 서울로 돌아와서 그의 이름을 조양사趙良嗣로 바꾸어 주었다. 이리하여 연 땅을 수복할 논의가 드디어 시작되었다.

정화政和 말년에 한인漢人이 바닷길로 돌아와 여진이 요나라를 공격한 방법을 갖추어 일러주었다.

중화重和(1118) 봄, 이에 채경은 동관의 건의를 들어 마정馬政을 해도를 통해 파견하여 여진금의 태조太祖 아골타가 살고 있는 아지천阿芝川 내류하涞流河로 가서 함께 요나라를 칠 것을 의논하도록 하였다.

아골타는 드디어 사신을 보내왔다. 선화宣和(1119~1125) 초에 그 사신이 서울開封에 도착하자 휘종은 채경과 동관에게 조서를 내려 송과 금이 요를 협공하여 연을 탈환하도록 설득시키도록 하였다. 그리고 군교軍校 호경呼慶에게 그 사신을 바닷길로 귀국시키도록 심부름을 보냈다.

이 해에 왕보王黼가 재상이 되어 극력 요나라를 공격할 모책을 찬성하 였다. 호경이 다시 금의 사신과 함께 왔을 때 아골타는 상경上京에 있었다. 드디어 송나라는 다시 조양사馬植를 파견하여 금나라는 요나라 중경中京을 취하고, 송나라는 연경燕京을 취하며, 송나라는 해마다 요나라 에게 보내던 액수만큼을 금나라에게 세폐歲幣로 주겠다고 약속하였다.

그러면서 조양사는 이렇게 덧붙였다.

"연경燕京 일대는 바로 서경西京을 포함하는 것입니다."

이에 금주 아골타도 역시 이를 허락하고 그 문서를 조양사에게 주어, 여진 금의 군사는 평지송림平地松林으로부터 고북古北으로 진격하고, 송나라 군사는 백구白溝로부터 진격하여 요나라를 협공할 것을 약정하고 조양사는 귀국하였다.

마정은 다시 그 아들 확擴과 함께 국서를 가지고 금나라로 가서 송과 금 두 나라 군사는 서로 상대의 국경 관문을 넘어서지 않는다는 약정을 맺었다. 그리고 얼마 지나지 않아 금나라 사신이 거듭 오자 다시 그 사신에게 국서를 주어 귀국시켰다.

당시 회남淮南, 경서京西, 하북河北, 강남江南에 도둑들이 잇따라 일어났다. 그들 중 산동山東의 송강宋江은 곧 설득하여 안정시켰지만 목주睦州의 방랍方臘이 연달아 절군浙郡을 함락시키자 중도大梁에서는 크게 떨며 소란해졌다. 그러자 동관이 나서서 겨우 방랍을 평정하고 나서야 북벌의 일이 시작되었다.

○ 童貫自崇寧閒, 與王韶之子, 領兵復湟州, 任責措置邊事. 已而復鄯州·廓州. 貫遂建節爲宣撫, 旣得志於西邊, 遂謂北邊亦可圖.

政和初, 乃自請奉使覘遼國. 有燕人馬植者, 陳滅燕之策. 貫挾以歸. 更姓名趙良嗣, 復燕之議遂起.

政和末, 有漢人泛海來, 具言女眞攻遼事. 重和春, 乃用蔡京童貫議, 遣馬政由海道, 至阿骨打所居阿芝川淶流河, 與議共攻遼. 阿骨打遂遣使來. 宣和初至京, 詔京貫, 諭以夾攻取燕之意. 差軍校呼慶送其使, 由海道歸國.

是歲王黼爲相, 力贊攻遼之策. 及呼慶復與金使來, 時阿骨打在上京. 遂遣良嗣往, 約金國取遼中京, 本朝取燕京.

歲幣如與遼之數. 良嗣曰:「燕京一帶, 則倂西京是也.」

金主亦許之, 以札付良嗣, 期以女眞兵自平地松林趨古北, 南兵自白溝夾攻, 良嗣歸. 馬政復與子擴持國書, 往訂彼此兵不得過關. 未幾, 金使復來, 又以國書就付其使, 歸國.

時淮南·京西·河北·江南, 相繼盜起. 山東宋江方就招安, 睦寇方臘, 連陷浙郡, 中都爲震, 童貫甫平方臘, 而北事作矣.

【王詔之子】王淳.

【復燕議】 이씨는 이렇게 말하였다. "燕雲의 일을 품계한 것이다. 童寬의 西邊 성공으로 자신을 얻어 北邊 경략을 계획하였으며 마침 趙良嗣의 항복으로 燕 지역은 당연히 성공할 것으로 여겼다. 휘종은 이를 매우 기뻐하였지만 천하가 너무 오랫동안 평안을 누려 군사는 싸움에 익숙지 않았으니 白溝의 패배로 金나라의 비웃음만 사고 말았다. 遼나라가 망한 것이 바로 중국의 큰 우환의 시작이었다."(李氏曰: 啓燕雲之役者, 初則童貫得志於西邊, 遂謂北邊亦可圖, 繼而趙良嗣來歸, 獻以取燕之策. 徽宗如之何不喜? 夫豈知天下久安, 士不習戰, 白溝之敗, 爲金人所笑? 遼亡而中國之憂始大矣. —원주)

【漢人】高樂師를 가리킴.

【遣使】李善慶을 가리킴.

【京貫】蔡京과 童貫.

【呼慶】呼는 성씨이며 慶은 이름.

【燕京】幽州.

【西京】大同府.

【古北】關 이름. 順州의 북쪽에 있음.

【白溝】涿州의 남쪽에 있으며 安肅에서 15리이다. 巨馬河라고도 부르며 宋과 遼의 국경지대이다.

(2) 금金과의 연합전선

금(여진)은 군사를 모두 모아 요하遼河를 건너 요의 중경中京으로 내달아 이를 공격, 함락시켰다. 중경은 원래 해국奚國이다.

드디어 금은 군사를 이끌고 송향관松亭關(松亭關의 오기. 1145참조)에 이르렀으나 송나라와 약속되었던 각기 국경 관문을 넘어설 수 없다는 것으로 그곳에서 더 나가지 아니하고 군사를 이끌고 서쪽을 경유하여 지나갔다.

요나라 임금天祚帝은 이미 미리 무리를 이끌고 피해 있었는데 혹자가 이렇게 말하였다.

"금의 선봉대가 곧 들이닥칩니다."

요주는 크게 놀라 급히 운중雲中으로 달아나 협산夾山으로 들어갔다.

당시 연왕燕王 야률순耶律淳이 연경을 지키고 있었는데 요나라 도통都統 소간蕭幹은 그 야률순을 요나라 임금天錫帝, 宣宗으로 세웠다.(1122년)

송나라 동관과 채유는 군사를 거느리고 동쪽 길로는 백구白溝에 이르고, 서쪽 길로는 범촌范村에 이르렀다. 그러자 소간이 온 힘을 다해 이를 맞서 싸워 송나라 군사는 패하여 퇴각하고 말았다. 요왕 야률순이 죽자 송나라는 재차 북벌에 나섰다. 요나라 탁주涿州의 장수 곽약사郭藥師가 상승군常勝軍을 이끌고 항복해오자 송나라 군사 50만을 노구하盧溝河까지 진군하여 주둔하게 되었다. 그러나 요나라 소간이 이를 막아서자 곽약사가 샛길로 연경을 습격하였다. 소간은 군사를 돌이켜서 연경을 구하고자 사투를 벌였다.

金人悉師度遼, 趨中京攻陷之. 中京者, 故奚國也. 遂引兵至松亭(亭)關, 以與宋有各不過關之約止, 引兵由其西而過, 遼主先已引避, 或言:「金前鋒將至.」

遼主震驚, 亟奔雲, 入夾山.

時燕王淳守燕, 蕭幹立淳爲主. 宋童貫·蔡攸, 帥師東路至白溝,西路至范村. 蕭幹迎戰甚力, 宋師敗退. 耶律淳死, 宋師再擧.

遼涿州將郭藥師, 領常勝軍來降. 宋兵五十萬, 進駐盧溝河,
蕭幹拒之, 藥師間道襲燕, 幹還救死鬪.

【松亭】關門 이름으로 景州의 북쪽에 있음.
【燕王淳】遼의 親王.
【常勝軍】涿州를 常勝軍이라 불렀다. 그곳을 지키던 군사를 말함.
【盧溝】물 이름으로 北平에 있으며 小黃河라고도 함.

(3) 요遼에게 하던 조공을 우리 금金에게 하라

곽약사는 몇 번을 패하여 겨우 몸을 빼어 달아나 돌아왔다. 이리하여
노구하의 송나라 병력은 그만 궤멸되고 말았다.

동관과 채유는 공이 없이 돌아갔다가 죄를 얻을 것을 겁내고 있었다.

당시 금주 아골타는 마침 봉성주奉聖州에 와 있었는데, 이에 동관과
채유는 객을 보내어 금주에게 대책을 세워줄 것을 희망하였다. 이에
아골타는 군사를 세 길로 나누어 진군하여 드디어 송나라 영토인 거용관
居庸關으로 들어오게 되었으며 연은 금나라에게 항복하고 말았다. 이에
금나라 사신이 송나라에 와서 이렇게 말하였다.

"연경은 우리 금나라 군사가 함락시켰으니 그 땅은 귀국 송나라에게
주더라도 땅의 조세는 의당 우리 금나라에게 주어야 마땅하오."

송나라는 조량사를 사신으로 보내어 금나라와 교섭한 끝에 해마다의
세폐는 종전에 거란(요)에게 보내던 것과 똑같이 하기를 허락하되 옛날
액수 밖의 것은 다시 백만 민緡을 더 주어 연 땅의 조세를 대신하며
아울러 운중雲中의 땅도 함께 송나라에게 줄 것을 요구하였다.

그러나 금나라는 겨우 연경과 탁주涿州, 역주易州, 단주檀州, 순주順州, 경주景州, 계주薊州의 여섯 주를 넘겨줄 뿐이었다.

동관과 채유가 연경으로 들어가 보았더니 그곳의 금백金帛 등 재물은 물론, 부녀자, 관리, 주민 등을 모두 금나라가 석권해서 동쪽으로 떠나버려 남아 있는 것이라고는 그저 빈 성곽뿐이었다.

동관과 채유는 귀국하여 왕안중王安中을 그곳 연산부燕山府, 燕京의 지사로 삼고 첨탁詹度과 곽약사郭藥師를 동지同知로 삼았다.

藥師屢敗, 僅以身免遁還. 盧溝之師遂潰, 貫攸懼無功獲罪, 時金主在奉聖州, 乃遣客, 禱金主圖之. 金主分三道進兵, 遂入居庸關, 燕降於金.

金使來言:「燕京以金兵攻下, 其地與宋, 租稅當以輸金.」

宋使趙良嗣往議之: 許歲幣如契丹, 舊數外, 更以百萬代租稅, 而倂求雲中之地. 金人僅以燕京涿易檀順景薊六州來歸. 貫攸入燕, 燕之金帛, 子女職官民戶, 金人席卷而東, 所得空城而已. 貫攸歸, 以王安中知燕山府, 詹度·郭藥師同知.

【遣客】王瓌를 보내었음.
【進兵】粘罕은 南暗口로, 橽懶駙馬는 北牛口로 阿骨打는 居庸關으로 진병하였음.
  (粘罕趨南暗口, 橽懶駙馬趨北牛口, 阿骨打趨居庸關.)
【居庸】關門으로 北平府의 昌平縣 서쪽에 있음.
【燕山府】燕京을 가리킴.

1139 큰 별이 나타나다

달 크기 만한 별이 서서히 남쪽으로 가더니 떨어졌다. 그 빛은 사람을 비추는 밝기가 달과 다르지 않았다.

○ 有星如月, 徐徐南行而落. 光照人物, 與月無異.

1140 신보관神保觀의 헌토獻土

신보관神保觀을 수리하였다. 그 신은 서울 사람들이 평소 두려워하던 대상이었으므로 서울의 온 남녀가 흙을 져다 바쳐 이를 헌토獻土라 이름하였다.

그러자 또다시 귀신의 사자 형상으로 꾸미고 나타나 헌토를 독촉하는 자가 있어 휘종도 미복으로 이를 구경하고는 그 뒤 며칠 만에 헌토를 금하도록 교지를 내렸다.

○ 修神保觀, 其神都人素畏之. 傾城男女負土以獻, 名曰獻土. 又有飾作鬼使催納土者, 上亦微服觀之, 後數日旨禁.

【其神】 당시 이를 '二郞神'이라 불렀음.(俗謂曰二郞神. -원주)

1141 지진이 일어나다

경사汴京, 하동河東, 섬서陝西에 지진이 일어나 궁중의 전각 문이 흔들리고 게다가 이상한 소리까지 났다. 난주蘭州에서는 풀과 나무가 땅속에 묻히고 산 아래의 보리 싹이 산꼭대기로 옮겨졌다.

○ 京師·河東·陝西地震, 宮中殿門搖動, 且有聲. 蘭州草木沒入, 山下麥苗乃在山上.

1142 금金나라의 풍습

금나라는 성곽이나 궁실도 없이 거란의 옛 정치제도를 그대로 사용하였다. 이를테면 채색 비단을 묶어 산으로 삼아 연극과 음악을 즐겼다. 투계鬪鷄와 격국擊鞠은 중국과 같지만 다만 여러 가지 음악을 연주한 후 온갖 장식을 한 무녀舞女 몇 사람이 양쪽 손에 거울을 잡고 추는 춤의 모습은 전모電母와 유사하다. 그 나라는 아득히 넓어 모두가 풀로 집을 만들어 살고 있었다. 그런데 이때에 이르러 바야흐로 수천 간의 커다란 집을 지어 중국이 하는 것을 모두 모방하였다.

○ 金國無城郭宮室, 用契丹舊禮. 如結綵山作倡樂, 鬪雞擊鞠之戲, 與中國同, 但於衆樂後, 飾舞女數人, 兩手持鏡, 類電母. 其國茫然, 皆芨舍以居. 至是方營大屋數千間, 盡倣中國所爲.

【結綵山】 비단을 묶어 산을 만듦.(結綵爲山. ─원주)
【擊鞠】 축구와 비슷한 놀이. 가죽으로 만들어 안에 물건을 채워넣고 이를 치며 하는 놀이로 지금 일반적으로 '毬子'라 하는 것.(以革爲之, 內實以物, 擊打以爲戲. 今通謂之毬子. ─원주)

1143 작은 재이災異

양경兩京과 하북河北, 하남河南, 절강浙江의 여러 지방에 재이災異가 겹쳐 나타났다. 서울에서는 청과靑菓를 파는 남자가 임신하여 아이를 낳았다. 그리고 풍악루豐樂樓 술집의 주보酒保 주씨朱氏라는 자가 있었는데 그의 처가 나이 40에 갑자기 수염이 나서 6, 7촌이나 자랐다. 그리고 완宛 땅의 남자 하나는 도첩度牒을 받아 여도사女道士가 되었다.

○ 兩京河浙路, 災異疊見. 都城有賣靑菜男子, 孕而誕子. 又有豐樂樓酒保朱氏, 其妻年四十, 忽生髭髯, 長六七寸. 宛一男子, 詔度爲女道士.

【兩京】京東과 京西.
【髭】입 위의 부분에 나는 수염을 말함.(鬚在口上曰髭. -원주)

1144 흉년으로 도둑이 각처에서 일어나다

하북과 산동에 도둑이 일어났으며 해마다 태풍으로 흉년이 들어 백성들은 느릅나무 껍질을 벗겨 먹다가 야채조차 없어지자 서로 잡아 먹기에 이르렀다. 이렇게 굶주린 백성이 함께 일어나 도둑이 된 것이다.

그 중에서도 장선張仙이라는 자는 10만 명, 장적張迪은 5만 명, 고탁산高托山은 30만을 거느리고 있었다. 그밖에도 2만, 3만을 거느린 자는 이루 헤아릴 수 없이 많았다.

○ 河北·山東盜起, 連歲風荒, 民食楡皮, 野菜不給至相食. 饑民並起爲盜. 有張仙者, 衆十萬, 張迪衆五萬, 高托山衆三十萬. 自餘二三萬者, 不可勝計.

1145 요遼, 금金, 송宋의 각축과 결말

(1) 평주로平州路를 차지하라

금나라 임금(완안아골타)은 황제를 일컫고 6년 만에 죽어 1125년 호를 태조태성무황제太祖太聖武皇帝라 하였다. 아우 오걸매完顔吳乞買가 올라 이름을 성完顔晟으로 고쳤다.

연산燕山 땅 역주易州의 서북은 금파관金坡關이며 창평昌平의 서쪽은 거용관居庸關, 순주順州 북쪽은 고북관古北關, 경주景州 북쪽은 송정관松亭關, 평주平州의 동쪽은 유관隃關이다. 유관의 동쪽이 금나라에서 중국으로 오는 통로이다. 이 몇몇 관문은 북쪽 번방과 중국을 갈라놓은 천연의 경계로서 이곳만 획득하면 연과의 경계를 보장할 수 있다. 그러나 관문 안의 땅으로 평주平州, 난주灤州, 영주營州는 후당後唐, 明宗 때 거란의 아보기耶律阿保機에게 빼앗긴 이래로 영주와 난주를 평주에 편입시켜 평주로平州路로 경영하고 있었다.

이번에 송나라가 연 땅을 반환해 받았지만 평주를 취득하지 못한다면 관내關內의 땅은 번인蕃人과 한인漢人이 섞여 살게 되어 그 연 땅은 지켜내기가 어렵게 된다.

○ 金主稱帝, 六年而殂, 號太祖大聖武元皇帝. 弟吳乞買立, 改名晟.

燕山之地, 易州西北, 乃金坡關; 昌平之西, 乃居庸關; 順州之北, 乃古北關; 景州之北, 乃松亭關; 平州之東, 乃隃關; 隃關之東, 乃金人來路. 凡此數關, 天限蕃漢. 得之則燕境可保. 然關內之地, 平灤營三州. 自後唐爲契丹阿保機所陷, 以營灤隸平, 爲平州路. 得燕而不得平州, 則關內之地, 蕃漢雜處, 而燕爲難保矣.

⑵ 송나라에 귀속되기를 원합니다

요나라 장수 장각張穀이 평주를 지키고 있었는데 금나라는 사신을 보내어 이곳도 항복받으려고 장각을 불렀다. 장각은 이렇게 말하였다. "거란은 모두 팔로八路를 차지하고 있었으나 지금은 다만 이 평주로만 남아 있을 뿐입니다. 그런데 어찌 감히 귀국에 딴 마음을 품겠습니까?"

그러나 얼마 뒤 장각은 그 평주를 남쪽 송나라에 귀속시키기를 원하자 송나라는 서둘러 이 평주를 받아 편입시켜버렸다.

조양사趙良嗣는 틀림없이 금나라에게 빌미를 주어 그들 병사를 불러오는 꼴이 되고 말 것이라 하여 극력 반대하였다.

과연 금나라는 첩자를 통해 이를 알고는 즉시 평주를 공격하여 함락시켜버렸다. 그리고 송나라 조정에서 장각에게 하사한 서찰을 발견하고 이로부터 곡절책임을 송나라에 귀속시켜 여러 차례 장각을 내어놓으라 대들었다. 송나라는 부득이 왕안중王安中에게 명해서 장각을 목 졸라 죽여 그 머리를 상자에 넣어서 금으로 보내도록 하였다.

얼마 가지 않아 금나라 태자 알리불完顔斡離不이 평주로平州路를 경유하여 장차 연 땅으로 공격해 들어오려고 하였다.

遼張穀守平州, 金已遣人招穀.

穀曰:「契丹凡八路. 今特平州存耳. 敢有異志?」

旣而乃以平州南附, 宋遽納之. 趙良嗣力爭, 以爲必招金兵. 金人謀知, 卽襲平州陷之. 得宋詔札, 自是歸曲, 累檄取穀, 不得已命王安中縊之, 而函送其首. 未幾, 金太子斡離不, 已由平州路, 將入燕矣.

(3) 요遼나라의 멸망

송나라는 바야흐로 장차 사람을 파견하여 요나라 천조제에게 송나라에 투항하여 올 것을 권유하면서 동관을 하동, 하북, 연산로의 선무사로 삼아 천조제를 맞이할 준비를 하고 있었다. 그런데 금나라가 마침 퇴각하자 천조제는 음래산陰來山으로 들어가다가 들어갈 수 없게 되어 이때에 이르러 군사를 거느리고 남으로 나왔다가 드디어 금나라 군사에게 패하여 포로가 되고 말았던 것이다.

거란 요는 아보기耶律阿保機로부터 천조제耶律延禧에 이르기까지 9대 (210년)만에 망하였으며 이 해는 송나라 선화宣和 7년 을사乙巳년이었다. (1125년)

宋方且遣人, 密誘天祚來降, 以童貫宣撫兩河燕山路, 將迎天祚. 金人方退, 天祚入陰來山, 不可得. 至是領衆南出, 遂爲金人所敗, 就擒.

契丹自阿保機至天祚, 九世而亡, 時宣和七年乙巳歲也.

【兩河】 河東과 河北.
【就擒】 금나라는 天祚를 삭탈하여 王으로 강등시키고 長白山으로 보내어 성을 쌓아 거주시킴.(案: 金削封天祚爲王, 送長白山, 築城居之. ―원주)
【九世】 遼나라는 耶律阿保機가 梁(후량) 均王 貞明 2년(916년)에 나라를 세워 연호를 시작한 이래 이때에 이르러 210년이었다.(遼阿保機, 自梁均王貞明二年始建元, 至是凡二百一十年. ―원주)

(4) 금金의 대거 남침

이 해(1125년) 겨울, 금나라 알리불完顔斡離不과 점한完顔粘罕이 두 길로 나뉘어 남으로 내려왔다. 알리불이 연산燕山을 함락하자 곽약사는 항복하고 말았다. 금군이 계속 몰고 내려와 남진하면서 항복한 곽약사를 선봉으로 삼자 동관은 태원에서 도망하여 돌아오고 점한의 군사가 태원을 포위하였다. 그러자 태원의 장수 장효순張孝純은 이렇게 탄식하였다.

"평소 동태사童太師는 약간 위엄이 있는 듯이 하더니만 이렇게 겁이 많았다니. 자신이 대신이 되어 국난을 당해 능히 죽지 못하고서야 무슨 면목으로 천하 선비를 볼 수 있다는 것인가?"

장효순은 부장 기경冀景으로 하여금 관문을 지키게 하였다. 이 때 삭녕부朔寧府 지사知事兼觀察 손익孫翊이 구원을 왔는데 그는 겨우 2천에도 차지 않는 병력으로 성 아래에서 금군과 싸웠다. 장효순은 성 안에서 이렇게 말하였다.

"적이 이미 가까이 있어 내 감히 문을 열지 못하고 있소. 관찰사께서 진충보국盡忠報國해 주시오."

손익이 말하였다.

"다만 군사가 적은 것이 한스러울 뿐이오."

이에 다시 군사를 이끌고 맞서 싸우자 금군은 크게 주춤했으나 다시 군사를 보충하여 손익도 더 이상 대적할 수 없어 손익은 전사하고 말았다. 부하들 중 어느 한 기騎도 항복하려 들지 않았다.

是冬, 金斡離不粘罕, 分道而南. 斡離不陷燕山, 郭藥師降之. 金兵長驅而進, 郭藥師爲前驅, 童貫自太原逃歸, 粘罕圍太原.

太原帥張孝純歎曰:「平時童太師, 作多少威重, 乃畏怯如此. 身爲大臣, 不能死難, 何面目見天下士?」

孝純以冀景守關. 知朔寧府孫翊來救, 兵不滿二千, 與金人
戰于城下.

張孝純曰:「賊已在近, 不敢開門, 觀察可盡忠報國.」

翊曰:「但恨兵少耳.」

乃復引戰, 金人大沮, 再益兵, 力不能敵, 翊死焉, 無一騎肯降.

⑸ 휘종徽宗이 물러나다

당시 왕보가 이에 앞서 1년 전에 파직되고 백시중白時中과 이방언李邦彦
이 함께 재상으로 있었지만 두 사람 모두 비열한 인물들이었다.

금군이 쳐들어오자 백시중은 단지 달아날 궁리만 세워 의견을 내기에
바빴을 뿐이었다. 이리하여 휘종은 안으로 자리를 태자에게 물려주었다.
(1125년)

휘종은 재위 26년에 연호를 여섯 번 바꾸어 건중정국建中靖國, 숭녕崇寧,
대관大觀, 정화政和, 중화重和, 선화宣和라 하였다.

태자趙桓가 섰다.(1125년) 이가 흠종황제欽宗皇帝이다.

時王黼先一年已罷, 而白時中·李邦彦並相, 皆鄙夫也. 金兵來,
時中但建出奔之策而已. 上內禪. 在位二十六年, 改元者六: 曰建
中靖國, 曰崇寧·大觀·政和·重和·宣和.

太子立, 是爲欽宗皇帝.

【內禪】태자에게 제위를 전해줌.(傳位太子. -원주)

【建中】즉위 2년에 연호를 고침.

9. 欽宗皇帝

⊛ 欽宗. 宋(北宋)의 제9대 황제.
趙桓. 1125년~1127년 재위.

1146 흠종황제欽宗皇帝

흠종황제欽宗皇帝는 이름이 환趙桓이며 동궁황태자 시절부터 덕을 잃는 일이 없어 채경과 동관의 무리가 모두 꺼려하여 이를 흔들고자 하였으나 어쩔 수 없었으며 이때에 이르러 즉위한 것이다.

즉위하자 곧 태학생太學生 진동陳東 등이 대궐에 엎드려 채경, 동관, 왕보, 양사성, 이언, 주면 등 육적六賊을 주살하고 천하에 사죄해야 한다고 상소하여 청하였다.

이언은 백성의 땅을 뿌리까지 긁어 세금을 부과하는 바람에 백성을 파탄시켜 하북, 경동, 경서의 농민들에게 원한을 사온 자였으며, 주면은 화석강花石綱의 일로 인하여 온갖 소동을 일어나게 하여 동남 지역 백성들에게 원한을 사온 자였다. 이리하여 정강靖康 원년에 먼저 주면과 이언을 멀리 귀양보냈다가 얼마 뒤 주살하였다.

欽宗皇帝:

名桓, 在東宮無失德, 蔡京・童貫輩, 咸憚之, 欲動搖不可, 至是 卽位. 太學生陳東等, 伏闕上書, 乞誅蔡京. 童貫, 王黼・梁師成・ 李彦・朱勔六賊, 以謝天下. 彦以根括民田, 破蕩百姓, 結怨於河北京東西三路者也. 動以花石綱所在騷動, 結怨於東南者也.
靖康元年, 首竄勔彦, 尋皆殺之.

【根括民田】公田錢이라는 세법을 만들어 백성에게 과다한 부담을 지웠음을
　말함.

1147 여우가 임금 침상에 올라오다

여우가 어탑御榻에 올라가 앉는 일이 벌어지자 조서를 내려 호왕묘
狐王廟를 헐어버렸다.

○ 有狐升御榻而坐者, 詔毀狐王廟.

【狐王】 이 일은 출처를 알 수 없다.《宋鑑》에 의하면 이 일은 徽宗 宣和 7년
(1125년) 가을에 있었다. 독자들은 잘 살피기를 바란다.(出處未詳, 此一節, 案宋鑑:
事在徽宗宣和七年秋, 讀者詳之. -원주)

1148 휘종의 피난

상황上皇, 휘종이 응천부應天府로 달아났다.

○ 上皇奔應天府.

1149 서울 방위

이강李綱을 행영사行營使로 삼아 서울 방위의 계책을 세우게 하였다.

○ 以李綱爲行營使, 定城守策.

〈이강(伯紀)〉《三才圖會》

1150 당인黨人 명부를 삭제하다

원우元祐(1086~1093년. 哲宗) 당파의 명부를 삭제하고 범중엄范仲淹과
사마광司馬光 등의 관직을 추증追贈하였다.

○ 除元祐黨籍, 追贈范仲淹·司馬光等官.

1151 재상을 교체하다

백시중이 파직되고 이방언李邦彦과 장방창張邦昌이 재상이 되었다.

○ 白時中罷, 李邦彦·張邦昌爲相.

1152 금金과의 대대적인 전투

(1) 주화파主和派와 주전파主戰派

춘 정월, 금나라 알리불完顏斡離不이 서울汴京까지 들이닥쳤다.

이에 앞서 조정에서 이업李鄴을 파견하여 화의를 교섭토록 하였더니 알리불은 도리어 이업을 잡아 데리고 서울을 공격하였으나 이기지 못하자 금나라는 그제야 자신의 신하 왕예王汭를 파견하여 이업과 함께 보내왔다. 이방언 등이 화친을 주장하였으나 이강만은 싸울 것을 주장하였다.

흠종은 이방언의 계책을 받아들여 정망지鄭望之를 보내게 되었다. 그런데 정망지가 아직 금나라에 도착하기 전에 도중에서 왕예를 만나 함께 되돌아와 흠종을 뵙게 되었다. 조정에서는 다시 이돌李梲을 사신으로 파견하여 강하 사절로 보냈는데, 이돌 또한 도중에서 금의 사신과 함께 서울로 돌아오고 말았다.

금나라는 송나라에게 군사들 포상금 금 5백만 냥, 은 5천만 냥, 소와 말 1만 마리, 비단 백만 필, 그리고 중산中山, 하간河間, 태원太原 등 삼진三鎭의 땅 20여 군을 할양할 것과, 게다가 재상과 황자를 인질로 보낼 것 등을 요구하였다. 흠종은 재상 장방창張邦昌에게 강왕康王을 부사로 하여 금나라 군영軍營으로 보냈다.

○ 春正月, 抵京師. 先是朝廷遣李鄴求和, 斡離不攜鄴以攻京城, 不克. 乃遣王汭, 與鄴偕來. 邦彦等皆主和, 惟綱欲戰. 上是邦彦之計, 遣鄭望之出使. 未至而遇王汭, 與俱入見. 又遣李梲出使, 梲又與金使偕來. 金人需犒師金五百萬兩, 銀五千萬兩, 牛馬萬頭, 表段百萬匹, 割中山河間太原三鎭地二十餘郡, 且欲宰相親王爲質. 遣張邦昌副康王如其營.

【李梲】梲은 '돌'로 읽음.(音柮 −원주)
【三鎭】中山, 河閒, 大原.

(2) 활을 그렇게 잘 쏘다니

금나라 태자가 강왕과 함께 활쏘기를 하여 강왕이 연달아 세 발을 쏘아 모두 과녁으로 삼은 하눌타리를 명중시켰다. 금에서는 이는 장수 집안의 자제이지 황제의 아들이 아니라고 말하면서 그를 돌려보내고 다시 숙왕肅王으로 인질을 바꿀 것을 요청하였다.

金國太子與康王同射, 連發三矢, 皆中䉙. 金人謂是將家子, 非親王, 遣歸. 更請肅王爲質.

【康王】황제의 아우 趙構.(皇弟構. −원주)
【肅王】역시 황제의 아우이며 휘종의 다섯째 아들.(亦皇弟徽宗第五子. −원주)

(3) 금군金軍을 기습했지만

충사도种師道 등 여러 지역의 근왕병勤王兵이 도착하여 충사도가 아뢰었다.
"서울은 둘레가 80리, 성벽의 높이가 수십 길이요, 식량은 몇 해를 지탱할 만합니다. 그러니 성내 여러 곳에 요새를 만들어 굳게 지키면서 적이 피로해지기를 기다려 공격해야 합니다."

이강 역시 이렇게 아뢰었다.

"금나라는 고립된 병력으로 깊이 들어온 것은 마치 호랑이가 우리 안에 던져진 것과 같아 하루아침만 쓰고 말 그런 뿔로 맞서서는 안 됩니다. 돌아가도록 풀어준 다음 이를 치는 것이 필승의 계책입니다."

흠종은 그렇다고 여겼으나 이방언과 오민 등이 오직 화친을 주장하여 논의가 통일되지 못하여 금나라로부터 '너희들이 의론을 정하는 시간을 기다리는 동안 우리는 이미 하수를 건너왔다'라는 놀림까지 받았다.

얼마 가지 않아 통제관統制官 요평중姚平仲이 밤을 타 금나라 군영을 공격하였지만 이기지 못하였다. 흠종은 크게 놀라 두려워하여 행영行營을 폐지하고 이강을 파면하여 금나라에 사과하였다.

种師道等諸路勤王兵至.

師道奏:「京城周回八十里, 成高數十丈, 粟支數年. 宜與城內 箚寨拒守. 俟因擊之.」

綱亦奏:「金以孤軍深入, 如虎投檻, 不可與角一旦之力, 縱歸 擊之, 必勝之計.」

上然之, 而李邦·彥吳敏等專主和, 議論不一, 致虜有「待汝 議論定時, 我已渡河」之譏. 未幾, 統制官姚平仲, 宵攻金營, 不克. 上大驚懼, 廢行營, 罷李綱, 以謝金人.

【勤王兵】임금을 위해 일어선 병사들.

(4) 태학생太學生과 시민들의 상소

그러자 태학생 진동陳東 등과 서울 수만 명이 대궐에 엎드려 이강을 다시 기용하기를 탄원하여 흠종의 허락을 얻어 이강을 우승右丞으로 삼았더니 군중이 해산하였다.

금나라 사신이 다시 오자 조정은 삼진三鎭을 할양한다는 조서를 주어 사신으로 하여금 가지고 가도록 하였다.

당시 서울에 있는 금을 모두 긁어모았으나 겨우 20여만 냥과 은은 4백여 만 냥뿐이었으며 저장해 비축하였던 것은 이미 바닥이 나고 말았다. 금군은 서울을 포위하기를 모두 33일, 삼진을 할양割讓한다는 조서를 받고 금백이 그 수량대로 모두 걷히기를 기다리지 아니하고 물러갔다.

총사도가 하수에서 이들을 맞아 칠 것을 청하였고, 이강 역시 저들은 6만 병력이며 우리의 근왕병은 20만이나 되니 금군이 황하를 반쯤 건넜을 때 공격하더라도 틀림없이 승리할 것이라 여겼다.

그러나 이방언 등이 이를 반대하여 오직 삼진을 여전히 굳게 지키며 금에게 할양하지 않도록 조서를 내렸다.

太學生陳東, 及都人數萬, 伏闕乞復用綱. 得旨復右丞. 充守禦使, 衆乃散. 金使復來, 乃以割三鎭詔書遣使持往. 時括在京金, 僅得二十餘萬兩, 銀四百餘萬兩, 藏蓄已空. 金人圍京城, 凡三十三日, 得割地詔, 不俟金幣數足而退.

种師道請臨河要擊之, 綱亦以爲彼兵六萬, 而我勤王之師二十餘萬, 縱其半渡而擊之, 必勝. 邦彦等不從, 惟詔三鎭, 仍堅守不割.

【括金】王孝迪이 서울의 軍, 民, 官吏의 金銀을 모두 거두어들일 것을 제의하여 의논하였음.(王孝迪議括取在京軍民官吏金銀. —원주)

1153 서울이 포위되고

경사가 포위되었을 때 양사성梁師成은 이미 주살되었고 이때에 이르러 채경은 담주儋州로 귀양갔으며 담주潭州에 이르러 죽었다. 나이 80이었다. 채유도 만안군萬安軍으로 보냈다가 얼마 후 조서가 내려 그곳에서 참형을 당하였다. 동관도 역시 멀리 귀양가는 도중 남웅南雄에서 뒤쫓아 참형하였다.

○ 京師受圍時, 梁師成已誅, 至是竄蔡京於儋州, 至潭而死, 年八十. 蔡攸竄萬安軍, 尋有詔卽所在斬之. 童貫亦遠竄, 追斬於南雄.

【南雄】廣東에 속하는 府.

1154 잇따른 재상 교체

이방언이 파면되고 장방창張邦昌과 오민吳敏이 함께 재상이 되었다. 장방창이 파직되고 서처인徐處仁이 재상이 되었다. 이어 서처인과 오민이 파직되고 당각唐恪이 재상이 되었으며 장각이 파면되고 하율何㮚이 재상이 되었다.

○ 李邦彦罷, 張邦昌·吳敏並相. 邦昌罷, 徐處仁相. 處仁·敏罷, 唐恪相. 恪罷, 何㮚相.

1155 정강靖康의 치욕

(1) 먹일 식량이 없습니다

상황上皇, 徽宗이 서울로 돌아온 지 몇 달 만에 금나라 군사가 다시 공격을 시작하여 알리불完顏斡離不은 동쪽 길로 진정眞定을 함락시킨 다음 승승장구 맨먼저 경사汴京에 도착하고 점한粘罕은 서쪽 길로 융덕隆德, 태원부太原府, 분택주汾澤州, 평정군平定軍, 평양부平陽府, 하남부河南府, 하양부河陽府, 정주鄭州, 회주懷州를 함락시킨 다음 서울에 이르렀다.

장숙야張叔夜 등이 군사를 거느리고 대궐을 지키려 달려왔으나, 당각과 경남중耿南仲은 오직 화의를 주장하여 이렇게 말하였다.

"지금 백성에게 남은 것은 아무 것도 없습니다. 성 아래 수십만 군사를 먹이려면 무엇으로 공급해야 하겠습니까?"

그리고 각지에서 달려온 군사를 도중에 머물게 하고 더 이상 동원하지 말도록 하였다.

○ 上皇歸京師, 數月金兵復至, 斡離不由東路陷眞定, 長驅先抵京師, 粘罕由西路陷隆德·太原府·汾澤州·平定軍·平陽府·河南府·河陽府·鄭州·懷州, 抵京師. 張叔夜等統兵赴闕.

唐恪·耿南仲, 專主和議, 曰:「今百姓困匱, 養數十萬於城下, 何以給之?」

乃止各道兵, 毋得動.

【眞定】府 이름으로 河北에 속하며 鎭州.
【定軍】山西에 속함.
【河陽府】역시 山西에 속함.

(2) 육갑법六甲法

서울은 11월부터 포위되어 모두 40일이나 되자 곽경郭京이라는 군졸이 이렇게 말하였다.

"능히 육갑법六甲法을 써서 점한과 알리불을 사로잡을 수 있습니다."

그는 성을 방어하고 있던 군사를 모두 내려오도록 하고 홀로 성루城樓에 앉아 가까운 병사 수백 명으로 자신을 호위토록 하였다. 잠시 후 금군이 북을 치며 요란스럽게 달려들자 곽경은 무리를 속여 이렇게 말하였다.

"내 스스로 성에서 내려가 육갑법을 쓰리라."

그리고는 남은 병사를 이끌고 남쪽으로 달아나 버렸다.

성 위에 올라온 금나라 병사는 겨우 네 명밖에 되지 않았는데도 송나라 군사는 모두가 그대로 휩쓸려 크게 궤멸하고 말았다.

흠종은 이를 듣고 통곡하였다.

"짐이 충사도의 말을 듣지 않았다가 이 지경에 이르고 말았구나!"

당시 충사도는 이미 한 달 전에 죽었던 것이다.

京師自十一月受圍, 凡四十日.

有卒郭京者, 言:「能用六甲法, 生擒粘罕·斡離不.」

盡令守禦人下城, 獨坐城樓上, 以親兵數百自衛.

俄頃金人鼓譟而進, 京紿衆曰:「須自下城作法.」

因引餘兵南遁. 虜兵登城者纔四人, 衆皆披靡大潰.

上聞城陷, 慟哭曰:「朕不用种師道言, 以至於此!」

(3) 화의를 청합시다

흠종을 호위하는 군사는 그래도 1만여 명이나 되었고 말도 수천 마리가 있었다. 장숙야는 나흘을 연이어 싸워 금의 장수 한 사람 목을 베고 흠종을 호위하여 포위를 뚫고 탈출하려 하였으나 흠종은 화의에 현혹되어 마음을 정하지 못하자 사졸들이 울부짖으며 모두 흩어져 버렸다. 금의 사신 유안劉晏이 와서 성을 나와 항복하기를 청하자 서울 사람들이 다투어 들어와 유안을 죽여 그 살을 먹어버렸다.

재상 하율이 이들을 이끌고 골목에서 전투를 벌이겠다고 하자 이를 들은 자들이 다투어 나섰다. 그러자 금군은 이로부터 군사를 진영 안으로 거두어들이고는 한 사람도 밖으로 내보내지 않으면서 오직 땅의 할양과 금백 등 화의에 대한 책임을 구실로 송나라 수비를 틀어지게 할 계책을 삼았다.

이에 시랑 경남중耿南仲이 극력 화의를 주장하자 흠종은 그렇다고 여겨 드디어 금의 그 계략에 넘어가고 말았다.

금의 두 원수元帥가 상황上皇, 徽宗을 뵙기를 청해 오자 흠종이 말하였다.

"상황께서는 놀라움과 걱정으로 이미 병이 나셨으니 내가 직접 나서서 가리라."

드디어 금의 진영 청성靑城으로 가서 이들을 만나보고 이틀 밤을 묵은 다음 돌아왔다.

時師道前一月卒矣. 護駕人猶有萬餘, 馬亦數千. 張叔夜連戰四日, 斬其貴將一人, 欲護駕突圍而出, 上惑於和議不定, 士卒號哭而散. 虜使劉晏, 請上出城, 都民爭入, 臠而食之. 何㮚欲率都民巷戰. 聞者爭奮.

金人由是斂兵不下, 惟以割地責金幣和議爲辭, 以誤戰守之計. 侍郞耿南仲力主議和, 上以爲然, 遂墮其計.

二元帥請與上皇相見, 上曰:「上皇驚憂已病. 朕當自往.」
遂如青城見之, 二宿而返.

【二元帥】 斡離不와 粘罕.
【青城】 금나라의 군영.(虜營. -원주) 지금의 내몽고 주도 후허호트.

(4) 두 황제가 잡혀가다

이듬해 봄(1126년), 금나라는 다시 흠종을 성 교외로 나오도록 요청하였고 뒤를 이어 상황도 나오도록 핍박하였다. 그러자 장숙야가 상황에게 간하였다.

"지금 폐하께서 성을 나가셔서 돌아오지 못하고 있습니다. 상황께서도 또 가실 수 없습니다. 신이 정병을 독려하고 어가를 호위하여 금군의 포위를 뚫고 나가겠습니다. 비록 금의 군사가 추격해 온다 할지라도 신은 죽음으로써 싸우면 혹 요행이 있을 수도 있습니다. 만약 하늘이 송나라를 돌보지 않을 양이면 이 영토에서 죽는 것이 이적에게 빠져 살아 있는 것에 비하여 어찌 그만 못하겠습니까?"

상황은 독약을 먹고 죽으려고 하였지만 범경范瓊에게 약을 빼앗기고 말았다. 범경이 상황을 핍박하여 성 밖으로 나가게 하자 황후, 태자, 친왕, 제희, 황족 등 3천여 명이 모두 상황을 따라 금나라 진영 앞에 이르렀다.

금의 군사들은 도성 안의 부녀자와 금백, 보물, 완물, 수레와 의복, 옷, 도서 등을 휩쓸어 가 버려 공인이나 일반 사인, 지위가 높은 사람이나 낮은 사람이나 모두가 빈털터리가 되고 말았다. 그런 연후에 금나라 태종太宗의 조서가 선포되어 조씨趙氏 이외의 사람을 뽑아 세운다는 것이었다. 드디어 전의 태재 장방창張邦昌을 초제楚帝로 책봉하고 송나라 두 황제(휘종, 흠종)를 데리고 북으로 돌아가 버렸다. (1126년)

明年春復請上出郊, 續逼出上皇.

張叔夜諫曰:「今上一出不歸, 陛下不可再往. 臣當率勵精兵, 護駕以出. 縱虜騎追至, 臣決死戰, 或可僥倖. 若天不祚, 死於封疆, 不猶生陷於夷狄乎?」

上皇欲飲藥, 爲范瓊所奪. 逼上皇出宮, 皇后·太子·親王· 帝姬·皇族, 前後三千餘人, 愁赴軍前. 城中子女·金帛·寶玩· 車服·器用·圖書, 百物括索, 公私上下俱空, 然後宣金主詔書, 選立異姓. 遂冊前太宰張邦昌爲楚帝, 以宋二帝北歸.

【帝姬】徽宗 政和 3년(1113년)에 公主를 帝姬라 바꾸어 부름.(徽宗政和三年. 改公主爲帝姬. —원주)

(5) 송나라에 사람이 없군

금군은 변경汴京을 7개월이 넘도록 포위하고 있다가 돌아갔는데 처음 그들이 왔을 때 장숙야는 일찍이 혼자서 힘을 다해 싸웠을 뿐 나머지는 모두 화의를 주장하였다. 게다가 오견吳开, 막주莫儔, 왕시옹王時雍, 서병철 徐秉哲, 범경范瓊 등에 이르러서는 서로 왕래하며 상황을 핍박하여 교외로 내쫓은 다음 이성異姓을 세우려고 의논하기까지 하였었다.

흠종이 청성에 갇혀 있을 때 금은 천자의 옷을 바꾸어 입히려 하였는데 이때 오직 이약수李若水만이 흠종을 끌어안고 큰 소리로 분격하여 이들을 꾸짖었다.

금인이 칼로 이약수의 턱을 찢고 그 혀를 끊은 뒤에 효수梟首하면서 서로 이렇게 말하였다.

"대료大遼가 망할 때는 그 임금을 위해 의롭게 죽은 자가 십수 명은 되었는데 지금의 남조(송나라)에는 오직 시랑 이약수 한 사람뿐이로구나."

그러나 실제로는 한때 분사憤死한 사람이 매우 많았지만 금은 그것을 알지 못하였던 것이다.

金人在汴凡七閱月而去. 始至, 張叔夜嘗力戰, 餘皆主和, 以至吳开·莫儔·王時雍·徐秉哲·范瓊等, 往來逼逐上皇以下出郊, 議擧異姓.

方上在靑城, 逼易御服. 時惟李若水抱持大呼奮罵.

金人刀裂其頤, 斷其舌而後梟之, 相謂曰:「大遼破, 死義者十數. 今南朝惟李侍郎一人.」

然一時憤死者甚衆, 金人不知也.

(6) 송北宋의 멸망

오혁吳革은 무리를 결성하여 금군을 위협하여 두 황제를 도로 모셔오려 하였지만 범경에게 속아 피살되었으며 하율何㮚, 손부孫傅, 장숙야, 진회秦檜, 사마박司馬朴 등은 모두 조씨趙氏를 세워 송나라를 존속시켜야 한다고 쟁론하자 금군은 그들을 몰고 상황을 따라 북으로 보내버렸다.

장숙야는 밥을 먹지 않고 국물만 먹다가 국경의 강을 건너면서 죽어버렸다. 하율도 연燕에 도착한 다음에는 역시 단식하여 죽었다.

서울이 위태롭게 되었을 때 사방의 근왕병이 도착하였지만 모두 조서를 내려 성 안에 들어오지 못하게 하였었다. 금나라와 화의에 방해가 될 것을 염려해서였다. 그리하여 그들은 금군이 물러날 때까지 싸워보지도 못하였다.

흠종이 재위 2년도 채 못 되어 나라가 망하고 말았다.(1126년)

연호를 정강靖康이라 하였다. 흠종의 아우 강왕康王, 趙構이 남경南京에서 즉위하였다.(1127년) 이가 고종황제高宗皇帝이다.

吳革結衆, 欲刧還二帝, 爲范瓊誘殺. 何㮚, 孫傅, 張叔夜, 秦檜, 司馬朴, 皆爭論乞存立趙氏, 金人驅之從上北行. 叔夜不食粟, 惟飮湯, 過界河死. 㮚至燕亦不食死.

當京城危急時, 四方勤王之師至者, 皆詔止不進, 恐妨和議. 託金人之退, 未嘗交兵.

上在位不二年國破. 改元曰靖康. 弟康王立于南京, 是爲高宗皇帝.

【南京】應天府. 지금의 남경.

❀ 靖康之禍의 원인에 대하여 呂中은 이렇게 분석하였다.

呂中曰:「靖康之禍, 視石晉無以異. 然契丹三入中國, 而三敗. 契丹竭力攻之, 而晉亦竭力禦之. 晉力雖疲, 而契丹亦弊矣. 觀澶州之戰, 虜乘風縱火以迫之, 而晉軍饑渴之餘, 乃大呼而求戰. 向使如靖康時, 則望風而走矣. 若非杜威之降, 晉不亡也. 契丹之敗, 晉以百戰, 而靖康之取兩河, 再渡河迫京師, 未嘗有一戰之勞, 皆小人之夷狄, 終始誤之也. 其始也開釁以召禍, 後也又欲連和以免禍. 靖康之賣國降虜, 卽靖康主和之人也; 靖康之主和, 卽宣和開釁之人也; 宣和開釁, 卽熙寧紹聖用兵之遺孽也. 履霜堅冰其來有漸矣.」

(十九) 南宋

1. 高宗皇帝

🔘 高宗. 宋(南宋)의 제1대 황제.
趙構. 1127년~1162년 재위.

1156 고종황제高宗皇帝

⑴ 북송이 망하던 날 흙비가 내려

고종황제高宗皇帝는 이름이 구趙構이며 휘종徽宗의 아홉째 아들이다. 어머니는 위씨韋氏이며 휘종이 오월吳越의 무숙전왕 武肅錢王, 錢鏐이 대궐에 들어온 꿈을 꾸고 이윽고 구를 낳았으며 강왕康王에 봉해졌다.

정강靖康 초 일찍이 금의 알리불斡離不의 진영에 출사하기도 하였었다. 그 해 겨울 알리불이 다시 공격해 오자 그는 다시 칙명을 받고 사신으로 가게 되었다.

이때 경남중耿南仲이 수행하여 상주相州에 이르자 그곳 백성들이 강왕의 길을 막고 금에 가지 말 것을 청하였다. 이번에는

〈송 고종〉《三才圖會》

자주磁州에 이르자 그곳을 지키는 신하 종택宗澤이 저지하였다. 이때 상주 지사 왕백언王伯彦에게서 납서蠟書를 보내어 이렇게 말하였다.

"금군이 기병騎兵을 파견하여 강왕의 소재를 찾고 있습니다."

이에 강왕은 상주로 돌아와 경남중과 함께 방을 붙여 근왕병을 모았다. 그러자 흠종으로부터 조서가 내려와 강왕을 대원수大元帥에 임명하고 왕백언과 종택을 그 부관副官으로 삼아 군사를 거느리고 서울로 들어와 수호하라고 하였다.

강왕은 왕백언의 건의에 따라 북문을 나와서 하수를 건너 대명부大名府에 이르러 변경이 함락되었다는 소식을 듣게 되었다.

종택은 군사를 서울로 진병시킬 것을 청하였고 왕백언은 군사를 동평東平으로 옮겨 안전을 취할 것을 청하였는데, 경남중도 왕백언의 의견에 찬성하였으므로 드디어 강왕은 군사를 동쪽으로 옮겼다.

이때 하간부河間府 지사 황잠선黃潛善도 역시 군사를 거느리고 와서 제주濟州로 나가 주둔하고 있었다. 그러나 두 황제(휘종, 흠종)는 북으로 끌려가고 장방창이 금군에 의해 세워져 국호를 초楚라 하였음을 탐지한 보고가 들어왔다.

이날 바람이 크게 불어 흙비가 내렸으며 해는 엷은 해무리가 졌다. 백관이 이를 보고 모두 참달해 하자 장방창 역시 근심 띤 얼굴이었으나 오직 왕시옹王時雍과 범경范瓊 등은 흔연히 무엇을 얻은 듯이 여겼다.

高宗皇帝:

名構, 徽宗第九子也. 母韋氏, 徽宗夢吳越武肅錢王入室. 已而生構, 封康王.

靖康初, 嘗出使斡離不軍. 是冬斡離不再來, 奉詔再出使. 耿南仲偕行至相州, 民遮道請無往. 至磁州, 守臣宗澤止之.

相州守以蠟書言:「金人方遣騎物色康王所在.」

乃回相州, 與南仲揭榜, 召兵勤王. 有詔以康王爲大元帥, 汪伯彦·宗澤爲副, 領兵入衛. 王從伯彦議, 出北門渡河至太名, 聞京師陷. 澤請進兵向京城, 伯彦請王, 移兵東平, 措身安地. 南仲亦以爲然, 遂東去. 知河間府黃潛善, 亦領兵至, 進屯濟州. 探報二帝北行, 張邦昌爲金所立, 國號楚.

是日風霾, 日有薄暈. 百官慘怛, 邦昌亦有憂色, 惟王時雍·范瓊等, 欣然若有所得.

【錢王】 錢鏐를 가리킴.
【相州守】 당시 수령은 汪伯彦이었음.
【東平】 東平府. 山東에 속하며 鄆州.
【霾】 바람이 불면서 흙비가 내리는 것을 매(霾)라 함.(風而雨土曰霾. −원주)

(2) 어서 와서 부모를 구원하라

장방창은 초나라 황제에 즉위한 지 33일이 되던 날 어사 마신馬伸이 장방창에게 글을 보내어 빨리 옳은 길로 고쳐 옷을 바꾸어 입고 성省으로 돌아올 것을 충고하자 드디어 원우元祐(1086~1093) 때 폐위되었던 맹태후 孟太后를 맞아 정치를 맡도록 하였다. 태후는 강왕을 맞아 세우면서 안팎에 조서를 내려 이렇게 포고하였다.

"옛날 한漢 나라는 10대哀帝에 액王莽을 만났으나 광무제光武帝의 중흥 中興으로 다시 일어났다. 그런가 하면 춘추시대에 진晉나라의 헌공獻公에게 아홉 왕자가 있었으나 오직 중이重耳만이 살아남아 나라를 이었다."

장방창은 강왕에게 사람을 파견하여 표와 맹태후의 조서를 올려 가지고 왔다. 그리고 이어서 왕방창이 맹태후에게 와서 땅에 엎드려 통곡하면서 죽음을 내려줄 것을 청하였다.

　그때 마침 하북河北에서 몰래 보낸 사신이 와서 임금(휘종)의 수찰手札
이라 하면서 바쳐왔다.

　"바로 허락한다. 즉시 바로 와서 부모를 구원하라."

　강왕은 통곡하면서 절하고 이를 받았다. 이리하여 드디어 그는 응천부
應天府로 가서 즉위하고 연호를 건염建炎으로 고쳤다. (1127년)

　邦昌在位三十三日, 御史馬紳貽書邦昌, 請速行改正易服歸省,
遂迎元祐孟太后聽政.

　太后迎立康王, 詔告中外有曰:「漢家之厄十世, 宜光武之中興.
獻公之子九人, 惟重耳之尚在.」

　遣使奉表, 及以孟后詔來. 邦昌繼至, 伏地慟哭請死.

　使臣自河北竄來, 進道君手札, 曰:「便可, 卽眞來救父母.」

　王慟哭拜受. 遂趨應天府卽位, 改元建炎.

【孟太后】哲宗의 皇后. 당시 六宮에서 직위에 있던 자들은 모두 二帝를 따라갔으며
　　오직 孟氏만이 폐위되어 가지 않고 있었음.(時六宮有位者皆從二帝, 惟孟氏以廢
　　得存. ―원주)
【獻公】晉侯.
【使臣】曹勛.
【道君】徽宗을 가리킴.

(3) 동남쪽으로 옮겨

고종高宗은 화의를 주장하여 나라를 그르친 경남중耿南仲을 파면하여 멀리 귀양보내고 이강李綱을 불러 재상으로 삼았으며, 종택宗澤은 개봉開封지사에 임명하여 유수留守로 삼았다. 이강이 이르러 국경 방비의 태세가 대략 실마리를 찾게 되었으나 황잠선黃潛善과 왕백언王伯彦이 다시 화의를 주장하여 급히 기청사祈請使를 금나라에 파견하였다.

이강은 재상이 된 지 수십일 만에 파직되고 황잠선과 왕백언이 재상이 되었다. 두 사람은 우선 황제에게 상서했던 진동陳東과 구양철歐陽澈을 주살하고, 방침을 결정하여 고종을 동남쪽으로 옮기도록 하여 다시는 하북과 하남을 수복하여 다스리거나 제압할 뜻을 갖지 않게 되었다.

以主和誤國, 罷竄耿南仲, 召李鋼爲相, 以宗澤知開封爲留守. 綱至, 邊防軍政, 略有緖, 而潛善·伯彦復主和, 亟遣祈請使矣. 綱相數十日而罷, 潛善·伯彦爲相. 首誅上書人陳東·歐陽澈, 決策幸東南. 無復經制兩河之意.

【兩河】河南과 河北.

(4) 하수河水를 건너라

이해 겨울, 고종의 거가가 드디어 양주揚州에 이르렀다.

그러자 금군金 太宗 完顏晟은 세 길로 나뉘어 남으로 내려왔다. 이듬해 봄, 금군이 변경汴京에 이르렀으나 종택에게 패하여 물러갔다. 종택은 당시 들끓던 도적을 위무하고 사방의 의사를 모집하여 백여 만 명을 모았으며 양식도 반년을 지탱할 만큼 저축하였다. 그리하여 수십 차례 연이어 고종에게 상소의 글을 올려 변경으로 돌아오기를 청하였다.

그러나 황잠선은 종택의 공을 시기하여 그 중간에서 이를 저지하였다. 종택은 근심과 분함으로 등에 병이 돋아 죽고 말았다. 종택은 죽음에 임하여 집안일에 대하여 한 마디도 언급하지 않으면서 오직 '하수를 건너라'는 말만 세 번을 부르짖어 변경 사람들이 이를 위해 울부짖으며 애통해하였고 듣는 자가 모두 서로 애도하며 눈물을 흘렸다.

是冬車駕遂至揚州. 金人分三道南來.

二年春, 金人至汴, 爲宗澤所敗. 澤招撫群盜, 募四方義士, 合百餘萬, 糧支半歲. 表疏連數十, 請上還汴. 潛善忌其成功, 從中沮之. 憂憤疽發背而歿. 臨終無一語及家事, 但連呼過河者三, 都人爲之號慟. 聞者皆相弔出涕.

● 《中興大事記》에는 다음과 같이 분석하였다.
中興大事記曰:「自古未有內外不相應而成功者, 有張仲孝友主於內, 而後吉甫得以專征於外. 孔明欲出師於外, 則必任禕允於內. 建炎之初, 綱在內, 澤在外. 此正天擬二人以開中興之治也. 使二人得盡行其志, 必能復君父之讐, 雪宗廟之恥, 伸神人之憤. 惜夫綱相則澤之志行, 綱去則澤之計沮. 蓋汪黃旣用事於中, 則澤安能措手於外? 旣主幸東南之議, 則還京之請雖二十疏而何益? 縱使渡河而北, 指日成功, 亦安能免後患哉!」

(5) 남천南遷의 고통

건염建炎 3년(1129년) 봄, 금군은 장차 양주를 공격하려고 하였다. 고종은 이 보고를 받자 급히 궁중에서 뛰쳐나왔다.

이때 두 재상(황잠선, 왕백언)은 마침 식사 중이었는데 당中書省의 관리가 달려와 소리쳤다.

"천자께서 이미 출발하셨습니다."

두 사람은 군복을 입고 남쪽으로 달려갔다. 마침 멀리 양주를 보았더니 화염이 이미 하늘 높이 치솟고 있는 것이었다.

여이호呂頤浩과 장준張浚이 고종을 뒤쫓아 과주瓜洲에서 만나 조그만 배를 얻어 장강을 건너 진강鎭江에 이르렀다가 드디어 항주杭州로 가게 되었다. 이에 황잠선과 왕백언을 파면하고 주승비朱勝非를 재상으로 삼았다.

어영장御營將 묘부苗傅와 유정언劉正彦이 난을 일으켜 고종으로 하여금 황자 부旉에게 제위를 선양하되 부는 아직 세 살도 되지 않았으므로 맹태후孟太后가 정사를 맡아보도록 청하였다.

이에 여이호와 장준이 근왕병을 이끌고 왔으며 한세충韓世忠은 선봉이 되고 장준이 우익右翼이 되었으며 유광세劉光世가 유격遊擊으로 후군後軍이 되었다.

한편 재상 주승비는 두 난인(묘부, 유정언)을 급히 반정反正하도록 설득하면서 맹태후에게는 융우황태후隆祐皇太后라는 존칭을 올렸다.

주승비가 파직되고 여이호가 대신 재상이 되었으며 두 난인은 달아났지만 한세충이 추격하여 둘은 모두 주살당하였다.

고종은 건강建康으로 가서 장준을 천섬선무처치사川陝宣撫處置使로 삼고 융우태후隆祐太后는 남창南昌으로 갔다. 이는 금의 장수 올출兀朮이 점한粘罕에게 청하여 장차 강절江浙로 침범해 들어올 것이라는 소식이 들려왔기 때문이었다.

三年春金人將至揚州, 上得報亟出.

二相方會食, 堂使呼曰:「駕行矣.」

乃戎服南走, 會望揚州, 烟焰己長天矣.

呂頤浩·張浚, 追及上於瓜洲, 得小舟以渡, 至鎮江, 遂如杭州,
罷潛善·伯彦, 以朱勝非爲相. 御營將苗傅·劉正彦作亂, 請上
禪位於皇子旉, 未三歲, 孟太后聽政. 呂頤浩·張浚帥師勤王,
韓世忠爲前軍, 張俊翼之. 劉光世遊擊爲殿. 勝非說二兇, 亟反正,
尊孟后爲隆祐皇太后. 勝非罷, 呂頤浩爲相. 二兇走, 世忠追之,
皆伏誅. 上如建康, 以浚爲川陜宣撫處置使, 隆祐太后如南昌,
聞兀朮請於粘罕, 將犯江浙故也.

【二相】黃潛善과 汪伯彦을 가리킴.
【鎭江】府 이름으로 江浙에 속하며 京口.
【二兇】苗傅와 劉正彦.
【川陜】四川과 陜西.

(6) 드디어 임안臨按, 杭州에 도착

두충杜充이 우복야가 되어 건강을 지키고 있었다. 고종은 항주로 가서
항주를 임안부臨安府라 하였으나 스스로 임안에서 절동浙東으로 옮겨갔다.

금군은 두 길로 나뉘어 그 중 하나가 기斬黃에서 장강을 건넜다.
유광세가 강주江州에 있었는데 밀어닥치는 적을 기황의 작은 도둑인
줄로 여겨 왕덕王德을 보내어 흥국군興國軍의 군사가 있는 곳에서 막도록
하였다가 비로소 그들이 금군임을 알게 되었다.

금군은 대야大冶로부터 홍무洪撫, 건창建昌, 임강臨江, 길주吉州로 달려가 융우황태후를 추격하였으나 미치지 못하자 드디어 원담袁潭, 형남荊南, 예주澧州를 함락시킨 다음 석수石首에서 강을 건너 북으로 돌아갔다.

다른 한 금군은 저주滁州, 화주和州를 거쳐 강동江東의 마가도馬家渡를 향하여 강을 건너 건강을 함락시키고 말았다.

이리하여 두충과 그곳을 지키던 신하들은 모두 올출에게 항복하였지만 통판通判 양방예楊邦乂만은 이에 따르지 않은 채 몸을 찔러 그 피로 옷깃에 이렇게 썼다.

"조씨의 귀신이 될지언정 다른 나라의 신하는 되지 않겠다."

사람들이 양방예를 끌어안아 올출을 만나도록 하여 올출은 며칠을 두고 양방예를 달랬으나 그는 그 때마다 문득 질책하며 욕을 하였으며 끝내 크게 욕을 하다가 살해당하고 말았다.

〈杭州四季風俗圖〉 臨安府 杭州의 번화한 모습을 그린 것

杜充爲右僕射, 守建康. 上如杭州, 升杭爲臨安府, 自臨安如
浙東. 金人分兩道, 一軍自蘄黃渡江. 劉光世在江州, 以爲蘄黃
小盜, 遣王德拒之於興國軍, 始知爲金人. 金人自大冶趨洪撫・
建昌・臨江・吉州, 追隆祐太后不及, 遂陷袁潭・荊南・澧州,
乃自石首北渡而去. 一軍自滁和向江東馬家渡, 濟江陷建康.

杜充及守臣皆降於兀朮, 通判楊邦乂不從, 刺血書裾曰:「寧爲
趙氏鬼, 不作他邦臣.」

衆擁見兀朮, 誘諭累日, 輒叱罵, 卒大罵, 見殺.

【興國軍】湖廣에 속함.
【大冶】縣 이름으로 興國軍에 속함.

(7) 항주杭州까지 함락

올출은 승승장구하여 항주를 함락시켰다.

고종이 항주를 떠난 지 이미 7일이 되었을 때 올출은 월주越州를
함락시켰고 건염 4년 봄에는 명주明州를 함락시켰다. 당시 고종은 태주
台州의 장안진章安鎭에 피해 있었는데, 금군은 배를 타고 창국현昌國縣으로
쳐들어가 고종이 타고 가는 배를 추격하려 하였다. 그러자 영해제독領海
提督 장공우張公祐가 커다란 배를 이끌고 나타나 적을 습격하여 흩어버려
적은 그제야 물러서고 말았다.

兀朮長驅陷杭州, 上去已七日, 兀朮進陷越州. 四年春, 陷明州. 時上已次台州章安鎭, 金人以船, 犯昌國縣, 欲追襲上舟. 提領海舟張公祐, 引大船擊散之, 乃退.

(8) 악비岳飛의 첫 승리

금군이 수주秀州, 평주平州, 강주江州, 상주常州를 함락시키고 진강鎭江에 이르자 한세충이 이를 맞아 군함으로 수십 차례 싸워 많은 금군을 포로로 잡았다. 그리고 금산金山 용왕묘龍王廟에 병졸을 매복시켜 거의 올출을 사로잡을 뻔

〈岳飛(鵬擧)〉《三才圖會》

하기도 하였으나 서로 황천탕黃天蕩에서 마주 버티게 되었다.

올출은 돌아갈 땅을 구하고자 심히 공손하게 굴었으나 이를 허락하지 아니하자 건강으로부터 북쪽으로 돌아가려고 하였으나 이 길조차 얻을 수 없었다.

어떤 자가 올출에게 야성冶城의 서남쪽 귀퉁이에 갈대밭이 있는데 그 곳에 큰 도랑을 파면 하루 저녁이면 완성할 수 있다고 가르쳐 주었다.

이렇게 하여 이튿날 일찍 배를 타고 탈출하여 올출은 건강으로 향하였다.

한세충은 크게 놀라 그들의 후미를 쳤으나 그 날은 마치 바람이 없어 바다의 배를 움직일 수 없었다. 올출은 이에 그 배를 끌어내어 강으로 나서서 북쪽으로 떠나버렸는데 그 빠르기가 마치 나는 듯하였으며, 불화살로 송나라 해선解船을 배를 쏘아 한세충의 군사는 혼란이 일어나 달아나 되돌아오고 말았다.

이리하여 올출은 북쪽으로 달아날 수 있었지만 통제관 악비岳飛가 이들을 육합六合에서 맞아 깨뜨려 패배시켰다.

兵陷秀平江常州, 至鎭江, 韓世忠邀之, 以海舟與戰數十合, 多俘獲. 伏卒金山龍王廟, 幾獲兀朮, 相持於黃天蕩, 兀朮求假道甚恭, 不許, 欲自建康北歸, 不得去. 或敎於冶城西南隅蘆場地鑿大渠, 一夕成. 次早出舟趨建康, 世忠大驚, 尾擊之. 一日値無風, 海舟不能動. 兀朮乃引其舟, 出江北去, 疾如飛, 以火箭射海舟, 世忠軍亂奔還. 兀朮乃得北遁, 統制岳飛, 邀擊敗之於六合.

송 고종이 악비에게 내린 친필 칙서

⑼ 당해낼 수 없는 금군金軍

처음 장준이 서쪽陝川宣撫處置使으로 갈 때 고종은 장준에게 3년 뒤에 군사를 사용하도록 명하였었다. 그런데 이때에 금나라 장군 달랄撻辣과 올출이 모두 회수淮水 동쪽에 주둔해 있어 장준은 올출이 주저하고 있지만 틀림없이 다시 동남쪽을 침범할 것이라는 말을 듣고 이때에 출병하여 금군의 세력을 분산시킬 것을 건의하였다. 그러나 사대부와 장수들이 모두 이는 불가한 것이라 반대하였다.

장준은 홀로 계책을 결정하여 격문을 띄워 점한粘罕의 죄를 따지고는 오개吳玠를 장안長安으로 파견하였다. 그러자 금군은 드디어 올출에게 출동 명령을 내려 경서京西로부터 섬서로 달려가 금의 장수 누실婁室의 군사와 합세하도록 하였다.

이에 장준이 육로同州, 鄜延, 環慶, 熙河, 秦鳳, 涇源의 군사를 거느리고 부평富平으로 나아가자 누실이 군사를 이끌고 갑자기 모여들어 그들의 철기鐵騎가 곧바로 환경로環慶路의 조철趙哲의 군사를 공격하였다. 다른 오로五路를 구원하지 못하여 조철은 부하들과 떨어져 달아나 그의 군사는 패하여 흩어지고 말았다.

금군은 드디어 승리를 타고 전진하여 왔다. 장준이 조철의 패배를 죄목으로 목을 베자 다른 오로의 군사들도 모두 흩어지고 말았으며 이 때문에 섬서 지역은 크게 두려움에 떨었다. 장준은 군사를 흥주興州에 주둔시키고 유자우劉子羽를 보내어 흩어진 장졸들을 찾아 모으도록 하여 각각 자신들의 부대를 이끌고 모여들자 인심이 그나마 안녕을 찾게 되었다.

오개는 낭패하여 달아나 대산관大散關 동쪽 화상원和尚原을 보위하고 있었다.

初張浚西行, 上命浚三年而後用師. 及是撻辣‧兀朮皆在淮東, 浚聞, 兀朮躊躇, 必再犯東南, 議出師, 攻取以分其勢. 士大夫及諸將, 皆以爲不可. 浚決策, 移檄粘罕問罪, 遣吳玠入長安.

金人遂調兀朮, 自京西星馳赴陝西, 婁室合. 浚合六路兵至富平, 婁室擁兵驟至, 鐵騎直擊環慶路趙哲軍, 佗路不援, 哲離所部, 諸軍退. 金遂乘勝而前, 浚斬趙哲, 諸路兵皆散去, 陝西大震.

浚駐軍興州, 遣劉子羽訪諸將所在, 各引所部來會, 人心粗安. 吳玠走保大散關東和尚原.

【婁室】金나라 장수 이름.
【六路】同州, 鄜延, 環慶, 熙河, 奏鳳, 涇原.

1157 남북이 갈린 채로 있는 편이 낫다

고종은 바닷길로 월주越州까지 가서 그 곳에 머물러 재상 여이호를 파직하고 범종윤范宗尹을 재상으로 삼았다. 이때 진회秦檜가 금에서 돌아와 월주의 행재소로 향하였다.

진회는 금나라에 있을 때에는 달랄에게 빌붙어 그에게 임용된 적도 있었고 달랄이 남침할 때는 진회는 그들 금군의 참모 역할을 했으며 일찍이 달랄을 위해 격문을 초안하여 산동의 여러 고을을 금에 항복하도록 한 적도 있었다.

그는 작은 배에 전 가족을 태워 이끌고 송나라의 여수군漣水軍에 찾아와 자신은 도망하여 귀국하는 중이라 말하였다. 그러나 송나라 조정에서는 많은 사람들이 이를 의심하였다. 그러자 진회는 이렇게 말하였다.

"만약 천하의 태평을 원한다면 남은 남대로 북은 북대로 있어야 한다."

진회는 고종에게, 달랄에게 친서親書를 보내어 수호修好하기를 청하자고 아뢰었는데 그의 말은 모두가 달랄의 뜻을 받아서 한 것이었다.

○ 上自海道回駐越州, 呂頤浩罷, 范宗尹爲相. 秦檜南歸赴行在. 檜在北依撻辣, 爲所任用, 撻辣南侵, 檜參謀其軍, 嘗爲草檄, 下山東州郡. 挈全家泛小舟抵漣水軍, 自言逃歸.

朝士多疑之, 檜言:「如欲天下無事, 須是南自南北自北.」

乞上致書撻辣以求好, 其言皆撻辣意也.

【漣水軍】 淮南에 속하며 지금의 安東州.

1158 금金이 유예劉豫를 제齊나라 대제大帝로 삼아주다

이 해에 유예劉豫가 황제를 일컬었다.(1130년) 유예는 경주景州 사람으로 건염 무신년에 제남濟南 태수로써 금에 항복하고 금에 등용되어 동평부 東平府의 지사 자리를 얻어 하남河南을 겸하여 맡아보고 있었다.

점한粘罕이 금의 임금에게 아뢰어 앞서 송의 장방창張邦昌의 예에 따라 유예를 세워 국호를 대제大齊라 하고 뒤에 도읍을 변汴으로 옮기게 하였다. 점한은 이미 차지하고 있던 관중關中 땅을 모두 할양하여 유예에게 주었다.

○ 是歲劉豫稱帝. 豫景州人, 於建炎戊申, 以濟南守降金, 爲 之用, 得知東平府, 兼節制河南. 粘罕白金主, 循邦昌故事立豫, 國號大齊, 後遷都于汴. 粘罕旣得關中地, 悉割以與豫.

【降金】劉豫는 濟南大守였는데 齊나라를 세웠다가 金에 항복하였음.

1159 강회江淮의 도둑 이성李成

소흥紹興 원년(1131년), 고종은 장준張俊에게 명하여 강회江淮의 도둑 이성李成을 토벌토록 하였다.

이성은 강회 지방의 6, 7주州를 점거하고 수만의 군사를 연합하여 송나라 동남쪽을 석권할 뜻을 가지고 있었다. 얼마 후 그는 강주江州, 균주筠州, 임강臨江을 함락시켰다.

장준은 그 군대를 쳐서 세 군을 수복하였다. 이성은 도망하여 제齊에게 항복하였다.

○ 紹興元年, 命張俊討江淮盜李成. 成據江淮六七州, 連兵數萬, 有席卷東南之意. 尋陷江筠臨江. 俊擊其軍復三郡, 成遁降齊.

【三郡】江州, 筠州, 臨江이며 모두 江西에 속함.

1160 섬서陝西 지역

장준은 섬서陝西 지역을 모두 잃고 오직 계군階郡, 성군成郡, 민군岷郡, 봉군鳳郡, 조군洮郡의 다섯 군과 봉상부鳳翔府의 화상원和尙原 및 농주隴州의 방산원方山原만 남아 있었을 뿐이었다.

장준은 낭주閬州로 물러나 보위하고 있었는데 당시 통제관 곡단曲端은 위명이 있었으나 장준은 참소하는 말을 먼저 믿고 곡단의 병권을 빼앗고 그를 만주萬州로 귀양보냈다. 섬서 백성들이 곡단을 중히 여기고 있었던 터라 그가 파면되자 군부軍部의 정서는 이를 못마땅히 여겼는데 이때에 이르러 다시 장준이 곡단을 공주恭州의 감옥으로 보내어 가두었다가 죽여버리자 섬서의 사대부들과 군인, 백성이 모두 곡단의 죽음을 슬피 여기고 한스럽게 생각하여 섬서 사람들은 더욱 이 일로 장준을 비난하기 시작하였다.

금군이 다시 두 길로 나뉘어 일군은 촉蜀을 향해 진격하자 오개吳玠는 아우 오린吳璘과 이들을 화상원에서 크게 패배시켰으며 다시 장수를 뽑아 다른 일군도 전괄관箭筈關에서 패배시켰다. 이리하여 금군은 두 길 모두 어느 쪽으로도 침입하여 들어올 수 없었다.

○ 張浚盡失陝西之地, 惟餘階成岷鳳洮五郡, 及鳳翔府之和尙原, 隴州之方山原而已. 浚退保閬州. 統制曲端威名, 浚先用譖罷其兵柄, 安置萬州.

西人倚端爲重, 及貶, 軍情不悅. 至是又送恭州獄殺之, 士大夫軍民皆悵恨, 西人益以是非浚.

金人分兩道向蜀, 吳玠與弟璘, 大敗之於和尙原, 又選將敗之於箭筈關, 兩道皆不能入.

【非浚】곡단을 죽인 일을 들어 장준을 비난하였음.以殺曲端事, 而非議張浚. ―원주)

1161 진회秦檜의 큰 소리

범종윤范宗尹이 파직되자 진회秦檜가 이렇게 큰 소리를 쳤다.

"나에게 두 가지 계책이 있습니다. 천하 사람들이 놀라게 할 수 있습니다."

고종은 마침내 그를 우상右相으로 삼고 여이호呂頤浩로 좌상으로 삼았다.

○ 范宗尹罷, 秦檜昌言曰:「我有二策, 可以聳動天下.」
遂爲右相, 呂頤浩爲左相.

1162 화상원和尙原의 전투

올출完顔兀朮은 각 도의 군사와 여진의 병사를 모아 보계현寶鷄縣에서
부교浮橋를 만들어 위수渭水를 건너 화상원和尙原을 공격하였다. 오개와
오린의 형제가 사흘 동안에 30여 차례 싸워 이를 크게 깨뜨렸다.
올출은 흐르는 화살을 맞았으나 겨우 목숨을 건져 비로소 하동河東
으로부터 연산燕山으로 돌아갔다.

○ 兀朮會諸道及女眞兵, 造浮梁於寶鷄縣, 渡渭攻和尙原. 玠璘
三日三十餘戰, 大破之. 兀朮中流矢僅以身免, 始自河東歸燕山.

【寶雞縣】鳳翔에 속하는 현.

1163 임안臨按으로 돌아온 고종高宗

소흥 2년(1132년), 고종이 월주越州로부터 임안臨安 항주로 돌아왔다.
이때 언관이 이렇게 탄핵하였다.

"진회는 오로지 화의만을 주장하여 송나라의 천하회복의 원대한
꿈을 저지하고 있습니다."

이에 진회가 파직되고 주승비朱勝非가 우상右相이 되었다.

○ 紹興二年, 上自越州還臨安.

言者劾:「秦檜專主和議, 沮止恢復遠圖.」

檜罷, 朱勝非爲右相.

【言者】黃龜年을 가리킴.

1164 금군金軍 살리갈撒離曷

(1) 이레 동안의 격전

소흥 3년(1133년) 봄, 금의 살리갈撒離曷이 봉상부와 장안으로부터 겉으로는 동쪽을 친다고 떠들면서 실상은 상오商於를 경유하여 한음漢陰으로 출병하여 곧바로 금상金商으로 향하였다. 그러자 오개가 급히 군사를 이끌고 나가 요풍령饒風嶺에서 이를 막았으나 금군은 샛길로 돌아 송군의 뒤로 나왔다. 오개가 급히 선인관仙人關으로 돌아왔지만 금군은 드디어 진격하여 흥원興元을 함락시켰다.

흥원의 지사 유자우劉子羽가 물러나 삼천현三泉縣 담독산潭毒山을 지켰다. 살리갈은 군량이 다하여 군사를 거두어 돌아갔으며 오린吳璘도 군량이 떨어져 영채營寨를 헐어 없애고 화상원을 포기하였다. 그러자 금군이 다시 와서 이 화상원을 점령해버렸다.

오개는 금군이 틀림없이 깊이 침입해 들어올 것이라 생각하고 방비를 엄중히 하여 대비하고 있었는데, 올출이 과연 살리갈의 군사와 합세해서 선인관을 침범해 들어왔다. 오개와 오린 형제는 이레 동안이나 격전을 벌였다.

금군이 더 버텨내지 못하여 밤중에 달아나자 오개는 복병을 두어 금군의 퇴로를 막아 다시 이들을 패배시켰다. 이 싸움으로 인해 금군은 반드시 촉으로 들어가겠다던 뜻을 끝내 이루지 못하고 말았다.

○ 紹興三年春, 金撒離曷, 自鳳翔・長安, 聲言東去, 實由商於出漢陰, 直趍金商, 吳玠急引兵扼之饒風嶺, 金人間道遶出其後. 玠遽還仙人關. 金人遂進陷興元. 知府劉子羽退保三泉縣潭毒山, 撒離曷食盡, 乃引還, 吳璘以無糧拔寨, 棄和尚原. 金人得之.

玠度其必深入, 乃嚴兵以待, 兀朮果與撒離曷來, 犯仙人關.

玠璘與戰七日. 金人不能支宵遁, 玠設伏扼其歸路, 又敗之. 是舉也, 金人決意入蜀, 卒不得志.

(2) 그나마 촉蜀은 지키다

이 해(1133년) 장군 장준張俊이 또 다시 조군과 민군의 관외關外의 땅을 잃고 오직 계군, 성군, 진봉만 남아 장준은 소환되었으며 얼마 뒤 유자우와 함께 파면되어 모두가 멀리 귀양가고 말았다.

장준의 이번 행동은 본래 관중과 섬서 지역을 근거로 중원 땅을 취하고자 함이었지만 도리어 관중과 섬서 지역을 모두 상실한 채 소환되어 오개와 오인 형제 덕분에 그나마 촉蜀이라도 보존하게 된 것이다.

是歲俊又失洮岷關外, 惟存階成秦鳳, 浚召還, 尋與劉子羽 皆貶竄. 俊是行, 本欲由關陜取中原, 乃盡喪關陜, 而歸, 賴得玠 璘保蜀而已.

【貶竄】張浚은 福州에 거주하였고 劉子羽은 白州에 안치시켰음.
【關陜】關中과 陜西.

1165 제齊의 침입

제齊, 劉豫가 이성李成을 파견하여 송의 등주鄧州, 양주襄州, 수주隨州, 영주郢州, 당주唐州, 신양군信陽軍 등을 공략하여 함락시켰다. 악비岳飛가 수주와 영주를 수복하여 이성은 양양襄陽을 버리고 달아났다.

○ 齊遣李成, 攻陷鄧・襄・隨・郢・唐州・信陽軍等, 岳飛復隨・郢, 成棄襄陽而遁.

1166 조정趙鼎

여이호呂頤浩와 주승비朱勝非가 재상이 되었다가 잇따라 파직되고
조정趙鼎이 우상右相이 되었다.

○ 呂頤浩·朱勝非相繼罷, 趙鼎爲右相.

1167 고종高宗의 친정親征

제齊의 유예劉豫가 금군을 두 길로 나누어 남침해 오자 고종이 조서를 내려 친정親征하여 평강平江으로 나가면서 장준을 추밀원樞密院 지사로 삼았다. 이에 앞서 장준이 이렇게 극력 주장한 적이 있었다.

"금은 이미 서쪽에 대한 근심이 없어졌으므로 틀림없이 병력을 모아 동남쪽을 엿볼 것이다."

고종은 그 말을 떠올리고 드디어 그를 다시 부른 것이다.

장준은 악비岳飛를 파견하여 장강을 건너 회서淮西로 들게 하여 회동淮東에 있는 금군을 견제토록 하여야 한다고 극력 요청하여 고종은 그의 의견에 따랐다.

고종이 장준에게 명하여 장강 가의 군사를 시찰하게 하였는데 장사들이 장준이 오는 것을 보고 용기가 크게 올랐다.

당시 한세충韓世忠은 양주에 주둔해 있었는데 이에 앞서 대의진大義鎭에서 크게 금군을 격파하고 금의 장수 달야撻也를 사로잡았었다. 해원解元과 성민成閔 두 장수는 승주承州에서 싸워 열세 번을 승리하였다. 또 구여仇悆와 손휘孫暉는 수춘壽春의 안풍현安豐縣에서 금군을 패배시켰고 왕덕王德은 저주滁州에서 금군을 패배시켰다.

악비가 우고牛皐 등을 보내어 여주廬州에 있는 금군을 공격토록 하자 달랄完顔達辣과 올출完顔兀朮은 한세충韓世忠의 군사에 견제당해 도저히 장강을 건널 수 없음을 알아차리고 군사를 이끌고 돌아서고 말았다. 제齊의 유린劉麟과 유예劉猊도 치중輜重을 버리고 달아나 숨어버렸다.

○ 齊以金兵分道南侵, 上詔親征, 出如平江, 以張俊知樞密院. 先是浚極言:「北方旣無西顧憂, 必倂力窺東南.」

上思其言, 遂召之. 浚至請, 遣岳飛渡江入淮西, 以牽制北兵之在淮東者, 從之. 上命浚視師江上, 將士見浚來, 勇氣皆倍.

時韓世忠駐楊州, 先已大敗金兵於大儀鎭, 擒其將撻也. 解元‧
成閔與戰于承州, 十三捷, 仇悆孫暉敗之於壽春安豐, 王德敗之
於滁州. 岳飛遣牛皐等攻之於廬州, 撻辣‧兀朮, 知爲世忠所扼,
江不可渡, 引還. 齊劉麟‧劉猊棄輜重遁去.

【承州】淮東에 속하며 지금의 高郵府.
【仇悆】宋나라 장수.
【壽春】府 이름으로 淮西에 속하며 壽州.
【麟】劉豫의 아들.
【猊】劉豫의 조카.

1168 장준張浚

소흥 5년(1135년), 고종은 평강平江으로부터 임안臨安, 항주로 돌아와
조정趙鼎과 장준張浚이 좌우의 승상으로 삼았으며 장준은 여러 군마의
도독을 겸하였다. 얼마 후 고종은 장준에게 명하여 장강 연안의 군사를
시찰하게 하였다. 장준은 진강鎭江에 이르러 한세충을 불러 그로 하여금
군대를 초주楚州로 이동하여 주둔토록 하였다.

장준張浚이 건강建康에 이르러 장준張俊의 군사를 위로하고 태평주
太平州에 이르러 유광세의 군사를 위로하자 모두가 펄펄 뛰며 분격해
싸우기를 결심하지 않는 이가 없었다.

고종은 악비岳飛를 하북경서초토사河北京西招討使로 삼았다.

○ 紹興五年, 上自平江還臨安, 趙鼎・張浚爲左右相, 浚兼都
督諸路軍馬. 尋復命浚視師江上.

浚至鎭江, 召韓世忠, 使擧兵移屯楚州. 浚至建康撫張俊軍,
至太平州撫劉光世軍, 無不踊躍思奮.

以岳飛爲河北京西招討使.

【太平州】 江東에 속하며 姑孰.

1169 나를 잡으려면 날아서 오너라

이에 앞서 건염 경술庚戌 연간에 무릉武陵 사람 종상鍾相이 정주鼎州에서 일어나 초楚라 참칭하였다. 그는 정주鼎州, 예주澧州, 담주潭州, 진주辰州, 악주岳州의 경내가 모두 도둑들이 들끓는 지역이 되어 서로 싸우다가 패하여 종상은 사로잡히고 말았다.

그 무리 중의 양요楊么라는 자가 있어 동정洞庭을 점거하여 드디어 심한 노략질을 하였다. 그는 관군이 뭍으로부터 공격하면 호수로 달아나고 물에서 공격하면 뭍으로 올라가면서 이렇게 말하였다.

"나를 해치려면 날아오지 않고는 안 된다."

장준이 말하였다.

"상류를 먼저 제거하지 않으면 양요가 복심腹心의 화근이 되어 장차 나라를 바로 세울 수 없다."

그리고 자원하여 나서기를 청하였다. 장준이 호남湖南에 도착하자 마침 악비의 군사가 이르러 양요의 수채水寨를 급습하였다. 양요는 궁하게 쫓기자 호수의 물에 뛰어들어 죽고 말아 드디어 평정되었다.

장준은 호남에서 회동淮東과 회서淮西를 경유하여 여러 장수를 모아 가을에 다시 쳐들어올 것을 대비할 회의를 하고 들어와 고종에게 보고하였다.

○ 先是, 建炎庚戌中, 有武陵人鍾相, 起於鼎州, 僭號楚. 鼎·澧·潭·辰·岳之境, 皆盜區, 相敗就擒.

其徒有楊么者, 據洞庭, 遂爲劇寇. 官軍陸襲之則入湖, 水攻之則登岸, 曰:「有能害我, 除是飛來.」

浚謂:「上流不先去, 么爲腹心害, 將無以立國.」

請自行. 浚至湖南, 會岳飛兵至, 急攻水寨. 么窮蹙赴水死, 遂平. 浚自湖南轉由兩淮, 會諸將議防秋, 乃入見.

【兩淮】淮東과 淮西.

【防秋】가을이면 반드시 北狄이 침범함을 뜻하며 이에 대한 방비.(秋高馬肥,
  必防外夷侵境. −원주)

1170 금金의 갈라마葛囉馬가 서고 몽고蒙古가 일어나다

금나라 임금 성完顔晟이 죽어(1135년) 시호를 문열文烈이라 하였다. 처음에 태조 민完顔旻은 아우 성과 형이 죽은 다음 아우가 뒤를 잇고 그 다음에는 다시 민의 아들이 뒤를 잇기로 약속하였었다. 그 때문에 성은 황제의 자리를 자기 아들 종반宗盤에게 물려주지 않고 형 민의 맏손자 갈라마葛囉馬를 세워 암판발극렬諳版孛極烈 저부위儲副位를 삼았던 것이다.

갈라마는 이름이 단完顔亶이었으며 이때에 이르러 드디어 즉위熙宗한 것이다.(1135년) 종반과 태조旻의 서자 및 점한粘罕이 서로 황제가 되려고 경쟁을 벌였으나 모두 실패하였다. 점한은 이때 이미 병권을 잃은 채 오실悟室과 함께 재상이 되어 있었는데 황제가 되지 못하자 음식을 끊고 술만 마시다가 죽어버렸다.

이때 몽고국이 금나라에 반기를 들었다. 몽고는 여진의 북쪽에 있었으며 당나라 때에는 몽올부蒙兀部였으며 역시 몽골사蒙骨斯라고도 불렀었다.

○ 金主晟殂, 諡文烈. 初旻與晟約, 兄終弟立, 而後復歸旻之子. 故晟捨己子宗盤, 而立旻長孫曷囉馬, 爲諳版孛極烈, 儲副位也. 曷囉馬, 名亶, 至是遂卽位.

宗盤與旻之別子及粘罕, 皆爭立而不得. 粘罕時已失兵柄, 與悟室並相, 粘罕絶食縱飮而死.

蒙國叛金. 蒙在女眞之北, 在唐爲蒙兀部, 亦號蒙骨斯.

【曷囉馬】《金志》에는 '曷剌馬'로 표기되어 있음.
【蒙國】元나라의 흥함은 이때에 비롯되었음.(元朝之興始此. ─원주)

1171 장준張浚의 활약

(1) 진격만 있을 뿐이다

소흥 6년(1136년), 장준張浚이 다시 시찰에 나섰다. 고종은 난을 피하여 임안에서 다시 평강으로 옮겼고, 제의 군사가 두 길로 나뉘어 쳐들어왔다. 처음에 우예劉豫는 점한의 힘으로 제왕齊王이 되었으므로 점한만 받들어 모실 뿐, 기타 금나라 장수들은 멸시하고 있었는데 이때에 이르러 금나라에 구원병을 청하게 되었던 것이다. 그러나 금의 종반宗盤은 이를 거절하고 유예 자신이 송나라로 쳐들어가는 것은 허락하면서 따로 올출을 보내어 일부 군대만 데리고 여양黎陽으로 가서 동정을 살피도록 하였다.

유광세가 당시 여주盧州에 주둔해 있었는데 올출의 군사를 막아내기는 어렵다고 여겼고 장준도 사주泗州에 주둔해 있으면서 조정에 구원병을 청하였다. 그러자 송나라 백성들은 민심이 흉흉하고 두려움에 떨었다. 이에 장준張浚이 장준張俊과 유광세에게 글을 보내어 이렇게 경계하였다. "진격만 있을 뿐 물러나 지키는 것으로는 안 된다."

○ 紹興六年, 張浚復出視師. 上自臨安如平江, 齊人分道入寇. 初劉豫因粘罕得立, 知奉粘罕而已, 蔑視他帥及是請兵於金.

宗盤沮之, 聽豫自行, 而遣兀出, 提兵黎陽以觀釁. 劉光世時駐盧州, 以爲難守, 張俊駐泗州, 亦請益兵, 衆情洶懼.

張浚以書戒俊及光世:「有進擊無退保.」

⑵ 승리의 공은 우승상에게

그러자 재상 조정趙鼎 등이 고종에게 청하여 친필로 장준에게 글을 내려 군사를 남쪽으로 되돌려 장강을 보위토록 하고자 하였다. 장준은 극력 반대하여 싸우면 틀림없이 승리를 보장할 수 있지만 한번 물러서면 대사는 사라지고 만다고 여겼다.

유광세가 이미 여주를 버리고 퇴각하자 장준은 급히 채석采石으로 달려가 사람을 파견하여 그 무리들에게 이렇게 깨우치도록 하였다.

"한 사람이라도 장강을 건너 물러서는 자가 있으면 즉시 참형에 처하여 본보기로 삼을 것이다."

그리고 유광세로 하여금 다시 여주로 돌아가도록 하였다. 유광세는 어쩔 수 없어 여주로 가서 주둔시키고 왕덕王德과 역경酈瓊 두 장수를 파견하여 곽구霍丘와 정양正陽 및 전양시前羊市 세 곳에서 제齊의 군사를 세 번 패배시키게 되었다.

이때 제의 유예는 회동까지 왔었는데 한세충韓世忠의 군사에게 막혀 감히 진격하지 못한 채 회서淮西에서 회수淮水를 건넜다. 장준은 장준張俊과 통제관 양기중楊沂中을 호주濠州로 파견하여 장준張俊과 군사를 합세하도록 하였다. 양기중이 유예의 선봉을 격파하자 유예는 군사를 이끌고 합비合肥에서 유린劉麟의 군사와 합류하였다가 다시 진격하고자 하였다. 그러다가 양기중의 군사와 우당藕塘에서 마주쳐 싸움 끝에 유예는 대패하고 말았다.

유린은 유예가 패하였다는 말을 듣고 바람만 보고도 눕듯이 궤멸하여 달아나 버렸다. 유광세가 승리를 타고 유린을 추격하여 역시 승리를 거두자 금군은 크게 두려워하였다.

고종은 이렇게 말하였다.

"적을 쳐 이긴 공은 모두가 우승상 장준張浚에게서 나온 것이로다."

그리고 퇴각만을 주장한 좌승상 조정趙鼎을 파직시켜 버렸다.

趙鼎等請上, 親書付浚, 欲退師還南保江, 浚力爭, 以爲可保
必勝, 一退則大事去矣.

光世已舍廬州而退, 浚卽星馳至采石, 遣人喩其衆:「若有一
人渡江, 卽斬以徇.」

仍督光世復還廬州. 光世不得已, 乃駐兵, 遣王德・酈瓊, 三敗
齊兵於霍丘・正陽及前羊市.

時劉猊至淮東, 阻韓世忠兵不敢進, 乃從淮西渡. 浚遣張俊
統制官楊沂中, 至濠州, 與俊合兵. 沂中敗猊前鋒, 猊引兵欲會
劉麟于合肥而後進. 沂中與遇於藕塘合戰, 猊大敗. 麟聞猊敗,
望風潰去. 光世乘勝, 追襲亦捷, 北方大恐.

上曰:「克敵之功, 皆出右相.」

趙鼎遂罷.

【保江】 장강을 방어선으로 삼음.(以江爲限自保. −원주)

1172 휘종徽宗이 죽은 지 2년 후에야 알게 되다

상황徽宗은 소흥 5년(1135년) 4월에 금에서 죽었는데 소흥 7년(1137년) 봄에야 겨우 알려 왔다. 향년 54세였다. 두 황제 휘종 흠종은 건염建炎 초에 붙들려 연산燕山으로부터 금나라 중경中京으로 갔다. 중경은 옛날 해국奚國의 습군霫郡으로 연산에서 북쪽으로 천리나 먼 곳이었다.

이듬해 황제는 다시 중경에서 한주韓州로 옮겨졌으며 이곳은 중경에서 동북쪽 1천 5백 리 되는 곳에 있었다. 그 뒤 2년 만에 다시 한주로부터 오국성五國城으로 옮겨졌는데 이는 금의 서울會寧에서 동북쪽 천리 되는 곳에 있었다. 상황은 여기서 죽었던 것이다.

○ 上皇以五年四月殂, 至七年春, 凶問始至. 壽五十四, 二帝 自建炎初, 由燕山如中京. 古奚國霫郡也, 在燕山北千里. 次年 又自中京移韓州, 在中京東北千五百里.

後二年, 又自韓州移五國城, 在金國所都東北千里, 上皇終焉.

1173 악비岳飛를 다시 기용

악비가 호북경서선무사湖北京西宣撫使가 되었다.

당시 회동선무사淮東宣撫使 한세충韓世忠과 강동선무사江東宣撫使 장준張俊이 모두 오래 전부터 공을 세워 왔는데 악비가 장수로서 발탁되어 높은 지위에 오르자 한세충과 장준은 불만스럽게 여겼다. 악비는 자신을 낮추어 그들을 모셨지만 두 사람은 모두 응답도 하지 않았었다. 그리고 악비가 동정호의 도둑 양요楊么를 토벌함에 이르러 장준은 더욱 악비를 미워하여 둘 사이의 혐오함과 틈은 날로 깊어지고 말았다.

고종이 평강平江으로 갔다가 다시 건강建康으로 옮길 때 악비는 고종을 모시고 가면서 들어가 나라를 회복할 계책을 올렸다.

진회秦檜가 당시 추밀부사樞密副使였는데 그는 화의를 주장하고 있어 악비의 전공을 질투하여 악비의 건의를 저지하였다.

악비가 내간內艱 모친상을 이유로 떠나버리자 고종은 악비를 힘써 다시 기용하였다.

유광세는 앞서 간관이 여주廬州에서 군사를 퇴각시켜 자칫 큰일을 저지를 뻔하였다는 논의가 이유가 되어 병권을 내놓게 되자 재상 장준이 왕덕王德으로 하여금 그 유광세의 군사를 거느리게 하였다. 그런데 왕덕과 역경酈瓊은 같은 등급으로 서로 부하가 되기를 원치 않아 크게 시끄럽게 굴다가 독부督府로 가서 왕덕을 고소하고 말았다.

이에 장준은 왕덕을 소환하여 독부도통제督府都統制를 삼고 여지呂祉를 독부참모督府參謀 삼아 유광세의 군사를 거느리게 하였다. 그런데 여지는 거만한 데다가 장사들의 사정을 제대로 알지 못하여 역경 등에게 모반할 뜻이 있다는 말만 듣고 몰래 장준에게 그들을 파직시킬 것을 청하였다 그러자 역경은 반란을 일으켜 여지를 잡아 그 부하 수만 명을 이끌고 제齊에 항복해 버렸다. 장준은 이 말로 인하여 드디어 파면되고 말았다.

장준이 왕덕과 여지를 등용하는 것에 대하여 악비가 일찍이 불가함을 말한 적이 있었지만 장준은 듣지 않았다가 그 때문에 이렇게 실패하고

만 것이었다.

조정趙鼎이 다시 재상이 되었다.

○ 岳飛爲湖北京西宣撫使. 時淮東宣撫使韓世忠, 江東宣撫使張俊, 皆久已立功而飛以列將拔起, 世忠·俊不平. 飛屈己下之, 二人皆不答. 及飛破楊么, 俊益忌之, 於是嫌隙日深.

上自如平江如建康. 飛因扈駕以行, 入見, 疏論恢復. 秦檜時爲樞密副使, 主和議, 忌飛成功, 沮之. 飛以內艱去, 上力起之.

劉光世以言者論其退師幾誤事, 罷兵柄, 張浚以王德統其軍. 德與酈瓊等夷不相下, 大譟詣督府訴德. 俊乃召德還, 爲督府都統制, 而以呂祉爲督府參謀, 領其軍. 祉簡倨不通將士之情, 聞瓊等反側, 密乞罷之. 瓊叛, 執祉以所部數萬, 降齊.

張浚遂以言罷, 浚之用德與祉, 岳飛嘗言其不可, 浚不聽, 故敗. 趙鼎復相.

1174 금이 제齊나라를 폐지하다

금나라熙宗, 完顔亶는 유예劉豫가 나라를 유지해 나가지 못할 것이라
여겨 그를 폐하였다. 한편 제齊는 세워진 지 8년 만에 망하였다.(1137년)

○ 金人以劉豫不能立國廢之. 齊立八歲而亡.

1175 호전胡銓의 상소문

소흥 8년(1138년), 고종은 건강으로부터 임안臨安으로 돌아와 진회를 다시 재상으로 삼고 조정趙鼎은 파직되었다. 고종은 조서를 내려 금과의 화의를 논의토록 하였다. 건염建炎 이래 송은 해마다 금에 사신을 보내어 송나라는 황제의 호칭을 폐지하고 금나라의 정삭正朔을 받들어 번신의 예로써 섬기겠다고 하지 않은 해가 없었지만, 금은 이를 거절하였으며 보낸 사자는 거의 구금되고 말았었다. 그런데 뒤에 금은 자주 송을 침략하여 승리하지 못하자 강남은 더 이상 시도할 수 없음을 알고 그 연후에야 진회를 첩자로 파견하였던 것인데, 유예가 제왕齊王에서 폐위당하자 화의는 결정을 보게 된 것이다.

금나라 사신 장통고張通古가 오자 편수관編修官 호전胡銓이 글을 올려 이렇게 여겼다.

"만약 폐하가 한 번 무릎을 꿇고 나면 조종과 사직의 영혼은 모두 이적에게 오욕을 당하고 맙니다. 조종의 백성은 모두 오랑캐의 풍속을 따라야 할 것이며 조정의 재상과 집정자들은 모두가 그들을 모실 신하가 될 것입니다.

뒷날 시랑같이 끝없는 탐욕으로 유예劉豫에게 저질렀던 일을 우리에게 하지 않을 보장이 있겠습니까?

무릇 삼척동자처럼 아무것도 모른다 해도 개 돼지를 가리켜 절을 하라 하면 버럭 화를 낼 것인데, 당당한 천자로서 나라를 다 이끌고 개 돼지에게 절을 하겠다고 하시니 어린아이만큼도 수치를 모르는 것입니까?

명령을 받들고 금에 사신으로 간 왕륜王倫은 북사北使를 꾀어 데려와서는 강남江南을 선무宣撫한다는 구실이었지만 실은 폐하를 신하로 삼고 우리를 첩으로 삼고자 하였습니다.

그리고 집정執政 손근孫近은 진회에게 빌붙어 있는데 신하의 의로 보아 이런 진회 등과는 하늘을 함께 이고 살 수 없습니다.

원컨대 왕륜, 진회, 손근 세 사람의 목을 베어 장대 끝에 꿰어 고가의 거리에 내걸게 하십시오. 그런 다음에 금의 사신을 잡아서 그 무례함을 꾸짖고 당당히 금의 죄를 물을 군사를 일으키신다면 삼군의 군사가 싸우지 않고도 그 사기가 스스로 배가될 것입니다.

그렇게 하지 않으면 저는 동해에 몸을 던져 죽을 뿐입니다. 어찌 이 작은 나라의 조정에서 처하여 살아 있기를 구하겠습니까?”

글이 올라가자 호전은 이곳저곳 폄직되어 멀리 귀양에 보내지고 말았다.

○ 紹興八年, 上自建康還臨安, 秦檜復相, 趙鼎罷. 詔議講和, 自建炎以來, 無歲不遣使直願去尊號, 奉其正朔, 比於藩臣, 金人不從, 使者往多拘囚. 後數南侵不利, 知江南不可圖, 然後遣檜爲間, 至豫廢和議乃決.

金使張通古來, 編脩官胡銓上疏, 以爲:「陛下一屈膝, 則祖宗廟社之靈, 盡汚夷狄. 祖宗之赤子, 盡爲左衽; 朝廷宰執, 皆爲陪臣. 異時豺狼無厭, 安知不加我以無禮如劉豫. 夫三尺童子無知, 指犬豕而使拜, 則怫然怒, 堂堂天朝, 相率而拜犬豕, 曾無童稚之羞邪? 奉使王倫誘致北使, 以招諭江南爲名, 欲臣妾我. 執政孫近附會秦檜, 臣義不與檜等共戴天. 乞斬倫檜近三人頭, 竿之藁街. 然後羈其使責無禮, 興問罪之師, 三軍之士不戰而氣自倍. 不然臣有蹈東海而死耳, 寧能處小朝廷求活邪?」

書上, 連貶竄.

【左袵】 이적의 풍속을 뜻함.(左袵夷狄之俗. ―원주)
【如劉豫】 劉豫가 황제가 되었다가 다시 폐위한 사건.(既立爲帝而又廢之. ―원주)
【貶竄】 처음 韶州로 갔다가 다시 新州로 갔으며 나중에 海南으로 귀양감.

1176 금金이 땅을 돌려주다

소흥 9년(1139년), 금이 먼저 섬서와 하남 땅을 송에 돌려주었다. 조정에서는 관리를 파견하여 역대의 능침陵寢에 참배하게 하고 국경을 정한 다음, 옛 서울 변경汴京에는 유수劉守를 임명해 두었다.

○ 紹興九年, 金人先以陝西・河南地歸宋. 朝廷遣官, 謁陵寢, 交地界, 除汴京留守.

1177 이세보李世輔의 염원

청간성淸澗城의 이세보李世輔가 귀의하여 왔다. 이세보의 조상은 대대로 번족蕃族의 도순검사都巡檢使였는데 부자가 비록 한때 제齊, 유예劉豫를 섬겼으나 매번 송나라에 돌아가지 못함을 한스럽게 여겨 서로 울곤 하였다.

제齊가 이세보를 주의 지사知事에 임명하였을 때 일찍이 청간성의 살리갈撒離葛을 사로잡아 송나라로 돌아가려 하였으나 금의 군사가 추격하여 이를 놓아주고 서하로 달아났다가 그의 부모와 아들 둘 손자 하나가 금군에게 살해당하기도 하였다.

이에 이르러 그는 서하夏의 임금에게 군사를 빌려 원수를 갚고자 청하여 이미 출발하였으나 섬서 지역이 이미 송나라에게 반환되었음을 알고 서하의 군사를 돌려보내고 송으로 돌아왔던 것이다. 고종은 이에 그를 위로하여 예물을 하사하고 현충顯忠이라는 이름을 내렸다.

○ 淸澗城李世輔來歸. 世輔之先, 累世爲蕃族都巡檢使. 父子雖嘗仕齊, 每相泣恨不得歸宋.

齊用世輔知同州, 嘗得澗生擒撒離葛, 欲歸朝, 金兵來追, 縱之, 而奔西夏, 其父母及二子一孫皆被戮. 至是乞兵於夏以復, 旣出則知陝西已還宋, 乃部夏兵而來.

上慰勞加賜賫, 賜名顯忠.

1178 금金의 내분과 화친의 결렬

금나라에서는 모반을 일으킨 자가 있어 이 사건이 종반宗盤 등에게도 연좌되어 모두 주살당하였다. 좌부원수左副元帥 달랄撻辣은 양할楊割의 맏이로 금의 임금 단完顔亶, 희종의 대부 항렬이었다. 점한粘罕이 죽고 나서부터는 황족 외척 대신은 모두 달랄을 두려워하고 있던 터에 그 달랄은 오실悟室과 함께 모반을 일으켰다가 얼마 후 주살된 것이며 금과 송과의 화친은 실제 이 달랄이 주재하고 있었던 것이었다.

달랄이 이미 죽고 나자 이에 우부원수右副元帥 올출兀朮이 좌승상이 되어 몰래 그 임금(희종)에게 글을 올렸다.

"송나라에서 받을 세폐와 정삭正朔, 서표誓表, 책명冊命도 아직 논의되지 않았는데 달랄이 마음대로 땅을 할양하여 송나라에 준다고 허락하였던 것입니다."

이리하여 맹약은 달라지고 말았다.

○ 金國有謀反者, 事連宗盤等, 皆坐誅. 左副元帥撻辣, 楊割長子, 金主亶之大父行也. 自粘罕死, 宗戚大臣皆懼, 撻辣與悟室, 尋亦以謀叛先後誅.

金與宋和, 實撻辣主之. 撻辣旣死, 於是右副元帥兀朮爲左相, 乃密奏於其主:「以宋未議歲貢正朔誓表冊命, 而撻辣擅許割地.」
遂渝盟.

【大父行】 大父는 할아버지이며 行은 항렬을 뜻함. 할아버지와 같은 항렬로 모심. (大父, 祖也; 行, 輩也. ―원주)

1179 올출兀朮의 재침

소흥 10년(1140년), 금군이 네 길로 나뉘어 남침하여 왔다. 송의 유기劉錡가 순창부順昌府에서 올출의 군사를 크게 격파하자 진회는 급히 고종에게 아뢰어 유기를 소환召還하도록 하였다.

한편 악비도 언성郾城에서 금군을 패배시켜 거의 올출을 사로잡을 수 있을 정도까지 갔었다. 이리하여 악비가 주선진朱仙鎭에 이르자 진회는 급히 고종에게 아뢰어 악비도 소환토록 하였다.

한세충이 회양淮陽의 가구加口에서 금군을 패배시키자 올출은 변경으로 돌아가 하남, 하북의 주둔군과 번부蕃部의 병사를 점검하여 다시 일어설 모책을 세웠다.

○ 紹興十年, 金兵分四道南侵. 劉錡大破兀朮於順昌府, 檜急啓上召錡還. 岳飛敗之於郾城, 幾擒兀朮. 飛至朱仙鎭, 檜急啓上召飛還. 韓世忠敗金人於淮陽之加口, 兀朮還汴, 檢兩河軍與蕃部, 以謀再擧.

【南侵】聶黎守童은 山東으로, 撒離曷은 陝右를, 李成은 河南을, 孔彦舟 등은 東京으로 밀려왔음.
【朱仙鎭】汴京 서남쪽 40리에 있음.

1180 송宋, 금金, 몽고蒙古

(1) 악비岳飛를 죽여달라

소흥 11년(1141년), 올출은 여주廬州를 함락시키고 화주和州로 침입해 왔다. 유기와 양기중楊沂中이 탁고槖皐에서 이를 격파하였다.

진회는 또다시 고종에게 급히 이들 군사를 되돌릴 것을 아뢰어 양기중은 과주瓜州로부터 장강을 건너 행재行在로 돌아오고, 장준은 선화宣化로부터 건강建康에 돌아왔으며 유기는 채석采石으로부터 태평주太平州에 돌아왔다. 그들은 선무사 관직에서 파면되어 그들 병사는 어전御前을 수비하는 군대로 예속시켜 군사를 낼 필요가 있을 때는 임시로 조서를 내려 이들을 쓰게 하였다.

한세충과 장준이 추밀사樞密使에 임명되고 악비는 그 부사副使가 되었으나 악비와 한세충은 얼마 뒤 파직되었다. 올출이 진회에게 편지를 보내어 이렇게 말하였다.

"너는 아침이고 저녁이고 화의를 청하지만 악비는 지금 하북을 도모하고 있다. 반드시 악비를 죽여주어야만 화의가 이루어질 것이다."

장준張俊이 또 악비의 죄를 만들어 감옥으로 보내자 진회는 악비와 장헌, 및 악비의 아들 악운岳雲을 죽이도록 상주하였다.

이리하여 화의가 드디어 원만하게 되어 고종의 생모 위태후韋太后와 휘종의 재궁梓宮, 시신이 송나라로 돌아오게 되었다.

○ 十一年, 兀朮陷廬州, 侵和州, 劉錡·楊沂中敗之於槖皐. 檜又啓上亟班師, 沂中自瓜州渡返行在, 張俊自宣化歸建康, 劉錡自采石歸太平州. 罷宣撫司, 以其兵隷御前, 遇出師時, 臨時取旨. 以韓世忠·張俊爲樞密使, 岳飛副使, 飛世忠尋罷.

兀朮以書抵檜曰:「爾朝夕以和請, 而岳飛方爲河北圖, 必殺飛乃可.」

張俊又構成飛罪, 赴獄, 檜奏誅飛及張憲·岳雲. 和議遂諧, 歸韋大后及徽宗梓宮於宋.

【岳雲】岳飛의 아들.
【梓宮】사람이 죽어 관에 들어 있음을 뜻함.(人死于棺曰梓宮. -원주)

(2) 몽고의 승세

금은 송에게 섬서와 하남 땅을 떼어준 것을 후회할 뿐만 아니라 도리어 당주唐州, 등주鄧州 등 몇몇 주를 다시 금나라에 편입시키고 회수淮水의 중류中流를 모두 차지하여 국경으로 하고 서쪽으로는 상주商州, 진주秦州의 절반을 내놓게 하고 화상원和尙原과 방산원方山原까지도 포기토록 하였다.

이 때는 선무사 오개吳玠가 죽은 지 4년으로 호세장胡世將이 오개의 대를 이어 화상원 등의 지역은 포기할 수 없다고 극력 주장하였지만 올출이 기필코 이를 요구하여 드디어 대산관大散關을 국경으로 삼게 되었다.

당시 금은 국내에서 자주 반란이 일어나 황족과 대신들이 잇따라 주살되었다. 게다가 북쪽에는 몽올蒙兀(몽고)이 일어나 스스로 호를 대봉大蒙이라 하여 황제를 칭하고 연호天興를 바꾸었다.

金人不惟盡悔所許陝西河南地, 仍割唐鄧等州入金, 盡淮中流爲界, 西割商秦之半, 棄和尙方山原.

時宣撫使吳玠卒四年矣. 胡世將代之, 力以和尚原等地爲不可棄, 兀朮必欲之. 遂以大散關爲界.

于時金國屢有內叛, 宗戚大臣相繼誅夷, 且北有蒙兀, 自號大蒙, 稱帝改元.

【大蒙】몽고를 가리키며 타타르(韃靼)라고도 함. 이가 원나라가 됨.(卽蒙國, 又曰韃靼, 是爲元朝. −원주)

(3) 10년 후를 도모하라

금은 해마다 몽고와 싸웠으나 끝내 토벌하지 못하여 그들과 화의를 맺게 되었으며 남침 또한 성과를 거두지 못하였다. 그리하여 송나라는 맹장과 정병이 날로 성하여 국운 회복이 실제 어려운 때가 아니었으나 진회에게 저지를 당하자 뜻있는 선비들은 팔을 움켜쥐고 탄식을 하였다.

금의 장수 올출은 죽음에 임해 이렇게 말하였다.

"남쪽 송은 병력이 심히 강하니 의당 수호修好를 강화하고 10수년을 기다렸다가 그들이 쇠약해지거든 그런 연후에 도모하라."

당시 송나라는 장준張浚과 조정趙鼎이 모두 멀리 귀양가 있었는데 조정은 남해 밖에서 죽어 당시로서는 진회에 대하여 이의를 제기하는 사람은 폄직되고 귀양가서 모두 사라진 형편이어서 감히 군사를 일으키자고 말하는 사람은 더 이상 없게 되었다.

連歲用兵, 卒不能討, 而與之和, 南侵又不得逞, 而宋之猛將精兵方日盛, 恢復實不難, 沮於秦檜, 有志之士, 扼腕歎息.

兀朮且死, 曰:「南朝軍勢強甚, 宜益加好俟十數年. 南軍衰老,
然後圖之.」

張浚・趙鼎皆遠竄, 鼎卒於海外, 當時異議之人, 貶竄殆盡,
無復敢言兵者.

【遠竄】張浚은 連州로 귀양갔으며 趙鼎은 興化軍으로 갔다가 漳州, 潮州로 옮겨
졌음.(浚連州, 鼎興化軍, 移漳州, 潮州. －원주)

1181 금나라 양亮이 뒤를 잇다

소흥 19년(1149년), 금의 군주 단完顔亶, 熙宗이 신하에게 시살弑殺당하자 신하들은 승상 기왕岐王 양完顔亮을 세웠는데 이는 태조 민完顔旻의 손자 이다.

○ 紹興十九年, 金主亶, 爲其下所弑, 共立丞相岐王亮, 旻之 孫也.

【孫也】 亶의 從弟.

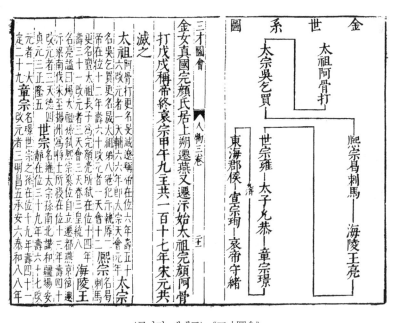

〈금나라 세계표〉《三才圖會》

1182 연경燕京을 서울로

소흥 20년(1150년), 금의 임금 양亮은 상경上京은 너무 먼 벽지에 치우쳐 있다고 여겨 연경燕京에 도성都城을 쌓고 옮겨 거하였다. 그리고 연경석 진부燕京析津府를 대흥부大興府로 고쳐 중도中都라 하고 중경회령부中京會寧府는 북경北京이라 하였으며 변경개봉부汴京開封付는 남경南京으로, 옛날 요양부遼陽府는 동경東京으로, 그리고 대동부大同府를 서경西京이라 하여 전과 같이 하였다. 그리고 본래의 영토와 송나라로부터 빼앗은 영토를 14로路로 나누어 총관부總管府를 두었다.

○ 紹興二十年, 金主亮以上京僻在一隅, 城燕京徙居之. 改燕京析津府爲大興府, 號中都. 以中京會寧府爲北京, 汴京開封府爲南京, 而舊遼陽府爲東京, 大同府爲西京如故. 分蕃漢地, 爲十四路, 置總管府.

1183 진회秦檜가 죽다

소흥 25년(1155년), 진회가 죽었다. 진회는 18년 동안 정권을 잡고 있었다. 임종에도 그는 큰 옥사獄事를 일으켜 자신과 다른 장준張浚, 이광李光, 호인胡寅 등 53명을 죽이고자 하였다. 그러나 다행히 진회는 병이 깊어 스스로 글씨를 쓸 수 없어 모두들 죽음을 면하였다. 그 뒤 심해沈該, 묵기설万俟卨, 탕사퇴湯思退, 진강백陳康伯, 주탁朱倬 등이 잇따라 재상이 되었다.

○ 二十五年, 秦檜卒. 檜秉政十八年. 臨終猶起大獄, 欲殺異己者張俊·李光·胡寅等五十三人. 幸檜病已不能書, 得免. 沈該·万俟卨·湯思退·陳康伯·朱倬相繼爲相.

※ 秦檜의 잘못에 대하여 劉氏는 이렇게 평하였다.
劉氏曰:「靖康末, 檜任中司, 以抗議請存趙氏, 爲虜執去, 天下高之. 及歸爲相, 力引一時仁賢, 如胡安國之徒, 布在臺省, 士大夫亟稱之. 旣而諸執政盡逐, 以檜獨留. 韓世忠張浚岳飛, 方擅兵權. 檜與張俊, 密約議和, 而以岳歸俊. 飛旣誅, 世忠亦罷. 由是中外大懼, 盡歸于檜. 非檜親黨, 則不得任. 忠正之士, 多避山林. 罷兵講和, 而使高宗不能成中興己業者, 檜之罪, 可勝誅哉!」
【万俟】'묵기'로 읽으며 복성이다.(音墨其, 覆姓也. -원주)

1184 금의 흠종欽宗이 죽다

소흥 31년(1161년), 흠종欽宗이 죽었다는 소식이 송나라에 이르렀다.
흠종은 그 1년 전 겨울 오국성五國城에서 죽은 것이다. 향년 60이었다.

○ 三十一年, 欽宗凶問至, 以去年冬殂於五國城, 年六十.

1185 금金과 송宋의 공방전

(1) 변경汴京을 꾸미다

금주 양完顔亮이 변경汴京을 수축하였다. 대체로 남침을 한 지 몇 년이 흘렀을 때였다. 일찍이 사신을 송나라에 보내는 기회에 몰래 화공畫工을 보내어 임안臨安, 항주의 산수와 성곽, 도시, 궁실 등을 그려 돌아오게 하였다. 그리고 그 그림 위에 시를 써넣었는데 그 시에 "말을 오산吳山의 제일봉에 세우리라"라는 구절이 있었다.

이리하여 이해 가을 변경으로 옮겨 드디어 맹약을 깨뜨리고 군사를 일으킨 것이다. 양의 어머니單太后가 간하자 양은 그 어머니를 죽이고 무리를 위협하여 백만 군사라 일컬으며 회서淮西의 여러 군을 함락시켰다. 강회절서제치사江淮浙西制置使 유기劉錡가 왕권王權을 보내어 금군을 맞아 치게 하였으나, 왕권은 중도에 몰래 빠져나갔다가 얼마 뒤 퇴각하여 채석采石으로 도망하여 되돌아오고 말았다.

이 보고가 이르자 안팎이 두려움에 떨며 배를 타고 바다로 나가 피하여야 한다는 의견까지 나오자 진강백陳康伯은 이를 반대하며 섭의문葉義問에게 명하여 군사를 살피게 하고 중서사인 우윤문虞允文을 군사의 참모로 삼았다.

금군이 양주揚州를 함락시키고 과주瓜州로 진격하자 유기는 부하 장수를 조각림皁角林으로 보내어 이를 물리쳤다. 그러자 고종은 유기에게 조서를 내려 군대를 돌려 오로지 장강의 방비에 전념하도록 명하였다.

○ 金主亮修汴京, 蓋營南侵幾年矣. 嘗因使來密藏畫工, 圖繪臨安山水城市宮室以歸, 題詩其上, 有『立馬吳山第一峯』之句.

是秋徙居汴遂渝盟擧兵. 其母諫, 殺之以威衆, 兵號百萬, 陷淮

西諸郡. 江淮浙西制置使劉錡, 遣王權迎敵, 權逗留, 已而退,
還奔采石. 報至, 中外大震, 有浮海避狄之議, 陳康伯不可, 命葉
義問視師, 中書舍人虞允文, 參謀軍事.

金人陷揚州趨瓜州, 劉錡遣將敗之於皁角林, 有詔令錡還軍,
專防江上.

【皁角林】揚州에 있음.

(2) 기필코 장강長江을 건너리라

금주完顏亮가 채석으로부터 강을 건너려 하자 조정에서는 이현충李顯忠
에게 왕권을 대신토록 하였다. 그런데 이현충이 도착하기 전에 금군은
이미 배로 장강을 건너오고 있었다. 참모 우윤문이 급히 수군을 독려하여
해추선海鰍船으로 적을 맞아 사투를 벌여 금군은 장강을 건너지 못하였다.
당시 금의 황제 양은 나라 안에 변란이 일어났다는 보고를 듣고,
다시 바닷길로 진격해온 금의 해군도 송의 장수 이보李寶에게 배를
소각당하였으며, 게다가 또 형주荊州, 악주鄂州의 송나라 군사들이 상류로
부터 강을 따라 내려오고 있다는 보고를 받게 되자, 심히 분해하며
이에 양주로 퇴각하여 여러 장수들을 불러 이렇게 약속하였다.
"사흘 안에 기필코 장강을 건넌다. 기일을 어긴 자는 모두 처형한다."
여러 장수들은 드디어 양을 죽여버렸다.

金主欲由采石渡, 朝廷以李顯忠代權, 而未至, 金人舟來. 虞允
文巫督水軍, 海鰍船迎擊死鬪, 金人不能濟.

時亮聞有內變, 又聞舟師由海道來者, 已爲李寶所焚, 而荊
鄂諸軍方自上流而下, 忿甚, 乃回揚州, 召諸將約:「三日必濟,
過期盡殺.」

諸將遂殺亮.

【內變】葛王을 옹립한 사건을 말함.

(3) 발해渤海에게 발목이 잡혀

바야흐로 양이 군사를 이끌고 남침해 올 때 발해渤海의 한 군사가
반기를 들고 되돌아가서는 얼마 뒤 요양遼陽에서 갈왕葛王 유完顏褎를
옹립擁立하였다. 갈왕은 양이 죽었다는 소식을 듣고 드디어 서울 연경燕京
으로 가서 즉위하고는 선제 단完顏亶에게 민종閔宗이라 추시追諡하고,
양完顏亮을 폐하여 해릉왕海陵王을 삼아서 시호를 양煬이라 하였다. 유는
태종 성完顏晟의 손자로 뒤에 이름을 옹完顏雍이라 고쳤다.

이에 앞서 몇 해 전 송나라 장준張浚은 일찍이 이렇게 말한 적이
있었다.

"금은 반드시 맹약을 저버리게 될 것이다."

당시 재상 탕사퇴湯思退 등은 크게 놀라 미친 사람이라 하였는데
이때에 이르러 장준은 건강建康의 판관에 기용되었다.

고종이 임안에서 건강으로 오자 장준은 이를 맞아 알현하였고, 위사
들은 장준이 다시 기용된 것을 보고 손을 이마에 얹어 기쁨을 표시하였다.

方亮之引而南也，渤海一軍叛去，已擁立葛王褒于遼陽．聞亮死，遂入譙京，追諡亶爲閔宗，廢亮爲海陵王，諡曰煬．褒晟之孫也．後改名雍．

先是數年，張浚嘗言：「金必渝盟．」

時相湯思退等，大駭以爲狂，至是浚起判建康．上自臨安如建康，浚迎謁，衛士見其復用，以手加額．

1186 고종高宗이 임안(항주)으로 돌아와 제위를 물려주다

소흥 32년(1162년), 고종이 임안臨安, 杭州으로 돌아왔다. 금이 사신을 보내와 송에서도 사신을 파견하여 다시 얼마 후 강화를 의논하게 하였다. 여름 6월에 고종은 내밀히 제위를 황태자에게 물려주고 덕수궁德壽宮에 은거하였다. 제위 36년에 연호를 두 번 고쳐 건염建炎, 소흥紹興이라 하였다.

황태자(조신)가 즉위하였다.(1162년) 이가 효종황제孝宗皇帝이다.

○ 三十二年上還臨安, 金使來, 遣使報之, 復尋和議. 夏六月, 上內禪, 退居德壽宮. 在位三十六年, 改元者二: 曰建炎・紹興.

皇太子立, 是爲孝宗皇帝.

2. 孝宗皇帝

● 孝宗. 宋(南宋)의 제2대 황제.

趙瑋(趙愼). 1162년~1189년 재위.

1187 효종황제孝宗皇帝

(1) 이 양羊을 기억하라

효종황제孝宗皇帝는 처음 이름은 백종
伯琮이었다. 종실에서 수왕秀王으로 추봉
追封된 시호 안희자칭安僖子偁의 아들로
태조의 7세손이다.

어머니 장씨의 꿈에 최부군崔府君이라
는 신이 한 마리 양을 안고 와서 이렇게
말하였다.

"이 양으로 잘 기억하라."

그는 고종이 강왕康王으로 있을 때 자주
磁州에 사신으로 갔었는데 자주의 어떤
사람이 최부군이 강왕을 맞이하는 꿈을
꾸었다고 하였다.

〈송 효종〉《三才圖會》

장씨는 이해 정미년丁未年에 수주秀州에서 백종을 낳았으며, 벼이삭의
서응瑞應이 있어 어릴 때 이름을 양羊이라 하였다.

孝宗皇帝:

初名伯琮, 宗室追封秀王諡安僖子偁之子, 太祖七世孫也.

母張氏, 夢崔府君擁一羊來曰:「以此爲識.」

高宗爲康王, 出使至磁州, 磁人夢, 崔府君出迎. 張氏以是歲丁未, 生伯琮於秀州, 有嘉禾之瑞, 小名羊.

【安僖子偁】 당시 孝宗의 아버지가 죽어 그를 秀王이라 추존하였으며 시호를 安僖, 이름을 子偁이라 하였다.(時孝宗父已死. 追封爲秀王. 諡曰安僖. 名子偁. —원주)

【崔府君】 神의 이름.

⑵ 양자가 황제로

고종은 황태자 부旉를 잃고 태조의 자손 중에서 황태자를 선택하도록 명하여 백종을 궁궐로 불러 기르며 원趙瑗이라는 이름을 하사하였는데 마침 최부군의 이름 원瑗과 같았다.

조원이 진왕군왕晉安郡王에 봉해지자 진회는 그가 영명한 것을 질시하였지만 그를 해치지는 못하였다. 그리하여 마침내 황자로 세우고 다시 위趙瑋라는 이름을 하사한 다음 초왕楚王에 봉하였다.

소흥 말년에 다시 신眘이라는 이름을 하사하고 이어 황태자로 세웠으며 얼마 뒤 조서를 내려 즉위토록 한 것이다.(1162년) 그는 고종을 상황제上皇帝로 받들어 모시면서 광요수성황제光堯壽聖皇帝로 올리고 황후에게는 수성태상황후壽聖太上皇帝라 존칭하였다.

高宗喪太子旉, 命選太祖之後, 得伯琮鞠宮中, 賜名瑗, 適與崔府君名同.

封晉安郡王, 秦檜疾其英明而不能害也. 竟立爲皇子, 賜名瑋, 封楚王. 紹興末, 賜名昚, 立爲皇太子, 尋詔卽位.

尊奉上皇帝, 爲光堯壽聖皇帝, 皇后吳氏, 爲壽聖太上皇后.

【昚】신(慎)과 같음. 孝宗 趙昚의 이름.

1188 나를 선영에 묻지 말라

효종은 사호史浩를 우승상으로 삼고 장준張浚을 추밀사樞密使로 삼았다. 장준은 장강과 회수의 군사를 감독하여 드디어 북벌을 계획하게 되었다.

그런데 사호는 이 논의에 참여하지 못하자 굳이 사직하고 조정에서 물러갔다.

이현충李顯忠이 호주濠州에서 나와 영벽靈壁으로 달려가 금군을 격파하였고 소굉연邵宏淵은 사주泗州에서 나와 홍현虹縣을 포위하여 금나라 장수의 항복을 받아냈으며 계속 진격하여 숙주宿州를 깨뜨렸다. 이때 금의 부원수副元帥 흘석열지녕紇石烈志寧이 군사를 이끌고 공격해 왔다. 이현충은 이를 맞아 여러 날을 싸웠으나 승부가 나지 않았다.

이때에 송나라가 풀어놓은 첩자의 보고가 날아와 금군이 하남의 군사를 크게 일으켜 장차 모여들게 되리라는 것이었다.

때마침 송은 소굉연과 이현충이 서로 뜻이 맞지 않았고 게다가 이현충은 부하를 다독거리지 못하여 군사들이 이현충에게 원한을 가지고 있었던 터라, 그만 궤멸하여 돌아오고 말았으며 금군도 역시 흩어져 돌아가고 말았다.

효종은 날카로운 뜻으로 중원을 회복하고자 하였으나 이 전투에 승리하지 못하여 이에 다시 화친을 의논하게 되었다.

진강백陳康伯이 파직되고 탕사퇴湯思退와 장준이 좌우의 복야僕射가 되었다. 장준은 여전히 도독都督을 겸임하여 군사를 살피고 있다가 몇 달 뒤에 파직되었다가 얼마 되지 않아 죽었다.

장준은 나라에 허락한 마음을 백발이 되도록 바꾸지 않아 종신토록 화의에 반대하였다. 그는 임종할 때 두 아들에게 능히 중원을 회복하여 나라의 치욕을 씻지 못하였으니 선인의 무덤 옆에 묻지 말도록 유언하여 부탁하였다.

○ 以史浩爲右相, 張浚樞密使, 督師江淮, 遂北伐. 浩不與其議,
力丐罷.

李顯忠出濠州, 趨靈壁敗金兵, 邵宏淵出泗州, 圍虹縣, 降金將,
進克宿州. 金副元帥紇石烈志寧, 率兵至. 顯忠與戰, 連日未決.
諜報, 金人大興河南兵, 將至. 會宏淵與顯忠不相能, 而顯忠又
不犒士, 士憤怨, 遂潰而歸, 金人亦解去. 上銳意恢復, 是役不利,
乃復議和.

陳康伯罷, 湯思退張浚爲左右相. 浚仍以都督視師, 數月而罷,
未幾卒.

浚許國之心, 白首不渝, 終身不主和議. 遺命付其二子, 以不
能復中原, 雪國恥, 不得祔葬先人之墓.

【烈志寧】金나라 장수의 이름.
【二子】하나는 趙付이며 다른 아들 이름은 알 수 없음.
● 유씨(劉氏)는 본 장의 내용에 대하여 이렇게 말하였다.
○ 劉氏曰:「魏公之志貫日月, 旣有議之者, 然早歲晚節, 有不可辨者二, 力攻
李綱, 而寧與汪黃同朝, 一不可曉也; 力引秦檜, 使至得政, 而寧與趙鼎語不相下,
二不可曉也.」
● 呂中은 秦檜와 張浚의 차이를 이렇게 논하였다.
呂中曰:「嘗觀國家自有中原之禍以來, 終始主戰者浚也; 終始主和者檜也. 以浚
主戰而不免有富平之敗, 酈瓊之叛, 符離之潰; 以檜主和而江左少康二十年,
是以當時主議者, 寧爲檜而不爲浚, 游談者, 寧慕檜而不慕浚. 無他, 檜之所爲,
與人之私心合也. 然千載而下, 言及檜則人皆思食其肉, 以快天地神人之憤.
言及浚則人莫不以手加額, 效林宗. 而慕李膺者矣. 以此見忠義者, 人心之所同.
浚之所爲又與人之公心合也. 彼富貴利達飄風過耳, 而端人正士, 英風常存.
是浚雖死而浚之心, 未嘗不行於後世也.」

1189 소강小康 상태와 남송南宋의 도학道學

(1) 금나라와 군신관계에서 숙질관계로

재상 탕사퇴가 몰래 금나라 사람을 불러 화의를 논의한 흔적이 드러나자 언관이 이를 논하여 그를 파면하여 멀리 귀양보냈다. 그는 도중에 죽고 진강백이 다시 복야가 되어 금과의 강화가 성사되었다.

이에 앞서 송나라가 금나라에 보내는 국서에 '대송大宋'의 대大자를 빼고 '황제皇帝'의 황皇자를 제거하며 문서에 군신君臣의 예로써 '재배再拜' 등의 말을 썼다. 그리고 금의 사신이 오면 천자가 일어서서 금의 황제의 안부를 묻고 아랫자리에 내려앉아 금의 황제의 글을 받았다. 게다가 송나라 사신이 금나라에 가서는 배신陪臣으로 하며 숙소의 접대하는 관리만 모두 그 사신에게 절하게 되어 있었다.

그런데 이때에 이르러 비로소 임금을 칭하여 송황제宋皇帝라 하고, 단지 송과 금은 숙부叔父와 조카의 관계에 머물렀다.

그리고 세공歲貢도 바꾸어 세폐歲幣라 하고 그 액수도 80만 냥을 감하였다. 국경은 소흥紹興 시절과 같이 회복하였으나 그 밖의 나머지 예는 왕왕 끝까지 고치지 못한 것도 있었다. 효종은 종신토록 이를 분하게 여기고 있었다.

그 뒤 여러 차례 역대 천자의 능침陵寢이 있는 하남河南을 반환해 줄 것과, 금의 국서國書를 받을 때의 절차 등을 고치기를 요청하였으나 금은 끝내 들어주지 않았다. 대체로 효종은 비록 복수할 뜻이 있었지만 능히 그 뜻을 보필할 자가 없었기 때문이었다.

○ 湯思退密有召虜議和之迹, 言者論罷竄之, 道死, 康伯復相, 和議成.

先是國書, 大宋去大字, 皇帝去皇字, 書用君臣之禮, 有再拜等語, 金使至, 則起立問金主起居, 降坐受書, 奉使者自同, 陪臣, 館伴之屬, 皆拜其來使. 至是, 始稱上爲宋皇帝, 止爲叔姪之國. 易歲貢爲歲幣, 歲幣減十萬之數, 地界如紹興之時, 而餘禮往往竟不能盡改, 上終身憤之.

其後屢請還河南陵寢地. 改受書禮, 金人卒不從. 蓋上雖有志復讐, 而無能輔其志者.

【竄之云云】 永州로 귀양갔다가 信州로 가는 길에 죽었다.(謫永州, 行至信州, 而死. —원주)

⑵ 북벌 의지가 시들해지다

재상 진강백陳康伯이 죽은 후 홍괄洪适, 섭옹葉顒, 위기魏杞, 장불蔣芾, 진준경陳俊卿, 우윤문虞允文, 양극가梁克家, 증회曾懷, 섭형葉衡, 사호史浩, 조웅趙雄, 왕회王淮, 주필대周必大, 유정留正 등이 차례로 재상이 되었다.

그러나 이들 중에 오직 진준경과 우윤문이 함께 재상이 되었을 때 북방을 경영하자는 의견을 내세웠을 뿐이었으며 그것도 진준경은 지나치게 신중함만 견지하여 마침내 우윤문과 의견이 맞지 않았다. 우윤문이 하는 것을 두고 사람들도 역시 너무 허탄한 일이라 여겨 끝내 실효를 거두지 못하였으며, 사호의 경우 더욱 용병을 거부하였다. 주필대는 조용히 조정에서 정무를 보아 좋은 무리들이 그를 통해 많이 조정으로 들어오게 되었다.

自陳康伯卒後, 洪适·葉顒·魏杞·蔣芾·陳俊卿·虞允文·
梁克家·曾懷·葉衡·史浩·趙雄·王淮·周必大·留正, 相繼
爲相. 惟俊卿·允文並相時, 有經營北方之議, 而俊卿持重. 卒與
允文不合. 允文所爲, 人亦議其虛誕, 竟不效. 如浩尤不主用兵,
必大從容廟堂, 善類多所引進.

【留正】인명.

(3) 남송의 도학

주희朱熹는 순희淳熙 15년(1188년)에 부름을 받았는데 바로 주필대가
재상으로 있을 때였다. 처음에 정이程頤가 휘종徽宗 때에 죽고 그의
생도 양시楊時는 흠종欽宗과 광요光堯, 고종 때에 모두 발탁되었었다.
　조정趙鼎은 비록 정이를 알지 못하였지만 그의 학문을 주장하였다.
이에 정자의 학설을 미워하는 자는 양시를 환혼還魂, 조정을 존혼尊魂,
호안국胡安國을 강혼强魂이라 하였다.
　그 뒤 다시 윤돈尹焞을 경연經筵으로 불러들였는데 그는 정이 만년의
고제자였다.
　사대부들은 정씨의 학문을 이름하여 도학道學이라 하였다. 당시 이를
좋아하여 숭상하자 혹 그 명의를 써서 출세하려는 사람이 생겼다가
다시 때로 그 좋아하는 바가 달라지자 역시 이 명의 때문에 세상에서
배척당하기도 하였다.
　연평延平의 이동李侗은 양시의 문인 나종언羅從彥에게 수학하였고 주희는
다시 이동에게 수학하였다.

〈양시(龜山, 中立)〉《三才圖會》

〈육구연(子靜, 象山)〉《三才圖會》

〈呂祖謙(東萊, 伯恭)〉《三才圖會》

〈張栻〉(敬夫, 南軒)《三才圖會》

〈주희(晦菴, 元晦)〉《三才圖會》

호전胡銓이 한때 주희를 광요(고종)에게 추천한 일이 있었으나 주희는 오지 않았으며, 건도乾道이래로 여러 차례 불렀으나 주희는 끝내 응하지 않아 고종은 특명으로 봉사奉祠의 직책으로 고쳐 임명하여 관館으로 들게 불렀으나 취임하지 않았다.

주희는 그 뒤 남강(남강) 태수가 되었는데 절동浙東에 흉년이 들자 조정에서는 주희를 제거提擧에 임명하여 가서 구제하게 하였다. 주희는 일찍이 궁중에 들어가 자기의 의견을 상주한 일이 있었다.

그런데 이때에 이르러 자문에 응하여 병부랑에 임명되었다. 그러나 시랑 임율林栗과 서로 의견이 맞지 않아 즉시 봉사를 맡아 조정을 떠났다.

몇 달 뒤에 다시 불렀지만 주희는 이를 사양하고 다만 한 장의 글을 올려 천하의 대본大本과 금일의 급선무를 말하였다.

대본은 폐하의 마음에 있으며 급선무는 태자를 보익하여 바르게 자라게 하는 것이며, 대신의 임명을 신중히 하여야 하며, 기강을 바로 세워야 하며, 풍속을 변화시켜야 하며, 백성의 힘을 길러두어야 하며, 군비를 분명히 닦아놓아야 한다는 등의 여섯 가지였다.

주희와 뜻을 같이하는 사람으로 광한廣漢의 장식張栻이라는 자가 있었는데, 그는 위국魏國의 충헌공忠獻公 장준張浚의 아들로 호굉胡宏에게 글을 배웠으며 호굉은 바로 호안국의 아들이다. 장식은 이렇게 말하였다.

"할 바가 있어 이를 행하는 것이 이利요, 하지 않아도 될 일을 하는 것이 의義이다."

당시의 학자들은 그의 말을 실로 명언名言이라 하여 외웠으며 장식을 남헌 선생南軒先生이라 불렀다.

그리고 여조겸呂祖謙이라는 자가 있는데 그는 여공저呂公著의 5세손이며, 여희철呂希哲의 4세손이다. 여조겸도 역시 정씨의 학문을 조종으로 하여 학자들은 그를 동래선생東萊先生이라 불렀다.

이들은 모두 몇 해 전에 죽고 주희만은 늙어서도 학문이 더욱 독실하여 학자들이 함께 주희를 스승으로 모시고 회암선생晦菴先生이라 불렀다. 사방에서 그를 앙모하여 마치 태산북두처럼 여겼으며 송나라의 사신이 북쪽 금으로 가면 금나라 사람들은 반드시 주선생이 편안히 계신지를 물었다.

같은 시기에, 임천臨川에 육구연陸九淵이라는, 세상에 상산선생象山先生으로 알려진 학자가 있었다. 주희와 〈태극도설太極圖說〉로 논쟁을 벌이기도 하고, 그는 학문이란 깨달음으로 들어가는 것이라 주장하여 주희의 경서經書의 훈고訓詁와 주해에만 매달리는 것을 비난하여 의견이 자못 다른 일면을 세웠다고 한다.

朱熹以淳熙十五年, 被召, 必大作相時也. 初程頤卒於徽宗之世, 其徒楊時, 在欽宗光堯時, 皆被擢. 趙鼎雖不及識頤, 而主張其學. 惡之者, 以楊時爲還魂, 鼎爲尊魂, 胡安國爲强魂. 其後又有尹焞, 見召入經筵, 焞蓋頤晚年高弟也.

士大夫名程氏之學, 曰道學. 時好所尙, 或冒此名以進. 時好不同, 亦多以此名見擠於世. 延平李侗受學於楊時之門人羅從彦, 而熹又受學於侗.

胡銓嘗薦熹於光堯, 熹不至, 乾道以來屢召不起, 特旨改秩奉祠, 召入館, 不就. 後爲南康守浙東荒, 除熹提擧往救之. 過闕嘗一入奏事. 至是召對, 除兵部郎. 與侍郎林栗不合, 卽奉祠去. 數月復召, 熹辭, 惟進封事, 言天下之大本, 與今日之急務: 大本在陛下之心, 急務則輔翼太子, 選任大臣, 振擧綱維, 變化風俗, 愛養民力, 修明軍政, 六者是也.

熹之同志有廣漢張栻者, 魏忠獻公浚之子, 其學得之胡宏, 宏安國子也. 栻之言曰:「有所爲而爲者利也; 無所爲而爲者義也.」

學者誦爲名言, 稱栻爲南軒先生. 有呂祖謙者, 公著之五世, 熹哲之四世孫也. 亦祖程氏之學, 學者稱爲東萊先生.

皆先是數年卒矣, 惟熹學問老而彌篤, 學者共師宗之, 稱爲晦菴先生. 四方仰其人, 如泰山北斗. 南使之北, 金人必問朱先生安在. 同時有臨川陸九淵, 世號象山先生者, 與熹爭論太極圖說, 且謂學有悟入, 譏熹從事訓解, 意見頗立異云.

【尹焞】 '윤순'으로 읽도록 되어 있으나 일반적인 독음에 따라 '윤돈'으로 읽음. (音淳. —원주)
【魏忠獻公】 張浚은 魏國에 봉해졌으며 忠獻은 시호.

1190 북방의 작은 요순堯舜

효종孝宗은 오래 전부터 자리를 황태자에게 물려주려 하던 참에 마침 광요황제光堯皇帝 고종이 82살로 돌아가자 곧 조서를 내려 양위讓位하였다.

효종은 26년 동안 덕수궁惠壽宮에 계신 고종을 받들어 극진히 효도를 다하였다. 이윽고 고종이 돌아가자 효종은 애통함이 더욱 절박하여 날마다 궤연几筵을 받들어 모실 수 없다고 여겨 퇴위하여 상복의 제도를 끝까지 다하고자 중화궁重華宮으로 옮겼다.

효종은 재위 28년이었으며 금의 세종世宗 옹雍도 이 해에 죽었다. 그의 후사 윤공允恭이 세종보다도 먼저 죽어 손자 경璟이 제위에 올랐다. 세종(옹)은 현명하고 인정이 많아 북쪽의 작은 요순堯舜이라 불렀다.

따라서 금의 대정大定 (금 세종 완안옹. 1161~1189) 30년은 송나라의 융흥 隆興 (효종, 1163~1164), 건도乾道, (1165~1173), 순희淳熙, (1174~1189)와 서로 처음과 끝이 같은 시대로써 남과 북이 모두 휴식을 얻을 수 있어 피차 서로 혼란한 틈을 탈 수 없었다. 효종은 송나라를 부흥시키려는 큰 뜻을 가지고 있었지만 품고서도 끝내 이렇다 할 업적이 없었던 것은 그 때문이었다. 태자趙惇가 즉위하였다.(1189년) 이가 광종황제光宗皇帝이다.

○ 上久有與子之意, 會光堯皇帝壽八十二而崩, 乃詔內禪. 上奉 德壽二十六年, 孝養備至. 旣升遐, 哀慕尤切, 以不得日奉几筵, 欲退終喪制, 移居重華宮. 在位二十八年. 金世宗雍, 以是歲殂. 其嗣允恭先卒, 孫璟立. 雍賢明仁恕, 號爲北方小堯舜. 故金之 大定三十年, 與宋之隆興·乾道·淳熙, 相終始, 南北皆得休息, 彼此無可乘之釁. 上之齋志, 不克大有爲者以此.

太子立, 是爲光宗皇帝.

【德壽】光堯가 기거하던 궁궐 이름.

【二十八年】재위 28년 동안 연호를 隆興, 乾道, 淳熙 등으로 세 번 고쳤다.

【大定】金나라 淳宗의 年號.

3. 光宗皇帝

> ⊛ 光宗. 宋(南宋)의 제3대 황제.
> 趙惇. 1189년~1194년 재위.

1191 광종황제光宗皇帝

(1) 황제와 황후의 알력

광종황제는 이름이 돈趙惇이며 44살에 동궁의 지위에서 효종의 선양을
받아 황제가 되어 효종을 태상황제太上皇帝라 존칭하여 지존수황성제
壽皇聖帝라고 하였다.

재상 주필대周必大가 파직되고 유정留正과 갈필葛邲이 좌우재상이 되었
으며 연호를 고쳐 조희詔熙, 紹熙라 하였다.(1190년)

광종의 황후 이씨李氏는 대장 이도李道의 딸로 표한하고 질투심이
많았으니, 아들 가왕嘉王을 빨리 태자의 자리에 올려 후사로 잇게 하고자
대궐의 잔치를 틈타 수황壽皇에게 청하였으나 허락을 얻지 못하였다.
이때 이씨가 불손하게 굴어 수황은 노하여 지적하였었다.

光宗皇帝:

名惇, 年四十四, 自東宮受禪. 尊太上皇帝, 爲至尊壽皇聖帝.
周必大罷, 留正‧葛邲, 爲左右相. 改元曰詔熙. 皇后李氏, 大將
李道女也. 悍而妬, 欲亟立太子嘉王爲儲嗣, 因內宴請於壽皇,
不許. 后不遜, 壽皇有怒語.

⑵ 아버지의 병 문안조차 갈 수 없어

이리하여 황후 이씨는 원한을 품고 광종에게 수황이 폐하를 폐위시키려 한다고 거짓말을 하여 결국 광종으로 하여금 이로써 두려움을 느껴 병이 들게 하였다. 게다가 후궁에 갑자기 죽는 자가 있다는 말을 듣고 광종은 놀랍고 두려워 병이 더욱 심해지고 말았다. 이에 광종은 아버지가 계신 중화궁重華宮에도 가지 않다가 거의 2년이나 되어 비로소 단 한 번 찾아뵙게 되었다. 수황은 더욱 불쾌히 여겼고 광종은 병 문안조차 갈 수 없었다.

상황孝宗은 중화궁으로 옮겨 온 지 5년을 넘기고 나이 68세로 죽었다. 광종은 상황의 복도 입지 못하다가 어느 날 갑자기 땅에 엎어지고 말았다. 안팎이 놀라자 태황태후太皇太后가 가왕嘉王, 趙擴을 세웠다.(1194년) 이가 영종황제寧宗皇帝이다.

后銜之, 乃造誣罔, 謂壽皇有廢立意, 致上驚恐得疑疾. 及聞後宮有暴死者, 上震懼, 疾愈甚. 不復過重華宮, 近兩載始一至. 壽皇彌不懌, 上亦不能視疾.

壽皇居重華踰五載, 壽六十八而崩. 上不能執喪, 一日忽仆於地, 中外危懼, 太皇太后立嘉王, 是爲寧宗皇帝.

● 光宗은 5년간 재위하였다.(光宗在位五年. 원주)

4. 寧宗皇帝

> ● 寧宗. 宋(南宋)의 제4대 황제.
> 趙擴. 1194년~1224년 재위.

1192 영종황제寧宗皇帝

(1) 효종孝宗이 죽다

영종황제는 이름이 확趙擴이며 처음에 가왕嘉王에 봉해졌다가 효종이 죽고 광종은 병이 위중해지자 지추밀원사知樞密院事 조여우趙汝愚가 몰래 가왕을 추대할 계획을 세웠다. 그는 이때 헌성자열오태황태후憲聖慈烈吳太皇太后가 황실의 장래에 대해 근심하고 있음을 알아차리고, 장차 그 일을 아뢰고자 하였지만 그 임무를 맡길 사람을 찾기가 어려웠다.

지합문사知閤門事에 한탁주韓侂胄라는 이가 있었는데 그는 한기韓琦의 증손이요 황태후 동생의 딸이었다. 이에 조여우는

〈송 영종〉《三才圖會》

그를 통해 들어가 아뢰도록 하였다. 태황태후는 발을 치고 가왕을 인견引見해 보고는 즉위시켜 병든 광종을 대신 효종의 장례를 집례하도록 하였다. 이리하여 조정 안팎에서 염려하던 사람들이 다 안정을 얻게 되었다.

광종은 수강궁壽康宮에 거한 지 6년 만에 죽었으며 향년 54세였다.

寧宗皇帝:

名擴, 初封嘉王. 孝宗崩, 光宗疾病, 知樞密院事趙汝愚, 密建翼戴之議, 知憲聖慈烈吳太皇太后, 以宗社爲憂, 將白事, 而難其人. 有知閤門事韓侂胄者, 琦之曾孫, 而太皇女弟之子也. 乃因以入白, 太皇垂簾, 引嘉王入卽位. 代執孝宗之喪. 中外危疑者乃定.

光宗居壽康宮, 後六年而崩, 壽五十四.

【太皇太后】紹熙에 光宗이 高宗의 皇后 呂氏을 존칭하여 ‘憲聖慈烈太皇太后’라 함.
(紹熙初, 光宗上高宗后呂氏尊號, 曰憲聖慈烈太皇太后. –원주)
【太皇】吳后를 가리킴.

⑵ 그게 바로 주희朱熹입니다

영종이 가왕이었을 때 황상黃裳이라는 학자가 익선翊善이 되어 경서經書를 강설하여 가왕을 넓히고 계도해 주었었다. 광종이 어느 날 황상에게 이렇게 선유宣喩하였다.

"가왕의 학문이 크게 진보한 것은 모두 경의 공로요."

그러자 황상이 이렇게 말하였다.

"만약 진덕수업進德修業하여 옛 훌륭한 임금의 발자취를 따르시고자 하신다면 모름지기 천하를

〈주자(주희)〉

제일의 학자를 찾아 들이시면 될 것입니다."

광종이 물었다.

"그게 누구요?"

황상은 주희朱熹라고 대답하였다.

上之爲嘉王也. 黃裳爲翊善, 講說開導.

光宗嘗宣喩曰:「嘉王進學, 皆卿之功.」

裳曰:「若欲進德修業, 追蹤古先哲王. 須尋天下第一人乃可.」

問:「爲誰?」

以朱熹對.

(3) 조여우趙汝愚와 한탁주韓侂冑

팽귀년彭龜年이 뒤를 이어 궁료宮僚가 되었는데 그는 매번 강의할 때마다 주희의 학설을 언급하여 가왕은 주희에게 마음을 기울인 지 오래되었다.

주희는 광종 때에 장주漳州태수가 되었다가 뒤에 담주潭州태수가 되었고 다시 호남안무湖南安撫가 되어 있었는데, 영종이 등극함에 이르러 제일 먼저 소환되어 대제겸시강待制兼侍講에 임명되었다. 주희는 오기 전부터 이미 영종의 측근들이 정권을 잡고 일에 간여하여 임금의 필체라 지휘하여 점차 옳지 못한 길로 들어서고 있다는 것을 들어왔던 터라 이를 깊이 근심하고 있었다.

재상 유정留正이 파직되고 조여우가 재상이 되자 한탁주는 앞서 자신이 영종의 즉위에 공이 있었음을 자부하며 차례를 뛰어넘는 특상이 있을

것을 기대하였다. 그러나 조여우는 그가 급하게 승진하는 것을 허락하지
않아 드디어 한탁주는 조여우를 원망하게 되었다.

조여우는 행정을 펴면서 선량한 인물을 끌어들이기에 힘쓰고 요행을
바라는 자는 제재하여 눌렀다. 그리하여 소인들은 점차 조여우를 못마
땅하게 여겨 서로 함께 그를 배척하기 시작하였다.

彭龜年繼爲宮僚, 因講每及熹說. 上傾心已久.

熹在光宗時, 守漳州, 後守潭州, 爲湖南安撫, 至上登極, 首被
召除待制兼侍講. 熹未至, 已聞近習用事, 御筆指揮皆有漸, 深
憂之. 留正罷, 汝愚爲相, 韓侂胄自負有定策功, 希不次之賞.
汝愚不肯驟除, 遂怨. 汝愚爲政, 方務引進善類, 裁抑僥倖. 小人
滋不悅, 相與共排之.

〈악록서원〉 주희가 강학하던 서원으로 송대 사대서원 중의 하나

(4) 주희朱熹가 서울로 오다

주희가 이윽고 서울에 이르자 한탁주를 거스르는 상소를 하였다가 겨우 조정에 온 지 46일 만에 파직되고 말았다. 언관이 주희를 궁사宮祠의 직위에 임명하자 원근의 모든 사람들이 서로 안타깝게 여기면서 이렇게 여겼다.

"천하의 큰 노학자가 이를 버리고 떠나야 한다면 누군들 떠나고자 하지 않겠는가? 만약 옳고 바른 사람이 모두 떠나버린다면 어찌 나라를 다스릴 수 있겠는가?"

이에 조여우가 소매 속에 넣어 가지고 있던 비준된 문서를 꺼내어 영종에게 되돌려 바치면서 간하고 절하고 하였으나 영종은 들어주지 않았다.

한탁주는 주희와 함께 조여우까지 쫓아내려 하였으나 그 명분을 찾기 어려웠다. 그러자 어떤 이가 이렇게 가르쳐 주었다.

"저는 황실과 같은 조씨趙氏로 사직을 위험하게 할 모책을 꾸미고 있다고 거짓을 들이대면 일망타진할 수 있습니다."

한탁주는 이렇다고 여겼다.

조여우는 재상이 된 지 몇 달 만에 파직되고 연이어 멀리 귀양을 갔다가 약을 먹고 죽어버렸다.

한탁주는 이목李沐, 하담何澹, 유덕수劉德秀, 호굉胡紘, 심계상沈繼相 등을 사냥 매나 개처럼 부리고 선량한 자들은 공격하여 남김이 없었다.

이리하여 팽귀년彭龜年, 유광조劉光祖, 장영張穎, 섭적葉適, 서의徐誼, 심유개沈有開, 오렵吳獵, 황유黃由, 황탁黃度, 등일鄧馹, 진부량陳傅良, 누약樓鑰, 정식鄭湜, 이상李祥, 양간楊簡, 여조검呂祖儉, 증삼빙曾三聘, 유중홍游仲鴻, 항안세項安世, 손원덕孫元德, 원섭袁燮, 진무陳武, 왕규王逵, 범중보范仲黼, 황호黃灝, 첨체인詹體仁 등 폄직되거나 축출당한 사람은 이루 다 기록할 수 없을 정도였다.

한탁주는 당인黨人의 성명을 장부에 기록하고 이들을 지목하여 '위학僞學'이라 하였으며 주희를 그 우두머리로 하여 이 장부에 기록된 사람도 수십 명이었다.

채원蔡元도 이에 연좌되었고 주희는 도주道州로 편관編管되었으며 태학생 양굉중楊宏中 등 여섯 명도 역시 상서를 올려 당인을 구하려 하였다는 이유로 편관되고 말았으며, 유정留正은 일찍이 당인을 끌어들였던 적이 있다고 역시 축출되어 멀리 귀양갔다.

유단례兪端禮, 경당京鏜, 사심보謝深甫가 뒤를 이어 재상이 되었다.

朱熹旣至, 上疏忤侂冑, 在朝甫四十六日而罷.

言者以爲熹有宮祠之命, 遠近相弔: 「天下大老去之, 誰不欲去? 若正人盡去, 何以爲國?」

汝愚袖還內批, 且諫且拜不聽. 侂冑欲幷逐汝愚, 而難其名.

或敎之曰: 「彼宗姓, 誣以謀危社稷, 則一網盡矣.」

侂冑然之. 汝愚在相位數月罷. 連貶竄, 服藥以死. 侂冑用李沐·何澹·劉德秀·胡紘·沈繼相等爲鷹犬, 搏擊善類無遺. 彭龜年·劉光祖·章穎·葉適·徐誼·沈有開·吳獵·黃由·黃度·鄧駉·陳傅良·樓鑰·鄭湜·李祥·楊簡·呂祖儉·曾三聘·游仲鴻·項安世·孫元德·袁燮·陳武·汪逵·范仲黼·黃灝·詹體仁等, 貶逐不可勝紀. 籍記黨人姓名, 目曰僞學.

以朱熹爲首, 在籍者數十人. 蔡元定坐. 熹累道州編管, 大學生楊宏中等六人, 亦坐上書救黨人編管, 留正以嘗引用黨人亦黜竄.

兪端禮, 京鏜, 謝深甫, 相繼爲相.

【言者】游仲鴻이었음.
❀ 원주에 呂中은 蔡確과 韓侂冑의 행동에 대하여 매우 비판적으로 논한 내용이 실려 있다.

呂中曰: 「父有天下, 傳歸於子, 此古今之常也. 後世以人臣往往貪天之功, 以爲己有, 非小人之尤者乎? 嘗聞哲廟之立, 本宣仁保佑之賜, 與諸大臣建請之功.
羣憸矯誣, 乃以定策歸功蔡確, 而上謗宣仁, 下累王珪, 遂爲元祐大臣不可解
之禍, 其往轍可鑒矣. 我寧考纂承大統, 蓋慈福宮定計於內. 趙忠定諸臣, 效贊
於外. 佗胄何人? 夤緣戚里, 蒙蔽朝廷, 既攘奪其功, 掩爲己有, 猶且附會言章,
竄之於必死之地, 亦獨何心哉! 然則確與佗胄, 其罪俱不可勝誅矣!」

1193 주희朱熹가 죽고 나자

주희가 경원慶元 경신庚申, 1200년
에 죽었다. 당시 위학僞學의 당인에
대한 금령禁令은 엄하였지만 주희의
장례에 모인 자는 역시 수천 명이었
다. 이에 여조태呂祖泰가 글을 올려
위학에 대한 오해를 씻고자 하였다.

"원컨대 한탁주 및 그 일당 소사단
蘇師旦과 주균周筠을 주벌하시고,
진자강陳自强의 무리를 파면축출
하고 주필대周必大를 불러 등용해
주시기를 바랍니다. 그렇지 않으면
장래를 예측할 수가 없습니다."

〈주자(주희)〉

글이 제출되자 안팎이 크게 놀라 도리어 여조태는 장형杖刑 백百대에
처해지고 얼굴에 자묵刺墨은 하지 않은 채 흠주欽州로 유배되었으며,
주필대도 이 사건에 연좌되어 유배되어 강등되었다.

주희가 죽고 한 해가 지나 당인들에 대한 금령이 조금 풀려 여러
사람이 혹 복직되기도 하여 자유를 얻기도 하였다. 그러나 소멸되고
상처를 입어 변화된 나머지 풍속은 이미 크게 허물어지고 말았다.

○ 朱熹以慶元庚申卒. 時僞學黨禁雖嚴, 會葬者亦數千人.
呂祖泰上書, 論雪僞學:「乞誅侂冑, 及其黨蘇師旦·周筠, 罷逐
陳自强之徒, 召用周必大. 不然, 事將不測.」
書出, 中外大駭. 杖一百不刺面配欽州, 必大亦坐謫降. 熹沒
踰年, 黨禁稍解, 諸人或復官自便. 然消沮變化之餘, 風俗已大
壞矣.

1194 한탁주韓侂胄와 오희吳曦

(1) 은왕성상恩王聖相

사심보謝深甫가 파직되고 진자강陳自强이 재상이 되었다. 한탁주는 태사太師의 직위에 다시 평원군왕平原郡王과 평장국군사平章國軍事라는 직책이 되어 그의 권력은 임금을 기울일 정도였고 위세는 상하를 제압하였다. 복장과 수레는 천자와 같았으며 저택의 꾸밈은 황실의 금원禁苑보다 더 사치스러웠다. 아첨하는 무리는 그를 '은왕성상恩王聖相'이라 부르는 지경에 이르렀고 혹 9장章의 시를 지어 각 장마다 석錫자를 사용하였는데 한탁주도 역시 이를 사양하지 않았다. 이렇게 한탁주의 죄악은 쌓이고 쌓여 마침내 변방을 개척하는 일에 이르러 극에 달하게 되었다.

○ 謝深甫罷, 陳自强爲相. 侂胄以太師平原郡王, 平章軍國事, 權傾人主, 威制上下. 服御擬於乘輿, 土木侈於禁苑. 諛者至稱爲恩王聖相, 或作詩九章, 每章用一錫字. 侂胄亦不辭. 稔積罪惡, 至於生事開邊而極.

【乘輿】천자의 수레를 뜻함.(天子車駕. −원주)

(2) 몽고蒙古의 강성과 오희吳曦

이에 앞서 몽고부蒙古部가 북쪽에서 일어났는데 그들은 금의 세종世宗 때에는 이미 강성해져서 칭제하였었다.

그러다가 금나라에 경瓗이 섰을 때에 이르러 몽고의 군사는 침략했다 하면 곧 승승장구하여 금나라도 비로소 사변이 많아지게 되었다. 한탁주는 금나라에 이와 같은 혼란이 있음을 듣고 중원을 도모할 만하다고 떠들었다.

그 때 오희吳曦라는 사람이 있었는데 전에 촉蜀의 장수 오정吳挺의 아들이며 오린吳璘의 손자이다.

오씨는 대대로 서쪽 국경의 수비를 맡아 위엄이 서촉西蜀에 떨치고 있었다. 이리하여 조정에서는 오씨의 자손을 서울에 머물러 두었는데 대체로 역대 조정의 멀리 내다본 생각에서 나온 일이었다.

오희는 오래 전부터 다른 생각을 가진 지 오래였다. 그리하여 촉으로 돌아가고자 하였으나 허락을 얻지 못하다가 한탁주는 그를 몇 년을 돌려 보내주었는데, 이는 대체로 그로 하여금 서촉에서 군사를 일으켜 금을 치게 하고자 한 것이었다.

先是有蒙古部, 興於北方. 在金世宗時, 已强盛, 稱帝. 至璟立, 蒙古兵來輒長驅, 金始多事. 侂胄聞金有此釁, 謂中原可圖. 有吳曦者, 前蜀帥吳挺之子, 璘之孫也. 吳氏世職西陲, 威行西蜀, 留其子孫於京, 蓋累朝遠慮. 曦有異志久. 欲歸蜀而不許, 侂胄遣歸數年, 蓋欲使由蜀出兵.

【蒙古部】원나라의 옛 칭호이며 뒤에 국호를 '元'으로 바꾸었다.(元國舊號, 後改號元. -원주)

1195 오희吳曦의 모반

　개희開禧 2년(1206년) 병인丙寅, 금을 토벌한다는 조서를 사방의 여러 지방에 고하여 군사를 진군시키도록 하였다.
　오희가 맨 먼저 관외關外의 네 주州를 금나라에 헌납하면서 자신을 촉왕蜀王으로 봉해줄 것을 요구하였다. 그리고 얼마 뒤 그는 황제를 칭하였으나 이호의李好義, 양거원楊巨源이 안병安丙과 밀모한 덕분에 오희는 황제를 참칭僭稱한 지 한 달 넘기고 주벌되었다.

　○ 開禧二年丙寅, 以伐金詔. 告四方諸路進師. 曦首以關外四州獻金, 求封爲蜀王. 尋卽稱帝, 賴李好義·楊巨源, 與安丙密謀, 曦僭號踰月而誅.

【四州】階州, 成州, 秦州, 鳳州.
【丙寅】이 해(1206년)가 元 太祖(孛兒只斤鐵木眞)가 처음으로 칭제한 원년이다. (是歲元太祖始稱元年. −원주)

1196 원元 태조太祖 테무진鐵木眞

이 해(1206년), 원 태조가 알난하斡難河 상류에서 즉위하였다. 태조는 성은 기악온奇渥溫씨이며 휘諱는 테무진鐵木眞, 乳兒只斤鐵木眞으로 몽고부 사람이다. 그의 조상은 대대로 몽고부의 추장이었으며 태조 테무진의 아버지는 야속해也速該라 하였으며, 비로소 여러 부락을 합쳐 더욱 강대하게 되었다.

뒤에 야속해에게 열조신원황제烈祖神元皇帝라는 시호를 추증하였다. 신원황제 야속해는 처음에 타타르塔塔兒 부족을 정벌하여 그 추장 테무진鐵木眞을 사로잡았다.

마침 신원황제의 아내 선의황후宣懿皇后 월륜月倫이 태조를 낳았다. 그 아이는 손에 굳어진 핏덩어리를 쥐고 있었는데 마치 붉은 돌과 같았다. 신원황제 야속해는 이상히 여겨 그로 인해 사로잡았던 테무진의 이름을 따서 그 아들의 이름을 삼았다. 이는 타타르족을 정벌한 무공武功을 기념한 것이었다.

원년元年, 테무진은 여러 부족 왕과 신하들과 큰 대회를 열어 구유백기九游白旗를 세워 놓고 즉위하였다. 신하들은 공동으로 그에게 칭기즈成吉思 황제라는 존호를 올렸다. 이때가 금 장종章宗 태화泰和 6년이었다.(1206년)

○ 是歲元太祖卽位. 於斡難河之源. 太祖姓奇渥溫氏, 諱鐵木眞. 蒙古部人也. 其先世爲蒙古部長, 至太祖之父, 曰也速該, 始倂呑諸部落, 愈强大. 後追諡曰烈祖神元皇帝. 初神元征塔塔兒部, 獲其部長鐵木眞. 宣懿后月倫適生太祖, 手握凝血, 如赤石. 神元異之, 因以所獲鐵木眞名之, 志武功也.

元年, 大會諸王羣臣, 建九游白旗卽位. 羣臣共上尊號曰成吉思皇帝. 時金章宗泰和六年也.

〈징기스칸〉

1197 금군金軍에게 대패하고
한탁주韓侂胄를 철퇴로 쳐죽이다

정묘丁卯 개희開禧 3년(1207년), 당시 북벌에 나서 금과 싸운 여러 군사들은 가는 곳마다 궤멸하여 퇴각하지 않은 부대가 없었다. 금나라가 크게 군사를 일으켜 연달아 촉蜀, 한漢, 형荊, 양襄, 양회兩淮의 여러 군을 함락해오자 동남쪽이 크게 떨었다.

이에 급히 자주 금나라에 사신을 보내어 사죄를 통고하였으나 한탁주의 군사놀이는 오히려 그치지 않아 안팎이 모두 걱정하였다. 그리하여 드디어 흉적 한탁주를 죽여야 한다는 의논이 일어났다.

황후 양씨楊氏는 학문도 있었고 고금의 역사에 대하여 통달하고 있었다.

당시 시랑 사미원史彌遠이 은밀히 계책을 세웠고 밀지密旨가 궁중에서 내렸는데 이는 모두가 황후가 실질적으로 지시한 것이었다.

어느 날 한탁주가 궁중에 들어오자 사미원은 어전병의 수장 하진夏震으로 하여금 무기로 그가 오는 길을 맞아 이를 에워싸서 옥진원玉津園으로 나가 철퇴로 쳐 죽이도록 하였다.

○ 丁卯開禧三年, 時北伐諸軍, 所向無不潰敗而退. 金人大發兵, 連陷蜀漢荊襄兩淮諸郡, 東南大震. 亟遣使通謝於金, 而侂胄弄兵之意猶未已, 中外患之. 遂有誅兇之議. 皇后楊氏, 知書史通古今. 當時侍郎史彌遠建密策, 而旨從中出者, 皆后實爲之. 一日侂胄入朝, 彌遠使殿帥夏震, 以兵邀之塗, 擁出玉津園, 椎殺之.

【丁卯】원 태조 2년에 해당한다.(元太祖二年. ─원주)

1198 원 태조의 정벌 시작

이에 앞서 원 태조는 서하西夏, 襄宗 趙安全를 정복하여 역길리새力吉里塞를
함락시키고 돌아왔었는데 이 가을에 이르러 다시 이를 정벌하였다.

○ 先是, 元太祖征西夏, 拔力吉里塞而還. 至是秋再征之.

1199 한탁주 머리를 상자에 넣어 금에게 사죄하다

무진戊辰 가정嘉定 원년(1208년), 진자강陳子强이 귀양가 죽고 소사단蘇師旦
은 참형에 처해졌으며 주균周筠은 귀양보내기로 결정하였다. 한탁주의
머리를 상자에 넣어 금나라에게 사죄하여 화의를 다시 성립되었다.

전상조錢象祖가 재상이 되고 사미원史彌遠도 여러 차례 승진하여 전상조
와 나란히 재상이 되었으나 전상조는 파직되고 사미원 홀로 재상이
되었다.

○ 戊辰, 嘉定元年, 陳自强竄死, 蘇師旦處斬, 周筠決配. 侂冑
函首謝金, 和議復成. 錢象祖爲相, 史彌遠累遷, 與象祖並相,
相祖罷, 彌遠獨相.

【丙辰】원 태조 3년(1208)에 해당한다.(元太祖三年. −원주)

● 《宋鑑》의 義에는 한탁주의 죽음에 대하여 이렇게 평하였다.

宋鑑義曰:「庶人之讐, 釋記禮者, 猶可盡五世, 矧有天子乎? 齊襄復九世之讐,
春秋大之. 我宋之於金, 不共戴天之讐也. 侂冑無謀浪戰, 固可罪矣. 然乃至於函
首乞和何也? 當時太學諸生詩曰:『鼂錯旣誅終叛漢, 於期已入竟凶燕.』此但
以利害言耳, 未嘗以名義言也.」

● 呂中은 金나라의 끝없는 요구를 들어준 점에 대하여 이렇게 평하였다.

呂中曰:「和戎, 國家之不得已也. 然必有折其氣, 而後可以要其成. 眞宗鑾輿
親征, 達覽授首, 是以有紹興之和, 嘉定之和, 彼欲得權幸之首, 則與之; 彼欲
增歲幣之數, 則與之. 屈己而料犬羊詐, 寧無易我之心乎?」

1200 금金 세종世宗

금의 장종章宗 경完顔璟이 재위 27년 만에 죽었다.(1208) 아들이 없어 세종世宗, 完顔雍의 서자 윤제完顔允濟을 세웠다. 윤제는 경璟에게 숙부였다.

○ 金章宗璟在位二十年而殂. 無子, 立世宗之別子允濟. 於璟爲叔.

1201 테무진의 서하西夏 정벌

기사己巳 嘉定 2년(1209년) 봄, 원 태조(테무진)가 하서河西로 공격해 들어와 여러 차례 서하西夏의 군사를 깨뜨렸다. 서하의 군주 이안전李安全, 趙安全은 자기의 딸을 바쳐 화의를 청하였다.

○ 己巳, 嘉定二年, 春, 元太祖入河西, 屢破西夏兵. 夏主李安全納女請和.

【己巳】원 태조 4년(1209년)이다.(元太祖四年. −원주)

1202 금金과 원元의 국교단절

경오庚午 가정嘉定 3년(1210년), 금은 원나라를 칠 계획을 세우고 오사보烏沙堡를 쌓았다. 태조(테무진)는 장수를 파견하여 그 무리를 습격, 살해하여 드디어 금나라 지역을 경략하여 동쪽으로 나가기 시작하였다.

처음 태조 테무진은 금에 세폐歲幣를 바쳤었다. 금의 황제(장종) 完顏璟는 위왕衛王 윤제完顏允濟로 하여금 정주靜州에 가서 그것을 받게 하였다.

태조 테무진이 윤제를 만나 예를 행하지 않자 윤제는 노하여 돌아와 군사를 청하여 원元을 공격하고자 하였다.

그런데 마침 금의 황제 장종 경이 죽고 윤제가 그 뒤를 잇게 되자 그는 조서를 원나라에 보냈다. 그 말을 전하는 자가 왔을 때 역시 배례를 해야 하지만 태조 테무진은 금의 사신에게 이렇게 물었다.

"새 황제는 누구냐?"

사신이 대답하였다.

"위왕衛王 윤제입니다."

그러자 태조 테무진은 갑자기 남면南面하여 침을 뱉으며 이렇게 말하였다.

"나는 지금까지 중원의 황제는 하늘에서 내려오는 자가 하는 것인 줄 여겼더니 이런 자도 역시 황제가 된단 말이냐? 어찌 절을 한단 말이냐?"

그리고는 말을 채찍질하여 북쪽으로 떠나버렸다.

금의 사신이 돌아와 보고하자 황제 윤제는 더욱 노하여 테무진이 다시 공물을 바쳐 오면 그 때를 기다려 죽이고자 하였다. 태조 테무진은 이를 알고 마침내 금과 국교를 끊어버렸다.

○庚午, 嘉定三年. 金謀討元, 築烏沙堡. 太祖遣將, 襲殺其衆, 遂略地而東.

初太祖貢歲幣于金, 金主使衛王允濟, 受貢于靜州. 太祖見允濟不爲禮, 允濟怒, 歸欲請兵攻之. 會金主璟殂, 允濟嗣位. 有詔至國, 傳言當拜.

太祖問金使曰:「新君爲誰?」

曰:「衛王也.」

太祖遽南唾曰:「我謂中原皇帝, 是天上人做. 此等亦爲之耶? 何以拜爲?」

卽策馬去. 金使還言, 允濟益怒, 欲俟太祖再入貢而害之.

太祖知之, 遂與金絶.

【庚午】원 태조 5년(1210년)이다.(元太祖五年. －원주)

1203 태조가 해마다 금金을 공격하다

신미辛未 가정 4년(1211년) 봄, 원 태조가 남침하여 금군을 패배시키고 말을 감독하는 여러 관리를 습격하여 그 말들을 몰고 돌아갔다. 이로부터 원은 해마다 금의 여러 고을을 공격하여 취하였다.

○ 辛未, 嘉定四年春. 元太祖南侵, 敗金兵, 襲羣牧監. 驅其馬而還. 自是連歲攻取金州郡.

【辛未】원 태조 6년(1211년)이다.(元太祖六年. -원주)

1204 공격을 받지 않는 해가 없었다

계유癸酉 가정 6년(1213년), 금주 위소왕衛紹王 윤제完顔允濟는 재위 5년 동안에 원의 침략을 받지 않은 해가 없어 거의 지탱할 수가 없었다. 게다가 장졸들의 신망을 잃어 결국 대장胡沙虎에게 살해당하고 동해군후 東海軍侯로 추폐追廢되고 말았다. 금은 풍왕豊王 순完顔珣을 세웠다. 이는 경(장종의 형)이며, 이가 선종宣宗이다.

태조(테무진)는 군사를 세 길로 나누어 함께 진공하여 연남燕南과 산동 山東, 하북河北의 50여 군郡을 빼앗았다.

○ 癸酉, 嘉定六年, 金主衛紹王允濟, 在位五年, 無歲不受兵, 幾不能支. 且失將士心, 爲大將所弒, 追廢爲東海郡侯. 立豊王珣, 璟之兄也. 是爲宣宗. 太祖分兵三道, 並進取燕南·山東·河北 五十餘郡.

【癸酉】원 태조 8년(1213년)이다.(元太祖八年. -원주)

1205 금金의 쇠락

(1) 몽고에 시달리기 시작하다

갑술甲戌 가정 7년(1214년), 원 태조는 연성燕城의 북쪽에 말을 멈추어 주둔하였다. 금주宣宗는 기국공주岐國公主와 동남동녀 각 5백 명, 말 3천 필과 금백金帛을 바치며 화의를 청하여 비록 허락을 얻기는 했지만 연燕에서 자립自立해 있을 수가 없음을 알고 5월에 변汴으로 서울을 옮겼다. 그리고 승상 완안복흥完顔福興을 태자 수충守忠을 보좌하도록 연에 남아 있도록 하였다. 태조 테무진이 대군을 보내어 연을 포위하자 태자 수충은 변으로 달아났다. 그 뒤 1년 만에 연경燕京은 함락되었다. 원의 군사는 하동河東으로부터 하수河水를 건너 남으로 내려가 변에서 20리 되는 곳까지 갔다가 북으로 돌아갔다.

○ 甲戌, 嘉定七年. 元太祖駐蹕燕北. 金主以岐國公主, 及童南女五百, 馬三千兼金帛, 以獻乞和. 雖見許, 度不能自立於燕, 五月遷于汴. 留丞相完顔福興, 輔太子守忠居燕.

太祖遣兵圍之, 守忠走汴. 後一年, 而燕京陷. 元兵自河東渡河而南, 距汴二十里而去.

【甲戌】원 태조 9년(1214년)이다.(元太祖九年. ─원주)

⑵ 충의병忠義兵을 모집하다

금은 이로부터 지세가 더욱 촉박하게 좁아졌다. 그리고 산동을 지키던 장수가 배반하여 동쪽은 하수가 막아주고 서쪽은 동관潼關이 막아주고 있을 뿐이었다. 그리하여 금은 송의 사천四川, 촉蜀, 회淮, 한漢을 엿보며 그쪽으로 영토를 확장하고자 드디어 맹약을 깨뜨리고 송으로 침략해왔다. 이에 송나라는 황방黃榜을 내걸어 충의忠義 병사를 모집하여 토벌에 나서게 되었다. 동경로東京路의 충의군 이전李全이 무인년戊寅年에 무리를 이끌고 모집에 응하였다. 이전은 본래 연수현漣水縣의 궁수弓手로서 개희開禧 을축乙丑 1205년간에도 모집에 응하여 그곳의 금군을 화공火攻으로 수복하였었다.

金人自是地勢益蹙. 山東叛之, 東阻河, 西阻潼關而已. 欲窺宋川蜀淮漢以自廣, 遂敗盟來侵. 宋以黃榜募忠義人, 進討. 京東路忠義李全, 以歲戌寅, 率衆來歸. 全本漣水縣弓手, 在開禧乙丑間, 已嘗應募焚其縣矣.

【漣水縣】安東州에 속한다.

1206 원元의 목화려木華黎

정축丁丑 가정 10년(1217년), 원은 목화려木華黎를 태사太師로 삼고 국왕
魯國王에 봉하여 여러 군사를 거느리고 남정南征토록 하였다. 그는 먼저
대명부大名府를 이기고 익도益都, 치주淄州, 내주萊州 등을 평정하였다.

○ 丁丑, 嘉定十年, 元以木華黎爲太師, 封國王, 率諸軍南征.
克大名府, 定益都·淄·萊等州.

【丁丑】원 태조 12년(1217년)이다.(元太祖十二年. -원주)
【木華黎】亂刺兒氏로 阿難水의 동쪽에 살았다. 사람됨이 勇毅하여 智略이 풍부
하고 원숭이처럼 팔이 길어 활을 잘 쏘았는데 二石 무게의 강한 활을 당길
수 있었다. 博尒木, 博尒忽, 赤老溫 등 네 사람이 太祖를 섬겨 모두가 忠勇으로
이름이 나 '撥里班曲律'이라
하였다. 이 말은 중국어로
'四傑'이라는 뜻이다. 征戰의
공이 많아 魯國王에 봉해졌으
며 시호는 忠義, 그 아들 宇魯
가 이어받았다.(亂刺兒氏, 居
阿難水東. 爲人勇毅, 多智略,
猿臂善射, 挽弓二石强. 與博
尒木, 博尒忽, 赤老溫事太祖,
俱以忠勇稱, 號撥里班曲律,
猶華言四傑也. 其征戰功多,
封魯國王, 諡忠義, 子宇魯嗣.
-원주)

〈단연지맹〉을 축하하는 그림 《北寨宴射圖》

1207 금을 치고 서하西夏를 공략

무인戊寅 가정 11년(1218년), 원의 목화려는 금의 서경西京으로부터 하동河東으로 들어와 태원太原, 평양平陽 및 흔주忻州, 대주代州, 택주澤州, 노주潞州 등에서 승리하였다. 이 해에 서하西夏를 쳐 그 왕성王城을 포위하자 서하의 임금 이준욱李遵頊은 서경으로 달아났다.

○ 戊寅, 嘉定十一年, 元木華黎, 自西京入河東, 克太原·平陽, 及忻·代·澤·潞等州. 是歲伐西夏, 圍其王城, 夏王李遵頊走西京.

【戊寅】원 태조 13년(1218년)이다.(元太祖十三年. -원주)

1208 고려高麗의 항복

고려왕高麗王, 高宗 돈王暾이 원에 항복하여 해마다 방물方物을 바치겠다고 청하였다.(1218년)

○ 高麗王暾降于元, 請歲貢方物.

1209 서역西域 친정

기묘己卯 가정 12년(1219년), 서역西域이 원나라 사신을 죽이자 태조가 친정에 나섰다.

○ 己卯, 嘉定十二年, 西域殺元使者, 太祖親征.

【己卯】원 태조 14년(1219년)이다.(元太祖十四年. ―원주)

1210 목화려木華黎의 영토 순회

경진庚辰 가정 13년(1220년), 원의 목화려木華黎가 영토를 돌아 진정眞定에 이르렀다가 다시 하북河北의 여러 군을 순회하였다.

○ 庚辰, 嘉定十三年, 元木華黎徇地至眞定, 又徇河北諸郡.

【庚辰】원 태조 15년(1220년)이다.(元太祖十五年. -원주)

1211 금나라 화의 요청 거부

임오壬午 가정 15년(1222년), 원 태자 타뢰拖雷가 서역의 여러 성을 빼앗아 드디어 태조(테무진)와 만나게 되었다.

가을, 금의 황제가 다시 사신을 보내어 화의를 청하였다. 태조(테무진)는 그때 회골국回鶻國 위구르에 있었는데 이렇게 말하였다.

"내가 지난 날 너희 왕에게 하삭河朔 땅은 나에게 주고 너희 왕을 하남왕河南王으로 삼아 서로 전쟁을 그만두자고 하였지만 너희 왕이 따르지 않았다. 지금 목화려가 이미 그 땅을 모두 취하였는데 이제야 비로소 화의를 청한단 말이냐?"

그리고 드디어 허락하지 않았다.

○ 壬午, 嘉定十五年, 元太子拖雷, 克西域諸城, 遂與太祖會. 秋金主復遣使請和.

太祖時在回鶻國, 謂之曰: 「我向令汝主, 授我河朔地; 令汝主, 爲河南王. 彼此罷兵, 汝主不從. 今木華黎已盡取之, 乃始來請耶?」

遂不許.

【壬午】원 태조 17년(1222년)이다.(元太祖十七年. −원주)

1212 목화려木華黎가 죽다

계미癸未 가정 16년(1223년) 봄 3월, 원나라 태사太師 노국왕魯國王 목화려木華黎가 죽었다.

○ 癸未, 嘉定十六年, 春三月. 元太師, 魯國王木華黎卒.

【癸未】원 태조 18년(1223년)이다.(元太祖十八年. −원주)

1213 다루가치達魯花赤 설치

5월, 원은 처음으로 다루가치達魯花赤라는 관직을 두어 군현郡縣을
감독하게 하였다.

○ 五月, 元初置達魯花赤監治郡縣.

1214 금 장종章宗 죽다

금의 장종章宗 순完顔珣이 재위 12년으로 죽어(1223년) 태자 수서完顔守緒가 섰다. 이가 애종哀宗이다.

○ 金章宗珣, 在位十二年而殂. 子守緒立, 是爲哀宗.

1215 각단角端이라는 이수異獸

갑신甲申 가정 17년(1224년), 원 태조(테무진)가 동인도東印度에 이르러 철문관鐵門關에 주둔하였다.

그런데 짐승 한 마리가 나타났는데 사슴 형상에 말의 꼬리로 녹색에 뿔이 하나였으며 능히 사람의 말을 하는 것이었다. 이 짐승이 테무진의 시위侍衛에게 이렇게 말하는 것이었다.

"너희 임금은 빨리 본국으로 돌아가야 한다."

태조가 야율초재耶律楚材에게 묻자 그는 이렇게 말하였다.

"이 짐승은 이름을 '각단角端'이라 하며 능히 사방 여러 나라의 말을 합니다. 남을 살리기를 좋아하고 죽이는 것을 싫어합니다. 이는 하늘이 부적을 내려 폐하께 고하는 것이니, 원컨대 천심을 좇아 이 몇 나라 백성의 목숨을 살려주시기 바랍니다."

태조는 그 날로 군사를 돌이켰다.

○ 甲申, 嘉定十七年, 元太祖至東印度, 駐鐵門關.

有一獸, 鹿形馬尾, 綠色而一角, 能作人言, 謂侍衛者曰:「汝主宜早還.」

太祖以問耶律楚材, 曰:「此獸名角端, 能言四方語, 好生而惡殺. 此天降符以告陛下, 願承天心, 宥此數國人命.」

太祖卽日班師.

【甲申】원 태조 19년(1224년)이다.(元太祖十九年. ─원주)

1216 송 영종寧宗이 죽다

정축丁丑 1217년 이래로 송은 금과 싸워 비록 승패를 번갈아 하였지만 나라의 세 곳 변방은 한 해도 그 소요를 입지 않는 해가 없었다.

영종寧宗은 재위 30년, 연호를 네 번 바꾸었다. 영종은 겸공謙恭하고 인자하며 검소하여 처음부터 끝까지 한결같았다. 그러나 경원慶元, 가태嘉泰, 개희開禧의 13년 동안은 한탁주漢侂冑가 정치를 하였고, 가정嘉定의 17년 동안은 사미원史彌遠이 정치를 하였다.

나이 57살로 죽어(1224년) 사미원이 후사를 결정하여 세웠다. 이가 이종황제理宗皇帝, 趙昀, 趙昀이다.

○ 自歲丁丑以後, 宋與金戰, 雖迭有勝敗, 然三邊無歲不被其擾. 上在位三十年, 改元者四. 謙恭仁儉, 終始如一. 然慶元·嘉泰·開禧, 凡十三年, 則侂冑之政; 嘉定十七年, 則彌遠之政. 壽五十七而崩. 彌遠定策立嗣, 是爲理宗皇帝.

5. 理宗皇帝

❀ 理宗. 宋(南宋)의 제5대 황제.

趙昀. 1224년~1264년 재위.

1217 이종황제理宗皇帝

(1) 양자로 이어지는 혈통

이종황제理宗皇帝는 처음 이름이 여거趙與莒였으며 종실이 추봉하였던 형왕榮王 시호 문공文恭인 조희로趙希瓐의 아들이며 태종太宗의 10대손이다. 영종寧宗은 아들이 많았지만 모두 제대로 자라지 못하고 죽어 종실의 혈통을 이어받은 아들을 길렀는데, 그가 순趙詢이며 이를 태자로 삼았으나 그도 일찍 죽었다.

처음에 영종의 종제 기국沂國의 정혜왕靖惠王 병趙柄이 아들이 없어 한때 종실의 아들趙均을 양자로 삼아 귀화貴和라는 이름을 하사하여 뒤를 잇게 하였는데, 태자 순이 죽자 드디어 귀화를 황자皇子로 삼아

〈송 이종〉《三才圖會》

횡趙竑이란 이름을 하사하고 제국공濟國公에 봉하였었다.

理宗皇帝:

初名與莒, 宗室追封榮王, 諡文恭, 希瓐之子, 太宗十世孫也.
寧宗子多而不育, 鞠宗室子, 名詢, 立爲太子, 薨.

初皇從弟沂靖惠王柄無子, 嘗以宗室子, 賜名貴和, 爲之後,
及失太子詢, 遂立貴和爲皇子. 賜名竑, 封濟國公.

【宗室】이때 理宗의 아버지가 죽어 형왕(榮王)으로 추봉하였으며 시호를 文恭이라
하였다. 살았을 때의 이름은 希瓐였다.(是時理宗父已死, 追封, 爲榮王, 諡曰文恭,
生名希瓐. ―원주)
【靖惠】趙柄의 시호.

(2) 저 아이는 마치 임금 같구나

황자 횡은 총명하면서도 경솔하여 일찍이 재상 사미원이 정치를
독단하는 것을 미워하여 이렇게 말하였다.
"뒷날 용서하지 않을 것이다."
사미원이 이를 듣고 증오하여 그 때문에 몰래 계책을 세웠던 것이다.
여거는 어릴 때부터 놀기를 좋아하지 않았으며 여러 아이들과 모여
놀 때면 문득 홀로 높은 곳에 올라가 앉아 움직이지도 않았다. 어른들은
이를 보고 여러 아이들을 지적하여 이렇게 말하였다.
"너희들은 여거를 본받지 않느냐? 저 아이는 마치 임금 같구나."
이에 아이들은 그 때마다 줄을 서서 그 아래에서 절을 하곤 하였다.
그리하여 마침내 '조대왕趙大王'이라 별호를 붙었다.
사미원은 이 소문을 듣고 여거를 찾아내어 그에게 과거에 응하게
하여 이를 취하여 특지特旨로 관직에 보임시켰다.

그러나 횡은 이미 영종의 양자가 되어 있어 드디어 여거를 기왕의 후사後嗣로 삼아 귀성貴誠이라는 이름을 하사해 주어 소주방어사邵州防禦使에 임명하게 되었다.

영종이 죽음에 이르게 되자 사미원은 중궁中宮 태후에게 아뢰어 귀성貴誠을 황자로 삼아 이름을 윤趙昀, 趙昀으로 바꾸고 영종의 유조遺詔를 선포하여 즉위토록 한 것이다.(1224년)

대신 횡趙竑을 제양군왕濟陽郡王에 봉하고 영국부寧國府의 판사로 삼아 내보내 버렸다.

공성인열양후恭聖仁烈楊后는 새 임금理宗과 함께 조정에서 수렴청정垂簾聽政하다가 일이 안정된 연후에 발을 거두어 물러났다.

竑慧而輕, 嘗疾史彌遠專權, 謂:「異日不可容.」

彌遠聞而惡之, 故陰爲之計.

與莒幼不好弄, 羣兒聚嬉, 輒獨登高坐不動.

長上見者, 指以語羣兒曰:「汝曹不效此人? 恰一大王相似.」

羣兒每羅拜其下, 遂有趙大王之號. 彌遠物色得之, 嘗取應得擧矣, 特旨補官. 竑旣爲寧宗子, 遂以與莒, 爲沂王後, 賜名貴誠, 除邵州防禦使. 寧宗大漸, 乃白中宮, 以貴誠爲皇子, 改名昀, 宣遺詔卽位.

進竑濟陽郡王, 出判寧國府. 恭聖仁烈楊后, 同聽政, 事定然後撤簾.

【邵州】湖南에 속하며 지금의 寶慶府.
【中宮】楊后를 가리킴.
【寧國府】宣州.
【楊后】寧宗의 皇后.

1218 이전李全의 거병

을유乙酉 보경寶慶 원년(1225년), 당시 밖에는 논의가 들끓어 그 중에는 난을 일으켜 제양왕 횡을 옹립하고자 하는 사람도 있었으나 일을 이루지 못하고 모두 죽음을 당하였다.

이전李全은 초주楚州에서 제치사制置使 허국許國과 서로 사이가 좋지 않아 허국을 죽이고, 그 역시 사미원의 죄를 묻는다는 구실로 거병하여 남으로 향해 양주楊州를 포위하고 이를 거의 함락시키게 되었다.

○ 乙酉, 寶慶元年, 時外議籍籍, 有謀作亂立竑者, 事不克皆死. 李全在楚州, 與制置許國相失, 殺國, 亦以問罪爲辭, 擧兵南向圍楊州, 幾陷.

【乙酉】원 태조 20년(1225년)이다.(元太祖二十年. ―원주)
【外議籍籍】사미원이 황자를 폐한 일로 말이 많았음.
【制置】制置使.
【許國】사람 이름.

1219 사타沙陀를 넘어

병술丙戌 보경寶慶 2년(1226년), 원 태조(테무진)가 서하西夏를 쳐서 감숙甘肅 등 여러 주를 취하고 드디어 사타沙陀를 넘어 황하 구도九渡에 이르렀다.

○ 丙戌, 寶慶二年, 元太祖伐西夏, 取甘肅等州, 遂踰沙陀至 黃河九渡.

【丙戌】원 태조 21년(1226년)이다.(元太祖二十一年. —원주)

1220 서하西夏를 멸하다

정해丁亥 보경 3년(1227년), 원이 서하를 멸하고 그 군주 이현李晛을 잡아 돌아갔다.

○ 丁亥, 寶慶三年, 元滅夏, 以夏主李晛歸.

【丁亥】원 태조 22년(1227년)이다.(元太祖二十二年. −원주)

1221 태조 칭기즈 칸(테무진)의 유언

7월(1227년), 원의 태조(테무진)가 감숙甘肅의 육반산六盤山에서 죽었다. 그는 죽음에 이르러 좌우에게 이렇게 유언하였다.

"금나라 정병이 동관潼關에 있는데 남쪽으로는 산이 둘러 있고 북쪽은 태하太河, 황하가 막혀 있어 당장 깨뜨리기는 어렵다. 송나라에게 길을 빌려달라는 것만 못하다. 송과 금은 대대로 원수이니 틀림없이 능히 우리의 부탁을 허락할 것이니 그렇게 되면 당주唐州와 등주鄧州로 곧바로 진격하여 변경汴京을 공략할 수 있다. 변경이 급해지면 금은 틀림없이 동관의 군사를 동원하여 변경을 구원하러 갈 것이다. 그러나 수만 명 대군이 천 리 길을 행군하게 되어 사람과 말이 지쳐 비록 도착한다 해도 능히 싸울 수 없게 된다. 그러니 이들을 깨뜨리는 것은 틀림없게 될 것이다."

말을 마치고 태조는 숨을 거두었다.

태조 칭기즈 칸은 재위 22년에 나이 66살이었다. 기연곡起輦谷에 장사지냈다. 지원至元 2년(1265년) 겨울, 그를 성무황제聖武皇帝라는 추시追諡하고 묘호廟號를 태조太祖라 하였다. 태조는 깊이 있고 침착하며 큰 지략이 있었으며 용병은 신과 같았다. 그리하여 40여 나라를 멸하여 그 공적이 심히 많았다. 역사의 기록이 자세하지 않으니 애석한 일이다!

○ 七月, 元太祖殂于六盤山.

臨殂謂左右曰:「金精兵在潼關, 南據連山, 北限太河, 難以遽破, 莫若假道于宋. 宋金世讎, 必能許我, 則下兵唐鄧, 直擣汴京. 汴急, 必徵兵潼關. 然以數萬之衆, 千里赴援, 人馬疲弊, 雖至弗能戰, 破之必矣.」

言訖而殂. 在位二十二年, 壽六十六. 葬起輦谷.

至元二年冬, 追諡曰聖武皇帝, 廟號太祖. 太祖深沉有大略用兵如神, 故能滅國四十, 其勛績甚眾. 史之紀載不備, 惜哉!

1222 원 태종太宗의 즉위

태조가 이미 죽고 당시의 황자 오고타이窩闊台, 孛兒只斤窩闊台는 곽박
霍博에 머물러 있어 국정을 맡아볼 사람이 없었다. 이에 황자 타뢰拖雷,
孛兒只斤拖雷가 나라를 감독하며 황태자가 돌아오기를 기다려 이를 세웠다.

그리고 2년이 지나 황태자가 비로소 즉위하였다.(229년) 이가 태종太宗
이다.

○ 太祖旣殂, 時皇子窩闊台, 留霍博之地, 國事無所屬. 皇子
拖雷監國, 以俟皇太子至而立之. 越二年皇太子始立, 是爲太宗.

1223 태종 오고타이窩闊台

 기축己丑 소정紹定 2년, 원 태종은 이름이 오고타이窩闊台이며 태조(칭기즈 칸)의 셋째아들이다. 어머니는 광헌황후光獻皇后 홍길랄씨弘吉剌氏였다.

 이 해 여름에 아버지 상을 치른 다음, 홀로반설부지忽魯班雪不只에 이르자 황태제皇太弟 타뢰가 찾아와 뵈었다. 이에 여러 왕과 백관을 모아 대회를 열어 태조의 유언에 따라 오고타이가 즉위하였다. 비로소 조정의 의례를 정하여 황족의 존속들이 모두 나아가 줄을 서서 황제에게 배례하였다.

 ○ 己丑, 紹定二年, 元太宗名窩闊台, 太祖第三子. 母曰光獻皇后弘吉剌氏.

 是歲夏奔喪, 至忽魯班雪不只之地, 皇弟拖雷來見. 大會諸王百官, 以太祖遺詔卽位. 始立朝儀, 皇族尊屬, 皆就班以拜.

【己丑】 원 태종 원년(1229년)이다.(元太宗元年. ─원주)
【見】 '현'으로 읽음.(現. ─원주)

1224 창름倉廩을 설치하고 역驛을 세우다

원은 비로소 창름倉廩을 설치하고 또 역驛을 세워 명령을 전달하게
하였다.

○ 元始置倉廩, 立驛傳命.

1225 금나라 정벌에 나서다

경인庚寅 소정 3년(1230년), 원나라는 군사를 파견해서 경조京兆를 취하도록 하였다. 7월, 태종이 친히 장수가 되어 금을 공격하였다. 황태제 타뢰와 조카 몽가蒙哥도 각각 군사를 거느리고 이에 따랐다.

○ 庚寅, 紹定三年, 元遣兵取京兆. 七月太宗自將伐金, 皇弟拖雷, 姪蒙哥, 帥師從.

【庚寅】원 태종 2년(1230년)이다.(元太宗二年. −원주)

1226 이전李全을 토벌하다

신묘辛卯 소정 4년(1231년) 정월 봄, 조범趙范과 조규趙葵가 양주揚州 성 아래에서 이전李全을 크게 격파하였다. 당시 마침 상원절上元節이라 등을 달고 이전은 평산당平山堂에서 크게 연회를 벌이고 있었다. 성 안에서 첩자가 이를 알려오자 밤에 군사를 보내어 뜻밖의 출격으로 이를 쳐 없애버렸다. 이전은 황급히 달아나다가 환호環濠에 빠져 혼란 속에 창에 찔려 죽었고 나머지는 북쪽으로 달아나 버렸다.

○ 辛卯, 紹定四年春, 趙范·趙葵, 大敗李全于楊州城下. 時屬 上元張燈, 全置酒高會于平山堂. 城中諜知, 夜遣兵, 出其不意 刦之. 全走陷于濠, 爲亂槍所斃, 其餘奔走北去.

【辛卯】원 태종 3년(1231년)이다.(元太宗三年. −원주)

1227 송나라가 원나라 사신을 죽이다

  2월, 원 태종은 봉상鳳翔을 함락시키고 낙양洛陽과 하중河中의 여러
성을 공격하여 함락시켰다. 5월, 원이 송에게 사신을 보내어 길을
빌려달라 하자 송은 그 사신을 죽여버렸다.

○ 二月, 元太宗克鳳翔, 攻洛陽·河中諸城下之. 五月, 元遣
使來假道, 宋殺之.

1228 중서령中書令 야율초재耶律楚材

8월에 원은 비로소 중서성中書省을 설치하고 벼슬 이름을 고쳤다. 이리하여 야율초재耶律楚材를 중서령中書令으로 삼고 점합중산粘合重山을 좌승상左丞相으로, 그리고 진해鎭海를 우승상右丞相으로 삼았다.

○ 八月, 元始立中書省, 改從官名. 以耶律楚材爲中書令. 粘合重山爲左丞相, 鎭海爲右丞相.

【耶律楚材】耶律楚材는 자가 晉卿이다. 遼東丹王 突欲의 8세손이며 金나라 尚書 右丞 履之의 아들이다. 太祖가 천하를 통일할 뜻을 품고 일찍이 遼나라 宗室을 방문하여 楚材를 불러 물었다. "遼와 金은 대대로 원수지간이다. 내 너를 위해 원한을 갚아주겠다." 그러자 楚材는 "신은 조부 이래로 북면하여 이를 섬겼습니다. 이미 신하가 되었는데 어찌 두 마음을 품어 아버지 원수를 갚겠다고 하겠습니까?" 라 하였다. 태조는 그 말을 중히 여겨 그를 곁에 있도록 하여 언제나 만나 물을 수 있도록 하였다. 초재는 여러 책을 읽어 天文地理와 律歷 術數는 물론 불교, 도가, 의학, 점술 등 모르는 것이 없었다. 夏人 常八斤이라는 자가 활을 잘 만들어 이를 태조에게 알려 만나도록 하자 그는 "나라가 바야흐로 무력에 힘쓰는 때에 야율 같은 儒者를 어디에 쓰겠습니까?"라 하였다. 그러자 초재도 역시 "활을 다스리는 일은 활을 만드는 자를 숭상하는 데에서 비롯됩니다. 어찌 천하의 궁장을 활용하지 않습니까?"라 하였다. 태조는 이를 듣고 매우 기뻐하여 날마다 그를 친히 하여 썼다. 한번은 西域 사람과 월식을 점칠 일이 있었는데 서역 사람이 "모일 밤에 월식이 일어나리라" 하자 초재가 "그렇지 않다"라 하였다. 그 날 과연 월식이 없었다. 다시 초재가 "모일 밤에 월식이 있으리라"라 하자 이번에는 서역인이 "그렇지 않다"라 하였다. 그런데 그 날이 되자 과연 월식이 있었다. 태조는 초재를 두고 태종에게 이렇게 말하였다. "이 사람은 하늘이 우리 집안에 내려준 자이다. 이후 나라의 군사나 정치 등 업무를 의당 모두 그에게 맡기도록 하라."(耶律楚材, 字晉卿, 遼東丹王突欲八世孫,

金尚書右丞履之子也. 太祖有一天下之志, 嘗訪遼宗室, 召楚材謂之曰:「遼金世讐, 吾爲汝報之矣.」楚材對曰:「臣祖父以來, 嘗北面事之. 旣爲臣子, 豈敢復懷二心, 讐君父乎?」太祖重其言, 命處左右, 以備訪問. 楚材博究羣書, 天文地理, 律歷術數, 釋老醫卜, 無不知者. 夏人常八斤者, 以善造弓, 見知於太祖, 因曰:「國家方用武, 耶律儒者, 何用?」楚材曰:「治弓尚須用弓匠, 爲天下者, 豈可不用治天下匠邪?」太祖聞之甚喜, 日見親用. 嘗與西域人占月蝕. 西域人曰:「某夜月當蝕.」楚材曰:「不蝕.」至其夜果不蝕, 楚材嘗言:「某夜月當蝕.」西域人曰:「不蝕.」至其夜果然蝕. 太祖以楚材語太宗曰:「此人天賜我家, 爾後軍國庶政, 當悉委之.」 -원주)

【粘合重山】粘合重山은 金源의 귀족이다. 太宗이 그를 左丞相으로 삼았으며 관직을 마련하고 법을 세우는 것은 거의 耶律楚材에게서 나왔으며 粘合重山은 그를 도와 이를 완성하였다. 남을 죽이지 않은 것으로 널리 칭송을 받았다. 魏國公에 봉해졌으며 시호를 忠武라 하였다.(粘合重山金源貴族也. 太宗以爲左丞相, 凡建官立法, 多出耶律楚材, 而粘合重山佐成之議, 以不殺見稱, 封魏國公, 諡忠武. -원주)

〈야율초재(晉卿)〉《三才圖會》

1229 금군金軍의 궤멸

12월, 원 태종이 하중河中을 취하였고 황태제 타뢰는 6만의 기마를 발동하여 병사를 나누어 서쪽 화주和州로부터 흥원興元으로 들어가고, 금방金房으로부터 양양襄陽을 경유하여 당주唐州와 등주鄧州에 이르러, 양적陽翟에서 금군과 싸워 전멸시켰다. 동관潼關과 남관藍關의 금나라 수비병들도 역시 궤멸하였으며, 서쪽으로 갔던 원나라 군사도 모두 이르러 함께 변경汴京을 포위하였다.

○ 十二月, 元太宗取河中. 太弟拖雷, 發騎六萬, 分兵自西和州入興元, 由金房, 道襄陽至唐鄧, 與金人鏖戰於陽翟. 潼藍之戍亦潰. 西兵畢至, 合圍於汴.

【鏖】 '오'(烏高反)로 읽으며 '무찌르다', '전멸시키다'의 뜻.

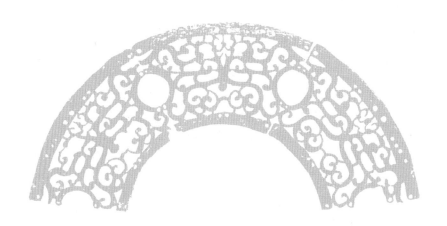

1230 금의 애종哀宗이 도망가다

　임진壬辰 소정 5년(1232년), 원 태종이 백파白坡에서 하수를 건너 정주
鄭州에 이르러 균주鈞州를 공격하여 이를 깨뜨리고, 마침내 상주商州,
괵주虢州, 숭주嵩州, 여주汝州 등 14주를 취하고 속불태速不臺로 하여금
금의 변경을 포위토록 하였다. 금주哀宗가 그 아우 와가訛可를 인질로
보내오자 태종은 돌아와 속불태를 하남河南에 머물러 지키도록 하였다.
　8월, 금군이 변경을 구원하러 나서자 원나라 여러 군사들이 이들과
전투를 벌여 패배시켰다.
　9월, 태제 타뢰가 진중에서 죽었다. 금의 수서守緒 애종은 포위를
돌파하여 귀덕부歸德府로 달아났다.

　○ 壬辰, 紹定五年, 元太宗由白坡渡河次鄭州, 攻鈞州克之.
遂取商虢嵩汝等十四年. 使速不臺圍金汴京. 金主遣其弟訛可
入質, 太宗還, 留速不臺守河南.
　八月, 金兵救汴, 諸軍與戰敗之. 九月, 太弟拖雷卒于師. 金主
守緒, 突圍出, 走歸德府.

【壬辰】원 태종 4년(1232년)이다.(元太宗四年. −원주)
　❋ 본장의 내용은 조선시대 판본과 매우 상이하다.(역자)

1231 원이 송에게 협공하여 금을 칠 것을 제의하다

원나라는 다시 왕즙王檝을 송나라로 보내어 금을 협공하여 칠 계획을 의논토록 하였다. 경호제치사京湖制置使 사숭지史嵩之가 이를 아뢰자 조정의 신하들이 모두 가하다고 여겨 드디어 복수의 거사를 일으켰다. 그러나 유독 조범趙范만은 이를 즐겁게 여기지 않으면서 이렇게 말하였다. "선화宣和 때 해상海上의 맹약盟約이 처음에는 매우 견고했지만 이것이 지금껏 화를 자초하고 말았습니다. 거울삼지 않을 수 없습니다."

그러나 황제理宗는 이를 따르지 않고 사숭지에게 조서를 내려 원나라 사신에게 허락한다고 회답하게 하였다. 사숭지는 이에 추신지鄒伸之를 보내어 원의 사신에게 고맙다고 알렸고 게다가 변경을 협공할 것을 협의토록 하였다. 원은 이 일이 성공하고 나면 하남河南을 송나라에 돌려주겠다고 허락하였다.

○ 元再使王檝來議夾攻伐金, 京湖制置使史嵩之以聞, 朝臣皆以爲可, 遂復讎之擧.

獨趙范不喜曰:「宣和海上之盟, 厥初甚堅, 迄以取禍. 不可不鑑」

帝不從, 詔嵩之報使許之. 嵩之乃遣鄒伸之, 報謝, 且議夾攻汴京. 元人許俟成功, 以河南地歸宋.

1232 금의 장군 최립崔立의 항복

계사癸巳 소정紹定 6년(1233년), 금주哀宗, 完顔守緒가 귀덕歸德으로 달아났으나 양식이 다하여 채주蔡州로 달아나자 그 장군 최립崔立이 변경汴京을 들어 원에게 항복하고 말았다.

4월, 원의 속불태가 진군하여 청성靑城에 이르자 최립은 금의 태후 왕씨王氏, 황후 도단씨徒單氏, 형왕荊王 종각從恪 등을 이끌고 원나라 군영까지 찾아오자 속불태는 그들을 북쪽으로 보내고 돌아왔다.

○ 癸巳, 紹定六年, 金主奔歸德, 粮絶, 乃趨蔡州, 其將崔立, 以汴京降元. 四月, 元速不臺進至靑城, 崔立以金太后王氏·皇后徒單氏·荊王從恪等至軍, 速不臺遣送北還.

【癸巳】원 태종 5년(1233년)이다.(元太宗五年. —원주)

1233 공자묘孔子廟 수리

원은 공자孔子의 제50대 후손 공원해孔元楷를 연성공衍聖公에 습봉襲封
하여 공자묘孔子廟와 혼천의渾天儀를 수리하게 하였다.

○ 元以孔子五十世孫元楷襲封衍聖公, 整修孔子廟及渾天儀.

1234 송과 원의 협약

송나라 승상 사미원이 죽었다. 정청지鄭淸之가 승상이 되고 사숭지가 경호제수京湖制帥가 되었다. 그는 양양襄陽에서 남(송)과 북(원)이 채주蔡州를 협공하기로 약속하였다. 사숭지는 맹공孟珙에게 군사 4만을 주어 보내어 먼저 채주의 동남쪽을 포위하도록 하였으며 원병은 그 서북쪽을 포위하였다.

○ 宋丞相史彌遠卒, 鄭淸之爲相, 史嵩之爲京湖制帥. 在襄陽, 南北有夾攻蔡州之約. 嵩之遣孟珙, 以兵四萬人, 先至圍其東南, 元兵圍其西北.

1235 금金의 멸망

갑오甲午 단평端平 원년(1234년) 정월, 금주 수서完顔守緒 애종 哀宗은 제위를 종실의 아들 승린完顔承麟에게 물려주었다. 송의 맹공孟珙이 채주를 공격해 들어가고 원나라 군사가 이를 따르자 수서는 스스로 목매어 죽었다. 이에 그의 머리를 상자에 담아 송나라로 보내는 한편 승린을 잡아 죽였다.

이리하여 금나라는 완안민完顔旻이 황제를 칭한 이래 이때에 이르러 9대 117년 만에 망하였다.

○ 甲午, 端平元年正月, 金主守緒, 傳位於宗室子承麟. 宋孟 珙入蔡州, 元師從之, 守緒自經死. 函其首送于宋, 獲承麟殺之.

金自完顔旻稱帝, 至是九世一百一十七年而亡.

【甲午】원 태종 6년(1234년)이다.(元太宗六年. -원주)

1236 원元의 흥기

(1) 신흥 국가 원元

여름(1234년) 4월, 송은 금의 포로를 태묘太廟에 바쳤다. 마침 회수淮水의 장수 조범趙范과 조규趙葵는 금이 멸망하는 틈을 타 중원을 회복할 계책을 세웠다. 조정의 많은 신하들은 아직 가하지 않다고 여겼으나 오직 정청지鄭清之만은 그의 의견을 주장하였다.

황제理宗는 조범에게 담당 주서를 황주黃州로 옮기고 날짜를 정하여 진군하도록 명하였다. 그러자 조범에게 참의관參議官 구악丘岳이 이렇게 말하였다.

"막 흥한 원나라 적은 새로 맹약을 맺고 물러섰지만 아직 기가 성하고 그 예봉이 날카롭습니다. 어찌 자신들이 얻은 것을 덜어 남에게 주려 하겠습니까? 우리 군사가 만약 가게 되면 저들은 틀림없이 돌진해 올 것입니다. 그렇게 되면 우리는 진퇴에 근거지를 잃을 뿐만 아니라 공연히 일을 만들어 적병을 불러들이는 일이 바로 여기서 시작되는 것입니다. 게다가 천리 먼 길을 달려 비어 있는 성을 다투는 것이니 설령 이를 얻는다 해도 양식을 운반하는데 힘을 들여야 되므로 뒤에 틀림없이 후회하고 말 것입니다."

○ 夏四月, 獻金俘于太廟, 會淮帥趙范·趙葵, 乘金人之亡爲恢復計. 朝臣多以爲未可, 獨鄭清之力主其說. 帝乃命范移司黃州, 刻日進兵.

范參議官丘岳曰:「方興之敵, 新盟而退. 氣盛鋒銳, 寧肯捐所得, 以與人耶? 我師若往, 彼必突至. 非惟進退失據, 開釁致兵, 必自此始. 且千里長驅, 以爭空城, 得之當勤饋餉. 後必悔之.」

(2) 송나라를 압박하기 시작하다

조범이 듣지 않자 사숭지도 역시 이렇게 말하였다.

"형주와 양양은 지금 막 기근이 들어 군사를 동원할 수 없습니다."

두고杜杲가 다시 출사의 폐해를 진설하였지만 조범과 조규 형제는 원래 형호제수荊湖制帥 조방趙方의 아들로서 병법에 능하였기 때문에 오직 중원을 쳐서 빼앗을 일에만 뜻을 날카롭게 세우고 있었다. 이에 산동 지방의 충의군을 모집하였더니 모두가 이에 호응하여 모여들었다.

이때 원나라에 사신으로 간 추신지鄒伸之는 아직 귀국하지 않았는데 송나라는 진군을 시작하였다.

추신지 등은 이에 거의 연燕에 억류되어 갇힐 뻔하였다가 궤변을 써서 원의 사신 왕즙王檝과 함께 귀국할 수 있었다. 돌아온 왕즙이 말하였다.

"어찌하여 맹약을 파기하였습니까?"

이때부터 회하淮河와 한수漢水 사이는 평화로운 날이 없었다.

며칠이 지나지 않아 변경 사람들은 성을 들어 송에 항복하였다. 송나라 군사는 변경으로 들어갔다가 즉시 다시 낙양洛陽으로 내달았다. 낙양을 지키고 있던 원나라 군사는 얼마 되지 않아 잠시 피하여 송군은 쉽게 낙양으로 들어갔으나 며칠이 못되어 양식이 떨어졌다.

게다가 원의 새로운 군사가 대거 몰려온다는 말을 듣고 궤멸되어 돌아오고 말았다. 조범은 사숭지가 화의를 주장하며 군량을 수송하지 않아 일을 그르쳤다고 허물을 씌웠다.

范不聽, 史嵩之亦言:「荊襄方爾饑饉, 未可興師.」

杜杲復陳出師之害, 范葵故荊湖制帥趙方之子, 習於兵, 銳意攻取. 慕山東忠義, 皆響應. 伸之未回, 而宋師出矣. 伸之等幾被羈留於燕. 詭辭得與檝俱來.

槭曰:「何爲而敗盟也?」

自是淮漢之閒無寧日矣.

不數日, 汴人以城附宋. 宋師入汴, 卽趨洛. 元兵戍洛者, 無幾, 姑避去, 宋師入洛, 不數日粮絕. 聞元生兵且大至, 潰而歸. 咎嵩之主和, 不肯運粮, 致誤事.

〈원세조〉《三才圖會》

1237 고려高麗 정복

을미乙未 단평端平 2년(1235년) 봄, 원은 화림和林에 성을 쌓고 만안궁
萬安宮을 지었다.

이 해 제왕諸王 발도拔都, 태자 귀유貴由, 조카 몽가蒙哥 등을 파견하여
서역을 정벌하게 하였다.

태자 활단闊端은 촉한蜀漢을 공략하고, 태자 곡출曲出 및 호사호胡士虎는
송宋나로 침입하고 당길唐吉은 고려高麗를 정복하였다.

○ 乙未, 端平二年春, 元城和林, 作萬安宮. 遣諸王拔都太子
貴由姪蒙哥, 征西域. 太子闊端, 侵蜀漢. 太子曲出及胡士虎,
侵宋, 唐吉征高麗.

【乙未】원 태종 7년(1235년)이다.(元太宗七年. ─원주)

1238 경사經史의 수집과 편찬

병신丙申 단평 3년(1236년), 원나라는 처음으로 교초交鈔를 인쇄 제조하여 통용通用시켰다. 6월에 야율초재가 황제에게 청하여, 연경北京에 편수소編修所를 두고 평양平陽에 경적소經籍所를 두어 경사經史를 편찬 수집토록 하였으며 유생 양척梁陟을 불러 장관에 임명하고 왕만경王萬慶과 조저趙著를 그 부관으로 삼았다.

가을, 활단闊端이 송나라의 관외關外의 여러 주를 취하였다. 10월에는 성도成都에 들어가 진주秦州와 공주鞏州 등 40여 주를 취하였다.

○ 丙申, 端平三年, 元印造交鈔行之.

六月, 耶律楚材請, 於燕京立編修所, 於平陽立經籍所, 編集經史, 召儒生梁陟充長官, 以王萬慶·趙著, 副之. 秋, 闊端取宋關外數州.

十月, 入成都, 取秦·鞏等四十餘州.

【交鈔】 화폐의 일종
【丙申】 원 태종 8년(1236년)이다.(元太祖八年. —원주)

1239 송나라가 끝없이 침략당하다

당시 원나라와의 화의는 이미 회복할 수 없게 되었으며 촉蜀도 마침내 함락 당하였고 형주荊州, 양주襄州, 회주淮州, 전주甸州 등은 침략을 받지 않는 해가 없었다.

○ 時和議旣不復諧, 蜀遂破陷. 荊襄淮甸, 無歲不受攻哨.

1240 세금 제도 제정

원나라는 야율초재耶律楚材의 제의에 따라 비로소 천하의 부세를 정하였다. 농지는 상전上田은 1무畝에 3되, 중전中田은 2되 반, 하전下田은 2되의 세를 받았다. 논은 1무에 5되, 상세商稅는 이익금의 30분의 1로 하였다. 5호戶에 생사生絲 1근을 바치게 하였다. 이러한 조세는 여러 왕과 공신들의 탕목금으로 하사되었다. 소금은 은 1냥兩에 40근을 기준으로 하여 영구히 정액으로 하였다.

조정의 신하들이 모두 너무 가볍다고 반대하자 야율초재는 이렇게 말하였다.

"장래 틀림없이 나라에 이익이 될 것을 바쳐오는 자가 있을 것이니 그 때면 이것도 이미 너무 높다고 여기게 될 것이오."

○ 元以耶律楚材言, 始定天下賦稅, 上田每畝稅三升, 中田二升半, 下田二升. 水田一畝五升, 商稅三十分之一. 五戶出絲一斤, 以給諸王功臣湯沐之賜. 鹽每銀一兩四十斤.

永爲定額, 朝臣皆謂太輕, 耶律楚材曰:「將來必有以利進者, 則已爲重矣.」

1241 경연經筵

정유丁酉 가희嘉熙 원년(1237년), 경연經筵에 조칙을 내려, 주희朱熹의
《통감강목通鑑綱目》을 강의하게 하였다.

○ 丁酉, 嘉熙元年, 詔經筵進講朱熹通鑑網目.

1242 과거제도 실시

8월, 원나라 조정은 각 지방 유생에게 시험을 보여, 합격한 자에게는
본관本貫의 의사관議事官에 임명하였는데 4천30명이나 되었다.
　원의 군사가 송나라의 땅을 경략하여 황주黃州까지 이르렀으나 맹공
孟珙이 이를 격퇴시켰다.

○ 八月, 元試諸路儒士. 中選者, 除本貫議事官, 得四千三十人.
元兵略地至黃州, 宋孟珙敗之.

1243 원군元軍을 격파하다

무술戊戌 가희嘉熙 2년(1238년), 이에 앞서 송나라의 장수 두고杜杲는 원나라 안풍安豊의 군사를 격퇴시켰는데, 이 해에 다시 원나라 찰한察罕이 거느린 80만 대군을 여주廬州에서 격파하였다. 이리하여 뒤에 의진儀眞의 포위를 풀어 그 공으로 형부상서刑部尙書가 되었다가 다시 부문각학사 敷文閣學士로 승진하였다.

○ 戊戌, 嘉熙二年. 先是杜杲卻元人安豊之兵, 復破察罕八十萬 兵於廬州. 後解儀眞之圍, 以功權刑部尙書, 復進敷文閣學士.

【戊戌】원 태종 10년(1238년)이다.(元太宗十年. —원주)

1244 여문덕呂文德

여문덕呂文德은 양회兩淮에서 출전하여 군마軍馬를 총괄하다가 회서초무사淮西招撫使로 진급하였다. 문덕은 안풍安豊 사람으로, 체격이 크고 용감하였다. 미천할 때 땔나무를 성중에 내다 팔고 있었는데, 마침 장군 조수규趙帥葵가 길가에 버려진 한 자 가까운 신을 보고 괴이히 여겨 놀라 그를 찾아 이를 자신의 휘하에 머물게 하였었다. 뒤에 여문덕은 국경에서 많은 공을 세워 높은 관직에 오르게 된 것이다.

○ 呂文德總統兩淮出戰軍馬, 進淮西招撫使. 文德安豐人, 魁梧勇悍. 微時鬻薪城中, 趙帥葵道傍見遺屨長尺有咫, 驚訝訪求得之, 留之麾下. 後以邊功至顯官.

【鬻】 '팔다'의 뜻.(賣也. ─원주)

1245 송나라의 작은 승리들

원의 탑사塔思가 거느린 군대가 북협관北挾關에 이르자 송나라 장수 왕통제王統制는 항복하고 말았다. 이에 앞서 원의 곡출曲出이 장유張柔 등을 거느리고 영주郢州를 공격해 빼앗았었는데, 이때에 이르러 송의 맹공孟珙은 다시 양양襄陽을 탈환하였다.

○ 元塔思軍至北峽關, 宋將汪統制降. 先是曲出率張柔等, 攻郢州拔之, 至是宋孟珙復取襄陽.

1246 태극서원太極書院과 조복趙復

원나라 영중서행성領中書行省의 양유중楊惟中이 연경燕京에 태극서원
太極書院을 세우고 조복趙復을 맞아 스승을 삼았다.

당시 염계濂溪 주돈이周惇頤의 학문은 아직 하삭河朔에까지는 전해 와
있지 않았었다. 양유중이 군사를 촉蜀, 호湖, 경京, 한漢 지역으로 출동시
켰을 때 명사 수십 명을 얻어 비로소 그 도학의 진수眞髓를 알고 이수伊水,
낙수洛水 유역에 흩어져 있던 여러 책을 모아 수레에 싣고 연경燕北으로
보내어놓고 개선해 돌아오자 태극서원을 세운 것이다.

그리고 주돈이의 사당을 세워 이정자二程子, 장재張載, 양시楊時, 유초
游酢, 주희朱熹 여섯 분을 배식配食하여 모셨다. 이로부터 하삭 지역이
비로소 도학을 알게 되었다.

○ 元領中書行省楊惟中, 建太極書院于燕京, 延趙復爲師. 時濂
溪周子至學, 未至於河朔. 惟中用師于蜀湖京漢, 得名士數十人,
始知其道之粹, 乃收集伊洛諸書, 載送燕京, 及師還, 遂建太極
書院. 及周子祠, 以二程張楊游朱六子配食. 由是河朔始知道學.

【楊惟中】弘州 사람으로 나이 20에 太宗의 명을 받들고 西域 30여 나라에 가서
국위를 드날리며 정치를 펴서 모두 호구에 올리고 이를 관리들이 다스리도록
위촉한 다음 돌아왔다. 惟中은 憲宗 때 世祖가 太弟로써 金蓮川을 진수하면서
河南道經略을 세워 汴梁을 함께 맡도록 하면서 유중 등을 사신으로 삼아 당주,
등주, 박주, 영주 등에 둔전을 둘 것을 주청하였다. 金나라가 처음 이곳을 멸하였을
때 劉福이란 자를 河南道總管으로 삼았었는데, 유복은 貪鄙하고 殘酷하여 그곳
유민을 20여 년이나 괴롭히고 있었다. 유중이 그곳에 이르러 유복을 불러 약속을
들어주겠노라 하였지만 유복은 나타나지 않았다. 그러자 다시 사람을 보내어
"네가 오지 않으면 내 군법으로 처리하리라" 하자 유복이 부득이 많은 호위병을

데리고 나타났다. 유중은 이에 커다란 몽둥이를 들고 그를 쳐서 쓰러뜨려 버렸다. 며칠 뒤 유복이 죽자 河南이 크게 다스려졌다. 뒤에 그는 川陝宣撫使로 옮겼는데 그곳에 郭千戶라는 자가 있어 사람을 죽이고 그 부인을 빼앗은 일이 있었다. 유중이 이를 죽여 없애자 關中이 숙연해졌다.(楊惟中, 弘州人, 年二十, 奉太宗命, 使西域三十餘國, 宣國威, 布政條俾皆籍戶口屬吏, 乃歸. 惟中爲憲宗世, 世祖爲太弟鎭金蓮川, 立河南道經略, 同於汴梁, 奏惟中等爲使, 俾屯田唐鄧亳潁諸州. 金初滅, 以劉福爲河南道總管, 福貪鄙殘酷, 虐害遺民二十餘年, 惟中至召之, 聽約束, 福不至, 復使語之曰「汝不至, 吾以軍法從事.」福不得已, 盛從衛以見. 惟中握大梃擊仆之, 數日福死, 河南大治. 遷川陝宣撫使, 有郭千戶者, 殺人之夫而取其妻, 惟中戮之以徇, 關中肅然. −원주)

【趙復】 자는 仁甫이며 德安 사람이다. 太宗 때에 太子 曲出이 宋을 침략하여 德安의 백성을 포로로 잡아 姚樞가 임금의 조칙에 따라 그 軍中에서 儒士을 구하고 있었다. 조복이 마침 그들 포로 가운데 있었다. 요추가 그와 말을 나누어 보고는 크게 기이하게 여겼다. 그러나 조복은 친족이 모두 죽음을 당한 것을 보고 북쪽으로 따라가지 않겠다고 하면서 요추와 헤어지겠다고 하였다. 요추는 그가 자살할까 두려워 자신이 그곳에 남아 함께 자게 되었는데 밤에 그만 그 조복을 놓치고 말았다. 요추가 급히 달려가 부르며 찾았더니 그가 물에 뛰어들어 죽으려는 것이었다. 요추가 겨우 말려 이를 데리고 북으로 돌아갔다. 조복은 이에 자신이 외우던 정자, 주자의 글을 기록하여 학생들을 가르쳤다. 북방의 선비들이 능히 주돈이, 二程, 장재, 주자의 학문을 할 수 있었던 것은 모두 조복의 덕택이었다. 그러나 조복은 전혀 벼슬을 하지 않았다. 학자들은 그를 江漢先生이라 불렀다.(趙復, 字仁甫, 德安人. 太宗時, 太子曲出侵宋, 俘德安之民. 姚樞奉詔卽軍中求儒士. 復在俘民中, 樞與語大奇之. 復以親族俱殘, 不欲北行, 因與樞訣. 樞恐其自死, 留共宿, 夜忽失復. 樞遽馳尋呼之, 見復將投水, 樞挽回, 挾之北歸. 復乃錄其所記程朱之書, 以敎學者. 乃北士能通周程張朱之學, 皆因復而得. 然復竟不仕, 學者稱之曰江漢先生. −원주)

1247 빚을 나라가 대신 갚아주다

경자庚子 가희嘉熙 4년(1240년) 봄, 원나라 태자 귀유貴由, 孛兒只斤貴由가 서역西域에서 아직 항복하지 않은 여러 부족을 쳐서 이를 깨뜨렸다. 원나라는 각 주군州郡에 칙령을 내려 도둑을 잡지 못하였을 때는 관물官物로 백성의 잃은 물건을 배상해 주도록 하였다.

원나라의 건국 초에는 도둑이 많아 명령을 내려 도둑에게 잃은 모든 손해를 그 지방 백성들로 하여금 배상하도록 하였었다. 그리하여 백성은 이를 견디지 못하여 많은 사람들이 망명해 가 이 해에 이러한 징수를 폐지한 것이다.

또 관리와 백성이 모두 회흘인回紇人으로부터 금은(돈을 빌려쓰면서)을 갚기에 해마다 원금의 갑절이나 되어 이를 양고리羊羔利라 불렀으며 이 때문에 파산하여 심지어 처자까지 잡혀도 끝내 이를 상환하지 못하였다.

야율초재는 조정에 청하여 이들 빚을 관물로 대신 갚아주었는데 모두 7만 6천 정錠이나 되었다. 그리고 이렇게 영을 내렸다.

"빌려 쓰고 오래되어 이미 지불한 이자가 원금과 같은 액수가 되었을 때에는 거기서 중지해도 된다."

그리고 이 영을 기록하였다.

○ 庚子, 嘉熙四年, 春, 元太子貴由, 克西域未下諸部. 元敕州郡, 失盜不獲, 以官物償之. 國初多盜, 下令, 凡失盜去處, 令本路民戶貸償. 民苦之多亡命, 至是罷徵. 又官民貸回鶻金銀, 償之者歲加倍, 謂之羊羔利, 往往破家, 至以妻子爲質, 終不能償. 耶律楚材請悉以官物代還, 凡七萬六千錠.

仍令:「凡假貸歲久, 惟子本相侔而止.」

著爲令.

【庚子】 원 태종 12년(1240년)이다.(元太宗十二年. —원주)

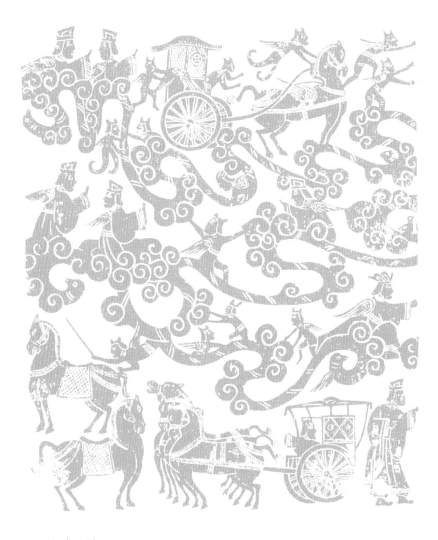

1248 이학理學을 부흥시키다

신축辛丑 순우淳祐 원년(1241년), 송나라는 조서를 내려 주돈이周惇頤를 여남백汝南伯에, 장재張載를 미백郿伯에, 정호程顥를 하남백河南伯에, 정이程頤를 이양백伊陽伯에, 주희朱熹를 휘국공徽國公에 추봉追封하였다. 그리고 아울러 이 다섯 사람을 공자묘孔子廟에 배향配享하는 한편 왕안석王安石은 그 제사에서 폐출해 버렸다. 황제理宗는 공자묘에 참배하고 마침내 태학大學에도 임하였다.

○ 辛丑, 淳祐元年, 宋詔追封周敦頤汝南伯, 張載郿伯, 程顥河南伯, 程頤伊陽伯, 朱熹徽國公. 並從祀孔子廟庭, 黜王安石從祀. 帝謁孔子, 遂臨大學.

【辛丑】원 태종 13년(1241년)이다.(元太宗十三年. −원주)

1249 원 태종(오고타이)이 죽다

11월(1241년), 원 태종(오고타이)이 사냥을 나갔다가 와철고鈋鐵鐸의
호란胡蘭에서 죽었다. 나이 56살이었으며 기연곡起輦谷에 장사지냈다.
뒤에 시호를 영문황제英文皇帝라 하고 그 묘호廟號를 태종太宗이라 하였다.

태종은 도량이 넓고 크며 인정이 많았으며 때와 사물을 헤아릴 줄
알았고, 일을 일으킴에 지나침이 없었다. 그 때문에 화하(華夏, 중원)
지역은 부유해졌으며 서민은 자신의 생업에 즐거움을 누렸고 여행자는
식량을 가지고 다니지 않아도 되었다. 그래서 이 시대를 '치평治平'이라
칭하였다.

원나라는 태종이 죽은 뒤로부터 황후 내마진씨乃馬眞氏가 칭제稱制하
기를 모두 5년, 그 동안 황제를 세우지 않았다.

○ 十一月, 元太宗出獵, 殂于鈋鐵鐸胡蘭, 年五十六, 葬起輦谷,
後追諡曰英文皇帝, 廟號太宗. 太宗自寬弘之量, 仁恕之心, 量時
度物, 舉無過事, 華夏殷富, 庶民樂業, 行旅不齎粮, 時稱治平.

元自太宗殂後, 皇后乃馬眞氏, 臨朝稱制凡五年, 不立君.

【鈋鐵鐸, 胡蘭】北方의 地名.

1250 사숭지史崇之

갑진甲辰 순우 4년(1244년), 이에 앞서 송나라에서는 정청지鄭清之가 승상을 파직하고, 교행간喬行簡, 이종면李宗勉 등이 뒤를 이어 정치를 맡아보았다. 그러나 그들은 결단력이 없었다. 그래서 황제理宗는 사숭지史崇之가 했던 말을 떠올리며 도감부都監府에 있는 그를 불러들여 재상을 삼아 비록 원나라와의 화의에 대해 의논하려고 하였지만 문득 그럴 때마다 여러 사람의 반대에 부딪쳐 저지당하기 일쑤였다.

그러자 사숭지는 아버지彌忠의 상喪을 당하여 그 부음을 듣고 며칠 간 가 있었는데 다시 재상으로 복귀하라는 조서가 내리자 언관들이 그를 지목하여 권력을 탐하는 간악한 짓이라 힘을 모아 공격하였다. 이리하여 드디어 다시 재상이 될 수 없었다.

그 뒤 범종范鍾과 유려遊侶, 정청지鄭清之, 사방숙謝方叔, 오잠吳潛, 동괴董槐, 정원봉程元鳳, 정대전丁大全 등이 뒤를 이어 재상이 되었는데 해마다 방추防秋를 연중행사로 삼을 뿐이었다.

○ 甲辰, 淳祐四年, 先是鄭清之罷相, 喬行簡·李宗勉等, 繼爲政. 無所決斷, 上思史嵩之之言. 自督府入爲相, 雖欲議和, 輒爲衆論所沮. 嵩之丁父彌遠憂, 聞訃數日乃行, 詔起復爲相, 言者目爲權姦, 力攻之. 遂不復相.

范鍾·游侶·鄭清之·謝方叔·吳潛·董槐·程元鳳·丁大全等, 相繼爲相. 每歲以防秋爲常事.

【史嵩之】 그는 화의를 주장하였으며 단호한 태도를 취하였음.
【防秋】 가을이면 반드시 北狄이 침범함을 뜻하며 이에 대한 방비.(秋高馬肥, 必防外夷侵境. −원주)

1251 야율초재耶律楚材

(1) 황후의 조서를 거부하다

원의 중서령中書令 야율초재耶律楚材가 죽었다.(1244년) 일찍이 황후가
야율초재에게 태종이 죽은 후 황태자를 세우는 문제에 대하여 물은
적이 있었다. 그 때 야율초재는 이렇게 대답하였다.

"그것은 저희들 바깥 신하들이 감히 알 바 아닙니다. 선제先帝의
유조遺詔가 있은 이래 이를 지켜 행하여 온 것은 사직의 다행입니다."

또 황후는 일찍이 어보玉璽를 찍은 빈 종이를 총신 오도라합만奧都剌合蠻
에게 주어 자기의 생각을 마음대로 적어 넣어 그것을 조서로 하여
실행하도록 하였다. 그러자 야율초재가 황후에게 아뢰었다.

"천하는 선제의 천하요, 조정에는 정해진 법이 있습니다. 지금 황후께
서는 이를 문란하게 하시니 신은 감히 그러한 조서를 받들 수 없습니다."

그리하여 그러한 일은 중지되었다.

그런데 황후가 다시 이런 교지를 내렸다.

"오도라합만이 아뢰어 비준批准을 얻은 모든 것을 사관으로서 이를
기록하지 아니하는 자가 있으면 그 손을 잘라버릴 것이다."

이에 야율초재가 말하였다.

"국가의 대사는 선제께서 모든 것을 이 노신老臣에게 맡기셨습니다.
영사가 어찌 이에 관여하겠습니까? 일이 만약 이치에 합당하다면 스스로
당연히 받들어 행할 것이지만 만약 행할 수 없는 것이라면 죽음도
피하지 않을 것인데 하물며 손을 자르는 일쯤이야 겁을 낼 일이겠습니까?"

황후는 그가 선조先朝의 오랜 신하일뿐더러 간곡히 하여 더욱 공경하며
일면 꺼렸다.

○ 元中書令, 耶律楚材卒.

后嘗以儲嗣事問楚材, 對曰:「此非外臣所敢知, 自有太宗遺詔在, 守而行之, 社稷之幸也.」

后嘗以御寶空紙, 付幸臣奧都剌合蠻, 令自書塡行之, 楚材奏曰:「天下者先帝之天下, 朝廷自有憲章. 今欲紊之, 臣不敢奉詔.」

事遂止. 復有旨:「凡奧都剌合蠻所奏准, 令史不爲之書者, 斷其手.」

楚材曰:「軍國之事, 先帝悉委老臣, 令史何與焉. 事若合理, 自當奉行, 如不可行, 死且不避, 況斷手乎?」

后以其先朝勳舊, 曲加敬憚焉.

🏵 耶律楚材가 太宗 즉위 초에 의례와 직위를 제정하면서 親王 察合合에게 말하였다. "왕은 비록 형이지만 지위로는 신하입니다. 예로 보아 마땅히 절해야 합니다. 왕이 절을 하면 누구도 감히 절을 하지 않을 수 없을 것입니다." 태종이 즉위하는 날 왕이 皇族과 臣僚를 인솔하고 帳下에서 절을 하였다. 元나라가 존속에게 절을 하는 예는 여기서 비롯되었다.

楚材가 당시 시무책 18가지를 올렸는데 郡에는 長史와 牧民을 두고 萬戶에는 統軍을 두어 그들 세력이 서로 균형을 이루되 힘으로 횡포를 막을 수 있어야 한다는 것이었다. 이러한 모든 政令은 백성을 편하게 하는 것들이었다. 太宗은 이를 모두 들어주었으나 오직 하나의 일만은 거부하면서 "그 일은 그들이 원해서 바치는 것이니 들어줍시다"라 하였다. 그러자 초재는 "좀도둑 같은 해악의 발단은 이런 것에서 시작되는 것입니다"라 하였다. 태종이 "그대가 상주한 것은 들어주지 않은 것이 없소. 그런데 짐이 말하는 것 하나 들어줄 수 없겠소?"라 하였다. 또 汴梁이 장차 함락되고자 할 때 대장 하나가 "金人으로 너무 오랫동안 항거하여 우리 군사가 죽어 성 아래 시신이 널렸습니다. 그 성 안의 금인을 모두 도륙하기를 청합니다"라 하였다. 이에 초재는 달려가 이렇게 아뢰었다. "땅만 얻고 백성이 없다면 무슨 소용이 있겠습니까?" 태종이 머뭇거리며 결정을 못하자 초재는 다시 "기이한 것을 만드는 공인과 많은 것을 저장한 백성 중에 뛰어난 자들은 모두 이 변경에 있습니다. 만약 모두 죽여 없앤다면 얻을 것이 없게 됩니다"라 하였다. 태종은 그렇다 여겨 드디어 完顏氏(금나라) 왕족만 죽이는 것으로 그치고 그 나머지는 책임을 묻지 않도록 하였다. 당시 태종은 땅을 떼어 親王과 功臣들에게 나누어주고자 하였다. 초재는 이에 "땅을 찢어 백성을 나누면 쉽게 반목이 생깁니다. 차라리 상금을 후하게 내려주느니만 못합니다"라 하였다. 그러자 태종이 "내 이미 허락하였으니 어찌하면 좋겠소?"라 물었다. 이에 초재는 "조정의 곧은 관리에게 하듯이 그 부세와 공물을 모두 거두었다가 연말에 이를 다시 나누어주어 제멋대로 이익을 취하거나 거두어들이지 않도록 하면 됩니다"라 하였다. 태종은 그의 의견을 따랐다. 초재가 죽자 태종은 10번이나 그를 찾아 조문하였다. 뒤에 어떤 이가 초재는 재상의 자리에 오래 있어 천하의 貢賦는 반이 그의 집으로 들어갔다고 참훼하였다. 황후가 근신에게 명하여 그 집을 수색토록 하였더니 오직 거문고와 月琴 10여 개와 고금의 書畫, 그리고 金石遺文 수천 권이 있었을 뿐이었다. 뒤에 廣寧王에 봉해졌으며 시호는 文正이었다. 두 아들 鉉과 鑄가 있다.(耶律楚材, 於太宗卽位之初, 爲定儀制位, 親王察合合曰: 「王雖兄, 位則臣也. 禮當拜. 王拜, 則莫敢不拜矣.」 卽位之日, 王率皇族及臣僚拜帳下. 元朝尊屬有拜禮自是始. 楚材條便宜十八事, 言郡宜置長史牧民, 萬戶統軍, 使勢均, 力事以遏驕橫. 凡政令便於民者甚衆, 太宗悉從之. 惟罷獻一事不允曰: 「彼自願饋獻者, 宜聽之」 楚材曰: 「蠱害之端, 必由於此.」 太宗曰: 「凡卿所奏, 無不從者, 卿不能從朕一事耶?」 汴梁將下, 大將言: 「金人抗拒久, 師多死傷城下, 請屠之.」 楚材馳入奏曰: 「得地無民, 將焉用之?」 太宗猶豫未決, 楚材又曰: 「奇巧之工, 厚藏之民, 皆萃於此. 若盡殺, 將無所獲.」 太宗然之, 遂詔罪止完顏氏, 餘勿問. 時太宗議裂地賜親王功臣, 楚材曰: 「裂土分民, 易生嫌隙, 不如多與以金帛.」 太宗曰: 「已許奈何?」 楚材曰: 「若朝廷直吏, 收其貢賦. 歲終頒之, 使無擅利徵可也.」 從之. 及卒十莅. 後有譖之者, 言其在相位久, 天下貢賦半入其家. 皇后命近臣覆之, 唯琴阮十餘, 及古今書畫, 金石遺文數千卷. 後封廣寧王, 謚文正, 二子鉉鑄. -원주)

(2) 백성을 위해 울다

야율초재는 타고난 성품이 영매英邁하여 다른 사람보다 월등히 뛰어
났다. 비록 안건의 서류가 앞에 잔뜩 쌓여 있어도 그 응수와 대답이
그릇됨이 없었다. 조정에서는 바른 태도로 임하여 권력에 굴복하는
일이 없었으며, 자신의 몸을 바쳐 천하를 위하고자 하였다. 매번 국가의
이익과 병리, 백성의 휴식과 우환데 대하여 진술할 때면 말과 얼굴색이
간절하였다.

어느 날 태종이 이렇게 말하였다.

"너는 다시 백성을 위해 울고자 들어왔는가?"

야율초재는 그 때마다 매번 이렇게 말하였다.

"하나의 이로움을 일으키는 것이 도리어 하나의 해로움을 제거해주느
니만 못하며, 하나의 일을 만들어 내는 것은 도리어 하나의 일을 감해주
느니만 못합니다."

그는 평소 마구 떠들거나 소리 내어 웃는 일이 없었으며 선비를
접견할 때면 온화하고 공손한 얼굴이 더욱 그 밖으로 드러나 그 덕에
감동하지 않는 사람이 없었다.

楚材天資英邁, 复出人表. 雖案牘滿前, 酬答不失其宜. 正色
立朝, 不爲勢屈, 欲以身徇天下. 每陳國家利病, 生民休戚, 辭色
懇切.

太宗嘗曰:「汝又欲爲百姓哭耶?」

楚材每言:「興一利不若除一害, 生一事不若減一事.」

平居不妄言笑, 及接士人, 溫恭之容溢于外, 莫不感其德焉.

【复】'멀다, 뛰어나다'의 뜻.(遠也. -원주)

1252 왕세현汪世顯

원나라 편의총수便宜總帥 왕세현汪世顯이 죽었다. 왕세현은 병법에
능한 장수이면서도 유학을 존중하고 백성을 사랑하며 부지런하고 검소
하여 옛날 명장의 풍도風度가 있었다.

○ 元便宜總帥汪世顯卒. 世顯善兵能將, 重儒愛民, 勤儉自持,
有古名將之風.

1253 원의 정종定宗이 서다

병오丙午 순우 6년(1246년), 원의 정종定宗이 속멸독도速蔑禿都에서 즉위하였다. 정종은 이름이 귀유貴由, 字兒只斥貴由이며 태종(오고타이)의 맏아들이다. 어머니는 육황후六皇后 내마진씨乃馬眞氏였다. 처음 태종은 황손皇孫 실렬문失烈門을 후사後嗣로 하였었으나 죽고 나서 황후가 5년 동안 稱制(칭제)하고 나서 논의를 거쳐 정종을 세운 것이다.

○ 丙午, 淳祐六年, 元定宗卽位于速蔑禿都. 定宗名貴由, 太宗長子也.

母曰六皇后乃馬眞氏. 初太宗有旨, 以皇孫失烈門爲嗣, 及殂, 后臨朝稱制者五年, 乃議立定宗.

【丙午】 원 정종 원년(1246년)이다.(元定宗元年. ─원주)

1254 정종定宗이 죽다

무신戊申 순우 8년(1248년), 원의 정종은 시위尸位에 있기를 3년 만에 죽었다. 향년 43세였다. 기연곡起輦谷에 장사지내고 시호를 간평황제簡平皇帝라 추증하였다.

○ 戊申, 淳祐八年, 元定宗尸位三年而殂, 壽四十三, 葬起輦谷, 追諡簡平皇帝.

【戊申】원 정종 3년(1248년)이다.(元定宗三年. —원주)

1255 원의 헌종憲宗 몽가蒙哥

원나라는 황후 내마진씨가 정권을 잡은 이래 법제法制가 통일되지 못하여 내외가 이반하기 시작하였다. 정종이 죽고 나서 황후 해미실海迷失을 품에 안은 채 수렴청정하자 여러 왕과 대신들이 이에 복종하지 않아 함께 논의한 끝에 태제 몽가蒙哥, 孛兒只斤蒙哥를 황태자로 삼았다. 2년 뒤에 이가 헌종憲宗으로 즉위한 것이다.

○ 元自馬眞氏臨朝以來, 法制不一, 內外離心. 定宗旣殂, 皇后海迷失抱子失烈門垂簾聽政, 諸王大臣不服, 共議立太弟蒙哥, 後二年, 是爲憲宗卽位.

1256 대회大會를 열다

신해辛亥 순우 11년(1251년), 원의 헌종이 즉위하였는데 이름이 몽가蒙哥
이며 태조(칭기즈 칸)의 넷째아들 타뢰의 맏아들이다. 이에 앞서 여러
대신들은 굴출屈出, 曲出의 아들 실렬문失烈門을 받들어 황제를 삼고자
하였으나 오래도록 결정을 보지 못하고 있었다.

이때에 이르러 올량합태兀良哈歹가 태조의 여러 손자들 중에 오직
헌종이 마땅하다고 여겨 드디어 활첩올아란闊帖兀阿蘭에서 대회大會를
열어 헌종을 즉위시킨 것이다. 그러자 실렬문은 승복하지 않았다.
헌종은 여러 왕족 중에서 자기가 즉위한 데 대해 반대하는 자가 있음을
살핀 다음, 그들을 모두 잡아 묶어 가두고 그 주모자는 찾아 사형에
처하여 버렸다. 이로부터 비로소 안정되기 시작하였다.

○ 辛亥, 淳祐十一年, 元憲宗名蒙哥, 太祖第四子拖雷之長子.
先是諸大臣, 欲奉屈出之子失烈門, 久而不決. 至是兀良哈歹
以太祖諸孫, 惟憲宗謙愼宜立, 遂大會于闊帖兀阿蘭之地, 而卽
位焉. 失烈門不服, 憲宗因察諸王有異同者, 並羈縻之, 取主謀者
誅夷之, 由是始定.

【辛亥】원 헌종 원년(1251년)이다.(元憲宗元年. −원주)

1257 여개余玠

송나라 여개余玠가 흥원興元에서 원나라 군사를 크게 격파하였다.

○ 余玠大敗元人于興元.

1258 태제太弟 쿠빌라이忽必烈

원의 헌종(몽가)이 태제 쿠빌라이
忽必烈, 孛兒只斤忽必烈에게 명하여
몽고와 한지漢地의 백성 호적에 관
한 일을 총괄하여 다스리게 하여
그 관청을 금련천金蓮川에 설치토록
하였다.

이에 앞서 요추姚樞가 소문蘇門에
은거하여 도학道學을 자신의 임무로
여기고 있었는데, 태제(쿠빌라이)가
그를 부르자 요추는 이르러 태제
쿠빌라이가 총명하며 그 재주는

〈쿠빌라이칸〉

불세출이며 자신을 비워 남의 말을 듣는 것을 보고 장래 큰일을 할
사람임을 알게 되었다. 이에 자신이 평소 학습한 바의 모든 것을 수천
언으로 써서 올렸다. 그 첫머리는 2제堯, 舜와 3왕禹, 湯, 文王이 배운
본의本義와 세상을 다스리는 순서, 그리고 치국평천하의 태경太經이었
으며 이를 다시 여덟 항목으로 분류하여 자신을 잘 수양할 것, 학문에
힘쓸 것, 어진 이를 존경할 것, 어버이를 친히 할 것, 하늘을 두려워할
것, 백성을 사랑할 것, 선을 좋아할 것, 간신배를 멀리할 것 등이었다.
그리고 다음으로 시정時政의 폐해를 30조목을 들었는데 본말이 모두
갖추어졌으며 세밀하고 큰 것이 빠짐이 없었다.

태제 쿠빌라이는 그의 재능을 아주 기특하게 여겨 일을 행할 때면
반드시 그를 만나 물었다.

○ 元憲宗命太弟忽必烈, 總治蒙古漢地民戶事, 開府于金蓮川.
先是姚樞隱居蘇門, 以道自任, 太弟召之, 樞至, 見太弟聰明,

才不世出, 虛己受言, 將大有爲. 乃盡其平日所學, 爲書數千言
上之, 首以二帝三王爲學之本, 爲治之序, 與治國平天下之大經,
彙爲八目, 曰脩身, 力學, 尊賢, 親親, 畏天, 愛民, 好善, 遠佞.
次及時政之弊, 爲條三十, 本末兼該, 細大不遺. 太弟太奇其才,
動必見詢.

【姚樞】 자는 公茂이며 柳城 사람이다. 뒤에 洛陽으로 옮겨 살았다. 어려서부터
학문에 힘써 程朱의 책을 얻자 더욱 스스로 면려해야 함을 알게 되었다. 世祖가
그를 藩王으로 삼아 불러 王府에 모셨다. 그가 時務를 진설할 때면 반드시
帝王의 道를 주제로 삼았다. 世祖가 大理를 정벌할 때 요추가 따라갔는데 밤에
잔치 분위기를 이용하여 요추는 宋 太祖가 曹彬에게 명하여 南唐을 정복하게
하면서 단 한 사람도 죽이지 않도록 하여 시장 사람들은 자리를 옮기지 않을
정도로 안정된 분위기였다고 말해주었다. 이튿날 세조는 안장에 올라 이렇게
불러 말하였다. "그대가 어제 조빈은 한 사람도 죽이지 않았다고 말했는데
나도 할 수 있다." 그러자 요추는 말 위에서 이렇게 축하하였다. "성인의 마음은
어질고 명확하심이 이와 같으니 백성의 행복이며 나라에 복이 있을 것입니다."
大理城에 이르자 요추에게 명하여 비단을 찢어 깃발을 만들도록 하여 죽이는
것을 금지한다는 명령을 쓰도록 하였다. 백성들이 이를 믿고 안정을 얻은 것은
요추의 힘이었다.(姚樞, 字公茂, 柳城人, 後遷洛陽, 自少力學, 及得程朱之書,
益知自勵. 世祖爲藩王, 召置之王府. 敷陳時務, 必以帝王之道爲言. 世祖征大理,
樞從行, 因中途夜宴, 樞言宋太祖命曹彬取南唐, 不殺一人, 市不易肆. 明日世祖,
據鞍呼曰:「汝昨言, 曹彬不殺一人, 吾能爲之」樞馬上賀曰:「聖人之心, 仁明若此,
生民之幸, 有國之福也.」至大理城, 命樞裂帛爲旗, 書止殺之令. 民賴以安, 樞之力也.
－원주)

1259 사천택史天澤과 조벽趙璧

원은 사천택史天澤, 조벽趙璧을 하남경략사河南經略使로 삼았다.

○ 元以史天澤·趙璧, 爲河南經略使.

【史天澤】 直定 사람으로 키가 8척이었으며 목소리는 큰 종과 같았고 힘이 세며 활을 잘 쏘았다. 형 史天倪가 眞定帥로 죽고 천택이 그 직위를 이어받았다. 太宗이 천택을 眞定, 河間, 大名, 東平, 濟南의 五路萬戶를 삼아 汴梁과 歸德, 蔡州를 공략하게 하여 많은 戰功이 있었다. 世祖가 즉위하여 그를 불러 治道를 묻자 그는 이렇게 갖추어 대답하였다. "省部를 세워 紀綱을 바로잡을 것, 監司를 두어 諸郡을 감독할 것, 恩澤을 베풀어 反側을 안정시킬 것, 貪殘을 물리쳐 賢能을 임용할 것, 俸祿을 내려 청렴한 자를 살 수 있도록 할 것, 賄賂를 막아 간악한 자를 방비할 것" 등이었다. 즉위 2년에 中書右丞相을 삼아, 그가 말한 것은 차례대로 실행되었다. 3년에 李壇이 濟南을 점거하고 반란을 일으키자 親王 哈必赤를 보내어 토벌토록 하면서 뒤이어 천택에게 명하여 사서 살피도록 하였다. 천택은 이단이 濟南으로 들어갔다는 말을 듣고 웃으면서 "돼지가 우리 안으로 뛰어들어갔으니 힘을 쓸 수 없게 되었구나"라 하였다. 그리하여 친왕에게 "군대란 힘으로 그 뿔을 다투어서는 안 됩니다. 시간이 지나면 죽게 되어 있습니다" 라 하고는 구덩이를 깊이 파고 보루를 높여 그들이 달아날 길을 끊어버렸다. 넉 달이 지나자 성 안에는 먹을 것이 떨어져 궤멸하여 항복하였으며 이단을 생포하여 참수하였다. 어떤 이가 이단이 반란을 일으킨 것은 제후의 일에 능숙하고 권세가 중하기 때문이라 하자 천택은 이에 주청하여 "저의 집으로부터 고치겠습니다"라 하였다. 이에 사천택의 자제들은 모두 병력을 내놓은 자가 17이나 되었다. 至元 11년 황제가 天澤에게 조서를 내려 伯顔과 함께 대군을 총괄하여 宋을 공략하도록 하였다. 천택은 郢에 이르러 그만 병이 들어 襄陽으로 돌아오고 말았다. 황제가 의사에게 명하여 그를 살펴 다시 능히 볼 수 있도록 하였으나 천택은 그 의사를 통해 이렇게 상주하였다. "신의 생명은 끝이 났습니다. 죽어도

〈지원 시대 수표〉

애석할 것은 없으나 원컨대 강을 건너 송나라를 치더라도 마구 약탈하거나 죽이는 일이 없기를 바랍니다"라 하였다. 그러나 그 말이 왕에게 닿기 전 12년 2월 죽고 말았다. 나이 74세였으며 시호는 忠武였다. 뒤에 太師로 추증되어 鎭陽王에 봉하여졌다. 천택은 평소 한번도 스스로 능력 있다고 자랑한 적이 없었으나 大節이나 大事를 논하게 되면 의연히 천하의 일을 자신의 임무로 여겼다. 그는 나이 40에 부절을 꺾고 독서에 몰두하였으며 특히 《資治通鑑》에 밝았다. 그는 논리를 세우면 남의 意表를 뛰어넘었다. 그가 재상에 임명되는 날인데도 집안이 너무 쓸쓸한 모습을 보고 어떤 이가 권세로써 들끓게 하기를 권하자 사천택은 唐나라 韋澳의 말을 외우면서 "相公이 되고자 한 것은 권세를 위해서 한 일이 아닐세. 爵祿과 刑賞은 天子의 권한이니 어찌 내가 권세로 삼으리오?"라 하였다. 그러자 말을 꺼냈던 자가 부끄러워 굴복하였다. 將相의 높은 직위를 드나들기를 50년이나 되었지만 황제도 그를 의심한 적이 없었고 아랫사람의 원망을 들은 일도 없어 사람들은 그를 郭子儀나 曹彬에 비교하였다. 아들로서 格, 樟, 棣, 杠, 杞, 棒, 楷, 彬 등이 있었는데 모두 현달하였다.(史天澤, 直定人, 身長八尺, 音如洪鐘, 勇力善射. 兄天倪爲眞定帥而死, 天澤繼其職, 太宗以天澤, 爲眞定河閒大名東平濟南五路萬戶, 攻汴梁歸德蔡州, 多戰功. 世祖卽位, 召問治道, 具疏以對: 言立省部以正紀綱; 設監司以督諸郡, 濡恩澤以安反側; 退貪殘以任賢能; 頒俸祿以養廉; 禁賄賂以防奸. 二年拜中書右丞相, 所言皆次第行之. 三年李壇叛據濟南, 遣親王哈必赤討之, 繼命天澤往. 聞壇入濟南, 笑曰: 「豕突入苙, 無能爲也.」言於王曰: 「兵不宜力角, 當以歲月斃之」乃深溝高壘, 絶其奔軼. 歷四月, 城中食盡潰降, 生擒壇斬之. 或謂壇之變, 由諸侯權重. 天澤遂奏請: 「自臣家始.」於是史氏子弟, 解兵符者十七人. 至元十一年詔天澤, 與伯顏, 總大軍侵宋. 天澤至郢以疾還襄陽. 帝勅尙醫能視, 天澤附奏曰: 「臣大限有終, 死不足惜, 願天兵渡江, 愼勿殺掠.」語不及他, 以十二年二月卒, 年七十四, 謚忠武. 後贈大師, 封鎭陽王. 天澤平居, 未嘗自矜其能. 及臨大節論大事, 毅然以天下之事自任. 年至四十, 始折節讀書. 尤熟資治通鑑. 立論出人意表. 拜相之日, 門庭悄然. 或勸以權自張. 天澤誦唐韋澳之語曰: 「願相公無權. 爵祿刑賞, 天子之柄, 何以權爲?」言者慙服. 出入將相五十餘年, 上不疑, 而下無怨. 人以方郭子儀曹彬云. 子曰格, 樟, 棣, 杠, 杞, 棒, 楷, 彬, 皆顯. —원주)

1260 몽가蒙哥를 저주한 황후

　임자壬子 순우 12년(1252년), 원나라 정종의 황후(해미실)와 실렬문의 어머니가 몽가憲宗를 저주하여 죽이고자 기도드린 일이 발각되어 함께 죽음이 내려졌다. 그리고 실렬문과 그 당들을 몰탈적沒脫赤의 땅으로 귀양보냈다.

　○ 壬子, 淳祐十二年, 元定宗后, 及失烈門母, 以厭禳事覺, 並賜死. 謫失烈門, 及其黨於沒脫赤之地.

【壬子】원 헌종 2년(1252년)이다.(元憲宗二年. －원주)

1261 관중關中 땅을 선택한 쿠빌라이

6월(1252년), 원의 헌종(몽가)은 중주中州의 한지漢地를 동성의 종실宗室
들에게 봉하였다. 그리고 태제(쿠빌라이)에게 변경汴京과 관중關中 중의
하나를 택하도록 하자 요추姚樞가 이렇게 말하였다.

"남경(변경)은 하수의 물길이 무상으로 변하여 땅이 척박하고 물이
얕아 소금기가 있으니 관중만 못합니다. 관중의 토지는 상지상上之上
으로 옛날에는 천부天府요 땅의 바다라 이름하였습니다."

태제는 드디어 관중을 청하였고 이리하여 태제는 관중과 하남 땅을
갖게 되었다.

○ 六月, 元憲宗以中州漢地封同姓.

太弟於汴京·關中, 自擇其一, 姚樞曰:「南京河徙無常, 土薄
水淺, 瀉鹵生之, 不若關中. 厥田上上, 古名天府陸海.」

太弟遂請關中, 由是太弟有關中河南之地.

1262 여회余晦

계축 보우寶祐 원년(1253년), 사천제치사四川制置使 여개余玠가 죽어 여회余晦를 사천선유사四川宣諭使로 삼았다.

○ 癸丑, 寶祐元年, 四川制置使余玠卒, 以余晦爲四川宣諭使.

【癸丑】원 헌종 3년(1253년)이다.(元憲宗三年. —원주)

1263 대리국大理國 평정

원의 태제 쿠빌라이가 대리국大理國을 평정하였다.

○ 元太弟忽必烈, 平大理國.

1264 송나라의 소강小康

(1) 내 죽으면 하늘에 호소하리라

갑인甲寅 보우 2년(1254년), 여회余晦가 사천四川을 선무宣撫하면서 사사로운 원한을 품고 이로利路의 안무사安撫使 왕유충王惟忠이 몰래 북쪽(원나라)과 내통하고 있다고 참소하였다. 송나라 대리大理 진대방陳大方이 그의 뜻을 받아 그의 죄를 꾸며 만들어 왕유충은 거리에서 참형斬刑을 당하게 되었다. 그는 얼굴 빛 하나 변하지 않으면서 진대방에게 이렇게 말하였다.

"내가 죽으면 하늘에 호소할 것이다."

이윽고 참형을 당하자 그의 피가 거꾸로 흘러 하늘로 치솟는 것이었다. 그 뒤 얼마 되지 않아 진대방이 조정에 들어갔더니 갑자기 황홀하여 유충과 함께 돌아온 것 같았다. 드디어 그는 죽고 말았다.

○ 甲寅, 寶祐二年, 時余晦宣撫四川, 以私恨誣奏, 利路安撫王惟忠, 潛通北境.

大理陳大方, 承旨鍛成之, 惟忠將斬於市, 色不變, 謂大方曰: 「吾死訴於天.」

旣斬, 血逆流而上, 未幾大方入朝, 恍惚與惟忠還, 遂卒.

(2) 팽대아彭大雅의 선정

이에 앞서 조정은 팽대아彭大雅를 등용하여 촉蜀을 다스리게 하였는데 그는 위엄과 명망이 매우 높았으며 두 번이나 중경重慶에 성을 쌓았던 자였다.

여개余玠는 촉의 평탄하고 탁 트인 땅으로 옮겨 험요한 곳을 나누어 다스렸는데 마치 합주合州의 조어산釣魚山과 같았다.

그가 촉에 있은 지 20년 동안 그곳 백성들은 그 덕분에 안녕을 누렸다. 그런데 여회余晦가 부임해 오자 그는 탐욕하여 없는 공을 만들어 내는 자로써 패하여 그 요지를 잃고 말았다. 이리하여 화주和州의 수령 유웅비劉雄飛가 사천四川의 제치사制置使가 되었다.

先是朝廷用彭大雅理蜀, 甚有威名, 重築重慶城. 余玠遷蜀郡平曠之地, 分治險要, 如合州治釣魚山之類.

在蜀二十年, 民藉以安. 至余晦貪繆罔功, 敗失要地. 以和州守劉雄飛, 爲四川制置.

(3) 호타귀胡打鬼

호영胡穎은 매번 음사淫祠를 보기만 하면 즉시 이를 헐어버려 사람들은 그를 '호타귀胡打鬼'라는 별명으로 불렀다. 그가 광동廣東의 경략사經略使가 되어 광동에 어떤 절이 있었는데 불상 속에 큰 뱀이 살고 있었다. 뱀은 가끔 나와서 차려 놓은 제사 음식을 먹었다. 그곳 승려는 이에게 제소題疏를 지어 뱀에게 안녕을 부탁한다는 구실로 수만 민의 동을 거두었다. 호영이 이르러 그 불상을 깨뜨리고 뱀을 죽여 버려 그 괴이함은 드디어 사라지고 말았다.

胡穎每見淫祠卽毁之, 人謂之胡打鬼. 經略廣東, 廣有僧寺, 佛像中有巨蛇. 時出享人祭祀, 僧託之題疏, 得數千緡, 穎至, 毁佛擊蛇, 其怪遂息.

【經略】廣東經略使.

(4) 고려高麗가 원에 조공하다

고려왕高麗王, 高宗 세차보細嵯甫와 운남雲南 추장 마합라차摩合羅嵯 및 소주素州의 여러 나라가 원에 입조入朝하였다.(1254년)

高麗王細嵯甫, 雲南酋長摩合羅嵯, 及素州諸國朝于元.

1265 원의 개평부開平府 건설

(1) 3년간의 공사

원나라 헌종(몽가)은 새로이 성시城市를 세워 도시를 만들고자 하자 태제 쿠빌라이가 말하였다.

"유강충劉康忠, 劉秉忠이 천문과 지리의 술에 정통합니다."

이리하여 그에게 자리를 잡아 보도록 명하였다. 유병충이 환천桓川 동쪽 난수灤水 북쪽에 있는 용강龍岡이 길한 곳이라 하자 이에 병충에게 명하여 공사를 하도록 하였다. 그리고 그곳을 개평부開平府라 이름하고 3년이 걸려 공사가 끝나게 되었다.

○ 元憲宗, 欲建城市爲都會之所, 太弟忽必烈言:「劉康(秉)忠精於天文地理之術.」

乃命相宅, 秉忠以桓州東灤水北之龍岡爲吉, 乃命秉忠營之, 名曰開平府, 三年而畢功.

(2) 당장 급한 것은 돈이다

정사丁巳 보우 5년(1257년), 원나라에 회흘(回紇, 위구르)이 수정 쟁반과 진주 우산을 바쳤는데, 그것은 값이 은 3만여 정鋌에 해당하는 것이었다. 이에 헌종(몽가)은 이렇게 말하였다.

"지금 바야흐로 백성들이 피폐하여 당장 급한 것은 돈이다. 짐 홀로 어찌 이런 것이 소용 닿겠는가?"

그리고는 이를 물리쳐 받지 않았다.

丁巳, 寶祐五年, 元回鶻獻水精盆, 珍珠傘, 可直銀三萬餘錠.
憲宗曰:「方今百姓疲弊, 所急者錢耳, 朕獨有此何用?」
卻之.

【丁巳】원 헌종 7년(1257년)이다.(元憲宗七年. ─원주)

1266 원의 안남安南 정벌

10월 원의 장수 올량합태兀良哈歹가 안남安南을 정벌하여 그 성을 도륙하였다.

○ 十月, 元兀良哈歹伐安南, 屠其城.

【十月】戊午年. 즉 원 헌종 8년(1258년)이다.(元憲宗八年. -원주)

1267 안남왕安南王

무오戊午 보우(1258년) 6년 2월, 안남왕은 나라를 맏아들 광병光昺에게 물려주고, 사신을 보내어 원나라에게 방물을 바쳤다.

○ 戊午, 寶祐六年二月, 安南王傳國於長子光昺, 遣使以方物獻于元.

1268 원군元軍이 악주鄂州를 포위하다

원나라는 회회합리발回回哈里發을 쳐 평정하였다. 9월, 헌종(몽가)은 친히 대군을 인솔하여 촉으로 쳐들어가서 고죽애苦竹隘를 공격하였다. 그곳을 지키던 송나라 장수 양립楊立과 장실張實이 이에 전사하였다. 이때 원군은 형세를 몰고 장강을 따라 동쪽으로 내려가고자 일부는 대리국大理國 알복幹服의 남쪽에서 나와 옹주邕州와 계주桂州의 경계를 지나 담주潭州에 이르렀고, 다른 일군은 강을 건너가 악주鄂州를 포위하였다.

○ 元討回回哈里發平之.

九月, 憲宗親帥大軍入蜀, 攻苦竹隘. 宋守將楊立·張實, 死之. 是時元人, 勢欲順流東下, 一軍自大理國幹服南來, 歷邕·桂之境以至潭州, 一軍渡江圍鄂州.

1269 악주鄂州를 지켜내다

송나라는 정대전丁大全을 파직시키고 오잠吳潛을 좌승상으로, 군중軍中에 가 있던 가사도賈似道를 우승상으로, 조규趙葵를 추밀책응사樞密策應使로, 두서杜庶를 양회제치사兩淮制置使로, 하귀夏貴를 총령總領舟師으로 삼았다.

여문덕呂文德 등이 때마침 불어오는 바람을 이용하여 원군과 싸워 승리하였다. 오잠은 상사벽向士璧으로 하여금 담주潭州를 수비토록 하였는데, 마침 이가원수二哥元帥가 송나라 척후斥候의 기마병을 만나 전사하였다. 이리하여 담주의 포위가 풀렸으며 고규高逵 등은 악주鄂州를 지켜냈고 가사도는 계양溪陽에 주둔하여 악주의 원군 역할을 하였다.

○ 罷丁大全, 以吳潛爲左相, 卽軍中, 拜賈似道爲右相, 趙葵樞密策應使, 杜庶兩淮制置, 夏貴總領舟師. 呂文德等, 乘風戰勝. 潛以向士璧守潭, 適南來二哥元帥, 遇宋候騎而死. 潭圍先解, 高逵等守鄂, 似道駐漢陽, 爲鄂援.

1270 왕견 王堅

　기미己未 개경開慶 원년(1259년), 원의 헌종(몽가)이 합주合州를 포위하고
사자를 보내어 성을 지키고 있던 왕견王堅에게 항복하기를 권하였으나
왕견은 사자를 죽이고 성을 굳게 지키며 항거하였다.

　○ 己未, 開慶元年, 元憲宗圍合州, 遣使招諭守將王堅, 堅殺
使者固守拒之.

【己未】원 헌종 9년(1259년)이다.(元憲宗九年. −원주)

1271 헌종憲宗, 蒙哥이 죽다

7월에 헌종憲宗, 蒙哥이 조어산釣魚山에서 죽었다.(1259년) 재위 9년으로 향년 52세였으며 시호를 환숙황제桓肅皇帝라 하였다.

헌종은 강명剛明하고 웅의雄毅하며 침착하되 결단력이 있고 말이 적었다. 연회나 술 마시기를 즐기지 않았고 사치도 좋아하지 않았다. 비록 후비后妃라 할지라도 제도를 넘어설 수 없었다.

태종(오고타이) 말년에는 신하들이 권력을 독단하여 정치가 여러 문에서 나왔으나 헌종 때에 이르러 모든 조서와 교지는 반드시 헌종이 친히 초고를 써서 세 번 네 번 고친 뒤에야 이를 시행하였다. 헌종은 신하들을 매우 엄격하게 다루어 어느 날 이렇게 타일렀다.

"그대들은 만약 나에게 잘 한다는 말을 들으면 즉시 지기가 교만해지고 안일해 집니다. 그렇게 하고서 재앙이 뒤따라오지 않는 경우란 없었소. 그대들은 이를 경계하시오."

당시 태제(쿠빌라이)는 길을 바꾸어 악주鄂州를 진격하고 있었으며 송나라 장수 장승張堅이 이를 지켜 항복하지 않다가 마침내 전사하였다.

○ 七月, 元憲宗殂於釣魚山, 在位九年, 壽五十二, 後追諡曰桓肅皇帝.

憲宗剛明雄毅, 沈斷寡言, 不樂宴飮, 不好侈靡, 雖后妃, 亦不過制. 太宗末年群臣擅權, 政出多門, 至憲宗, 凡詔旨必親起草, 更易數四然行後之.

御群臣甚嚴, 嘗諭曰:「汝輩若得朕獎諭, 卽志氣驕逸, 災禍未有不隨至者, 汝輩其戒之.」

時太弟進改鄂州, 宋守將張堅守不下, 遂死之.

1272 대보大寶가 돌아올 것입니다

가사도賈似道가 한양漢陽으로부터 악주에 이르러 군사를 지휘하자 태제 쿠빌라이는 악주를 더욱 급하게 몰아붙여 성 안에 사상자가 1만 3천 명에 이르렀다. 가사도는 크게 겁을 먹고 몰래 송경宋京을 원군의 진영으로 보내어 신하로서 섬기며 공물을 바치겠다고 청하였으나 태제 쿠빌라이는 들어주지 않았다. 마침 이때 합주合州를 지키고 있던 왕견 王堅이 사람을 보내어 악주로 달려와 헌종의 부음을 가사도에게 알려왔다. 가사도는 다시 송경을 원의 진중으로 보냈는데 한편 태제 쿠빌라이도 역시 아리부가阿里不哥가 황제의 지위를 이어받으려 한다는 소식을 듣게 되었다. 이때 학경郝經이 말하였다.

"만약 저 아리부가가 선제先帝, 憲宗의 유조遺詔라 칭하며 천자의 지위에 올라 중원에 조서를 내려 대사령大赦令을 장강長江 일대에 내린다면 그대는 귀국하고자 한다고 되겠습니까? 원컨대 대왕께서는 사직社稷을 염두에 두시기 바랍니다. 군대를 돌려 송나라와 화의를 맺은 다음 치중輜重은 그대로 두고 경기輕騎를 이끌고 귀국하여 곧바로 천도에 이르러 이군二軍을 파견하여 대행大行의 영여靈舁를 맞아오게 하여 황제의 옥새玉璽를 거두십시오. 그리고 사자를 보내어 욱렬旭烈과 아리부가阿里 不哥 등 여러 왕을 소집하여 화림和林에 모여 장례를 치르신 다음 관리를 각 지방에 파견하셔서 민심을 무마하고 대왕의 장자 진금眞金에게 연도 燕都를 진수鎭守하도록 명하여 형세가 대왕에게 있음을 보이십시오. 그렇게 되면 대보大寶가 돌아올 것이며 사직은 안녕을 얻게 될 것입니다."

태제 쿠빌라이는 그렇다고 여겨 이에 가사도의 화의를 허락하여 장차 세폐歲幣의 액수를 약속하고 마침내 진지를 뽑아 헐어버리고 떠났다. 그러면서 장걸張傑과 염왕閻旺을 남겨두어 일부는 따로 올량합태兀良哈歹의 군사가 호남湖南에서 하는 일을 더욱 자세히 살피도록 하였다.

○ 似道自漢陽至鄂督師, 而太弟忽必烈攻城益急, 城中死傷者, 至萬三千人. 似道大懼, 密遣宋京詣元營請稱臣納幣, 太弟不許. 會合州守王堅遣人走鄂, 以憲宗訃, 聞于似道. 似道再遣宋京往元營, 太弟亦聞, 阿里不哥欲襲尊號.

郝經曰:「若彼果稱遺詔, 便正位號, 下詔中原, 行赦江上, 欲歸得乎? 願大王以社稷爲念. 班師議和, 置輜重, 率輕騎而歸, 直造天都, 遣二軍逆大行靈舁, 收皇帝璽, 遣使召旭烈阿里不哥諸王, 會喪和林, 差官諸路, 安輯, 命王長子眞金, 鎮守燕都, 示以形勢, 則大寶有歸, 而社稷安矣.」

太弟然之, 乃許似道和, 且約歲幣之數, 遂拔寨而去. 留張傑·閻旺, 以偏師候湖南兀良哈歹之兵.

1273 세조世祖 쿠빌라이가 즉위하다

경신庚申 경정景定 원년(1260년), 원나라 세조世祖는 이름이 쿠빌라이로 헌종憲宗과 동모同母의 아우이다.

헌종이 죽자 아람답아阿藍荅兒와 혼도해渾都海 등이 세조(쿠빌라이)의 아우 아리부가를 세우고자 모의하였다.

헌종의 황후가 이를 듣고 사자를 급히 악주鄂州로 보내어 쿠빌라이에게 급히 돌아올 것을 청하였다.

이해 봄 3월 쿠빌라이가 개평開平에 이르자 여러 왕들과 대신들이 함께 그에게 황제에 오를 것을 권하여 세 번 사양하다가 이에 즉위하였다.

○ 庚申, 景定元年, 元世祖名忽必烈, 憲宗同母弟也.

憲宗旣殂, 阿藍荅兒·渾都海等, 謀立世祖弟阿里不哥. 憲宗后聞之, 遣使馳至鄂請速還.

春三月, 至開平, 諸王大臣同勸進, 三讓乃卽立.

【庚申】원 世祖皇帝 中統 원년(1260년)이다.(元世祖皇帝中統元年. 兀良哈歹)

1274 원과의 밀약을 숨긴 가사도賈似道

원의 올량합태兀良哈歹가 악주에서 장걸과 만나 군대를 이끌고 북쪽으로 돌아가자 송나라 가사도는 장수 하귀夏貴에게 명하여 올량합태의 후군後軍을 신생기新生磯에서 패배시켰다. 그리고 가사도는 쿠빌라이에게 화의를 청하여 신하를 일컫고 세폐歲幣를 바치기로 약속한 것은 숨기고 임금理宗에게 상언하였다.

"악주의 포위가 비로소 풀렸으며 강면江面도 깨끗이 맑아졌습니다. 조종의 사직이 위태로웠으나 다시 안녕을 찾았으니 실로 만세萬世를 두고 끝이 없을 자랑입니다."

황제(이종)는 가사도는 나라를 두 번 일으킨 공이 있다 하여 조서를 포상하여 칭찬하여 상과 상품이 심히 후하였다.

○ 元兀良哈歹, 會張傑于鄂州, 帥師北還.

宋賈似道命夏貴, 敗其後軍于新生磯, 遂匿其議和稱臣納幣之事, 上表言:「鄂圍始解, 江面肅清, 宗社危而復安, 實萬世無疆之休.」

帝以似道有再造功, 下詔褒美, 賞賚甚厚.

1275 아리부가阿里不哥가 칭제하다

원의 아리부가阿里不哥가 화림和林의 곡曲에서 황제를 참칭하였다.

○ 元阿里不哥, 僭號于和林城曲.

1276 연호 제정

5월 19일, 원은 연호를 중통中統이라 하였다.(1260년)

○ 五月十九日, 元建元中統.

1277 중통교초中統交鈔 발행

중통교초中統交鈔라는 돈紙幣을 만들어 바쳤다.

○ 進中統交鈔.

1278 아리부가阿里不哥를 토벌

원 세조(쿠빌라이)가 친히 장수가 되어 아리부가阿里不哥를 토벌하였다.

○ 元世祖自將討阿里不哥.

1279 염희헌廉希憲

원나라 염희헌廉希憲이 고장姑藏에서 서군西軍을 크게 깨뜨리고 아람
답아阿藍答兒와 혼도해渾都海를 목 베었다.

○ 元廉希憲大敗西軍于姑藏, 斬阿藍答兒及渾都海.

〈염희헌(善甫)〉《三才圖會》

1280 국사國師

원은 범승梵僧 팔합사팔八合思八 파스파를 국사國師로 삼았다.

○ 元以梵僧八合思八爲國師.

1281 《복화편福華編》

원은 학경郝經을 보내어 와서 앞서 한 맹약을 찾아 다시 지난 날 화의를 청한 것을 지키도록 책임을 물었다. 가사도는 이미 조정에 돌아와 자신의 식객 요영중廖瑩中으로 하여금 《복화편福華編》이라는 책을 지어 악주鄂州에서의 자신의 공로를 칭송하게 하였다. 조정에서는 가사도가 원나라에 화의를 청한 일을 알지 못하고 있었다.

○ 元遣郝經來尋盟, 且徵前日請和之議. 賈似道旣還朝, 使其客廖瑩中, 撰福華編, 稱頌鄂功. 朝廷不知其求和也.

1282 송나라의 국운

⑴ 병을 핑계로

원 세조(쿠빌라이)가 황제의 위에 오르자(1260년) 염희헌廉希憲이 이렇게 청하였다.

"사신을 보내어 휴전을 하고 우호를 맺은 다음, 군사에게 북으로 돌아가도록 명령을 내려 은혜와 위엄이 함께 드러나도록 하십시오."

세조는 훌륭하다 여겼으나 그 일을 맡길 사신을 찾지 못하고 있었다. 왕문통王文統은 평소 학경郝經의 재주와 덕을 시기하고 있던 터라 학경을 보내기로 하였다. 어떤 사람이 학경에게 이렇게 말하였다.

"어찌 병을 핑계로 거절하지 않습니까?"

학경이 말하였다.

"남북이 싸움에 얽혀 강회江淮의 살아남은 백성이라 해도 약한 자는 포로가 되고 건장한 자는 들판에서 숨져 가는데 전쟁은 끝이 없고 재앙은 맺혀 있소. 이렇게 된 지 오래인데 마침 성스러운 황제께서 남북을 똑같이 인으로 대하셔서 두 나라가 통호하기에 힘쓰시고 계십니다. 비록 이 미약한 몸이지만 깊이를 알 수 없는 못을 밟고 가서 진실로 전쟁을 막고 난리를 그치게 하여 백만의 살아 있는 생명을 창 끝 아래에서 구해낼 수만 있다면 이것이 내가 배운 학문의 쓰임일 것이외다."

○ 元世祖既立, 廉希憲請:「遣使以息兵講好, 命軍北歸, 俾恩威並著.」

世祖善之, 而未得其人, 王文統素忌郝經才德, 乃遣經行, 或謂經曰:「盍以疾辭?」

經曰:「自南比(北)構難, 江淮遺黎, 弱者被俘略, 壯者死原野,

兵連禍結, 斯亦久矣. 聖上一視同仁, 務通兩國之好, 雖以微軀
蹈不測之淵, 苟能弭兵靖亂, 活百萬生靈於鋒鏑之下, 吾學爲
有用矣.」

【郝經】 자는 仲常이며 그 선조는 澤州人으로 뒤에 順天에 옮겨 살았다. 송나라에
갇혀 있는 동안 많은 《續漢書》,《易春秋外傳》 등 文集 수백 권을 쓰기도 했다.

⑵ 송나라 국운도 멀지 않은 것 같소

그는 마침내 송나라로 향하였다. 그러자 왕문통王文統은 몰래 이단李璮
을 부추겨 송나라를 침범하여 학경의 일을 저지하고 방해하여 남의
손을 빌려 학경을 죽이고자 하였다. 학경이 회수淮水를 건너자 한편
송나라 가사도는 자신이 임금을 속인 간악한 음모가 드러날 것을 두려워
하여 드디어 이단이 회안淮安에 침입해 온 것을 구실 삼아 학경을 잡아
진주眞州의 충용군忠勇軍 진영營舍에 가두어버렸다. 그곳 역리驛吏들은
이를 지키며 감옥보다 더 엄하게 하여 따르는 수행원 중에 혹 이를
견뎌낼 수 없다 하자 학경은 이들에게 이렇게 말하였다.
"사명을 받들고 이곳에 이른 이상, 우리의 생사와 진퇴는 모두 저들의
말을 들어주는 데 있지만 절의를 지켜 굴복하지 않는 것은 모두 우리에게
달려 있는 것이오. 어찌 능히 불충不忠 불의不義로 중주中州의 사대부들에게
모욕당하는 일이 있어서야 되겠소? 그러나 여러분들은 불행하지만
모름지기 죽을 고생을 참아 때가 이르기를 기다려야 하오. 천시와
인사를 헤아려보건대 송나라의 운명도 거의 머지않은 것 같소."
무리들이 그 말에 감격하여 모두 스스로 진발하고 면려하였다.

遂行. 王文統陰諷李璮, 侵宋以沮撓之, 欲假手以害經. 經踰淮,
賈似道懼姦謀呈露. 遂以李璮爲辭, 拘留經于眞州之忠勇軍營.

驛吏防守, 嚴於獄犴, 介佐或不能堪, 經語之曰:「將命至此,
死生進退, 聽其在彼, 守節不屈, 盡其在我, 豈能不忠不義, 以辱
中州士太夫乎? 但公等不幸, 須忍死以待, 揆之天時人事, 宋祚
殆不遠矣.」

衆感其言, 皆自振勵.

⑶ 예를 갖추어야 만나주리라

황제(이종)는 북쪽(원) 사신이 온다는 말을 듣고 재상과 정승들에게
이렇게 말하였다.
"원나라 사신이 오거든 일을 잘 논의하도록 하오."
가사도가 아뢰었다.
"화의는 저쪽 원나라에서 나온 모책인데 어찌 일체를 가볍게 따라
주어 용납할 수 있겠습니까? 그러나 만약 저편이 이웃나라와 교제하는
예의로써 온 것이라야 의당 들어와 입견하도록 해야 할 것입니다."

帝聞有北使, 謂宰執曰:「北朝使來, 事體當議.」
似道奏:「和出彼謀, 豈容一切輕徇? 倘以交鄰國之道來, 當令
入見.」

(4) 가사도賈似道의 흉계

가사도는 다른 신하들을 꺼려 그들을 해치려고 그들이 군사를 퇴각해 철수시키면 그동안 쓴 비용을 계산하는 법을 시행하여 그들에게 오욕을 덮어씌울 작정이었다. 이에 상사벽向士璧, 조규趙葵, 사암지史巖之, 두서杜庶 등이 모두 비용을 훔치고 이를 숨긴 죄에 걸려 파면되고 배상의 책임을 지게 되었다. 그 중에 상사벽은 배상해야 할 금액이 특히 많아 마침내 외지로 안치安置되었다가 죽었고 다시 그 처첩을 구속하고 재산을 몰수하고도 오히려 부족할 정도였다.

그리고 신주信州의 사방득謝枋得은 조규의 격문檄文에 의해 공금과 관곡을 그 지방 백성들에게 나누어주어 민병을 모집하여 방어해낸 일이 있었다. 이에 사방득은 조규를 위해 이렇게 말하였다.

"그 일이 조규 선무사에게 누를 끼쳐서는 안 된다."

그리고 자신이 돈 1만 민緡을 배상하였으나 나머지는 변상할 수 없어 이에 글을 써서 가사도에게 올렸다.

"천금의 현상금을 걸고 나무 토막 하나를 옮길 자를 모집하여 장차 시장 사람들에게 그 믿음을 취하였으며, '달걀 두 개를 거두었다고 하여 국가의 간성干城을 잃는 것을 어찌 이웃나라에게 알릴 수 있으리오' 라 하였습니다."

이리하여 마침내 나머지는 면제되었다.

賈似道忌害閫臣, 兵退, 行打算費用法, 欲以此汚之. 向士璧·趙葵·史巖之·杜庶等, 皆坐侵盜掩匿, 罷官徵償, 而士璧所償尤多, 竟安置而死, 復拘其妻妾而徵之, 猶不能足.

信州謝枋得, 以趙葵檄給錢粟, 募民兵守禦, 枋得曰:「不可以累趙宣撫也.」

自償萬緡, 餘不能辨, 乃上書似道有云:「千金而募徙木, 將取信於市人, 二卵而棄干城, 豈可聞於隣國?」

遂得免徵餘者.

【徙木, 二卵】 '徙木'은 전국시대 商鞅의 고사이며(1권 032 참조), '二卵'은 子思가 衛侯에게 한 말.(1권 021 참조)

〈사방득(君直, 疊山)〉《三才圖會》

1283 여문덕呂文德이 형호제치사荊湖制置使가 되다

여문덕呂文德이 형호제치사荊湖制置使가 되어, 악주鄂州의 지사를 겸임
하였다.

○ 呂文德制置荊湖, 知鄂州.

1284 가사도賈似道로 인해 사기를 잃는 송군宋軍

신유辛酉 경정景定 2년(1261년), 노주瀘州를 지키던 장수 유정劉整이 모반하여 원나라에 항복하였다. 이에 앞서 도읍을 옮기자는 의논을 중지시킨 것은 오잠吳潛이었고, 성담주성城을 지키는 데 전력을 다한 사람은 상사벽向士璧이었다. 다리를 끊어 북으로 돌아가는 원나라 군사를 무찌르도록 공을 세운 자는 조세웅曹世雄과 유정이었다.

그런데 얼마 뒤 가사도는 그들의 공을 시기하여 향사벽과 조세웅을 참소하여 모두 폄직시킨 상태라 유정은 그 화가 자신에게도 미칠 것임을 두려워하고 있었다. 게다가 촉蜀의 총수總帥 정흥鄭興이 지난날의 원한으로 관리를 노주로 파견하여 전에 쓴 군비와 군량을 계산하고 있었고 마침 북군(원)이 변경을 압박해오자 드디어 반기를 들고 떠나버린 것이다.

○ 辛酉, 景定二年, 瀘州守劉整, 叛降于元.

先是止遷蹕之議者, 吳潛, 盡守城之力者向士璧, 奏斷橋之功者, 曹世雄, 劉整. 旣而似道妬功, 譖士璧・世雄, 皆貶, 整已懼禍, 而蜀帥鄭興, 復以宿憾遣吏至瀘, 打算軍前錢粮, 適北軍壓境, 遂叛去.

【辛酉】원 세조 중통 2년(1261년)이다.(元世祖中統二年. ―원주)

1285 한림국사원翰林國史院

원은 군중의 포로가 된 유사儒士들 중 속전贖錢을 내고 일반 백성이
되기를 원하는 자를 들어줄 것을 명하였다.
7월, 원나라는 처음으로 한림국사원翰林國史院을 세웠다.

○ 元命軍中所俘儒士, 聽贖爲民. 七月, 元初立翰林國史院.

1286 학교관學校官

각지에 유학자를 천거하여 학교관學校官을 삼았다.

○ 立諸路提擧學校官.

1287 아리부가阿里不哥는 달아나다

　원의 여러 장수가 서군西軍을 격파하자 아리부가阿里不哥는 북쪽으로
달아났다.

　○ 元諸將敗西軍, 阿里不哥北遁.

1288 연왕燕王 진금眞金

원은 황자 진금眞金을 연왕燕王에 봉하여 중서성中西省의 일을 맡아보게
하였다.

○ 元封皇子眞金爲燕王, 領中書省事.

1289 여문덕呂文德의 노주瀘州 수복

임술壬戌 경정 3년(1262년), 여문덕呂文德이 노주瀘州를 수복하였다.

○ 壬戌, 景定三年, 呂文德復瀘州.

【壬戌】원 세조 중통 3년(1262년)이다.(元世祖中統三年. −원주)

1290 제군왕齊郡王

원의 강회대도독江淮大都督 이단李璮이 경동京東, 연주漣州, 해주海州를
바쳐 귀의해 오자, 조서를 내려 이단을 제군왕齊郡王에 봉하고 그 아버지의
관작을 회복시켜 주었다.

○ 元江淮大都督李璮, 以京東漣海來歸, 詔封璮爲齊郡王, 復其
父全官爵.

1291 왕문통王文統

원나라 재상 왕문통王文統이 이단과 모의한 혐의로 주살되었다.

○ 元宰臣王文統, 坐與壇通謀伏誅.

1292 사천택史天澤이 제남濟南에서

원의 사천택史天澤이 제남濟南에서 이단을 포위하였다. 이단은 다시
원에 항복하자 원은 이를 죽여버렸다.

○ 元吏(史)天澤圍李璮于濟南, 璮復降于元, 元人誅之.

【李璮】1209 사천택의 원주에는 '李璮'으로 되어 있다.

1293 동문병董文炳

원은 동문병董文炳을 산동로경략사山東路經略使에 임명하였다.

○ 元以董文炳爲山東路經略使.

1294 십로十路

원은 십로十路에 선위사宣慰司를 세우고, 여러 노路에 전운사轉運司를
두었다.

○ 元立十路宣慰司, 立諸路轉運司.

1295 학경郝經 억류를 문책하다

계해癸亥 경정 4년(1263년) 2월, 원은 왕덕소王德素를 정사正使로, 유공량劉公諒을 부사副使로 삼아 국서를 송에 보내어 학경郝經을 억류한 이유를 따져 문책하였다.

○ 癸亥, 景定四年, 二月, 元以王德素爲使, 劉公諒爲副, 致書來, 詰其稽留郝經之故.

1296 요추姚樞의 건의

3월(1263년), 원나라는 처음으로 태묘太廟를 세웠다.

5월에는 처음으로 추밀원樞密院을 두어, 태자 연왕 진금眞金으로 하여금 중서령中書令을 삼아 추밀원의 일을 겸하여 맡아보게 하였다. 이어 개평부開平府를 상도上都로 삼았다. 그리고 원이 요추姚樞를 중서좌승中書左丞에 임명하자 요추는 이렇게 말하였다.

"폐하께서는 나라의 기초에 대하여는 지켜오는 입장이지만 나라를 다스리는 데에 대하여는 창시자입니다. 그러니 지금은 바로 의당 친척들과 화목하여 근본을 공고히 하시고, 황통을 세워 나라의 복을 중창시키며, 대신을 정하여 나라를 정당하게 하며, 경연을 여시어 마음을 바로잡으며, 변방 수비를 닦아 국난을 예방하며, 식량을 비축하여 흉년을 대비하며, 학교를 세워 인재를 육성하며, 농잠을 장려하여 생업을 후하게 하셔야 합니다."

세조 쿠빌라이는 그의 의견을 받아들였다.

〈姚文獻(樞) 公茂〉《三才圖會》

○ 三月, 元初建太廟. 五月, 初立樞密院, 以太子燕王眞金守中書令, 兼判樞密院事. 以開平府爲上都.

元以姚樞爲中書左丞, 樞曰:「陛下於基業, 爲守成; 於治道, 爲創始. 正宜睦親族以固本, 建儲副以重祚, 定大臣以當國, 開經筵以格心, 修邊備以防虞, 蓄粮餉以待歉, 立學校以育才, 勸農桑以厚生.」

世祖納之.

1297 흑회단黑灰團

여문덕이 노주瀘州를 회복하였다. 그는 얼굴빛이 검어 별호가 '흑회단'黑灰團이었다. 유정劉整이 원나라 쿠빌라이에게 이렇게 말을 올렸다.

"송나라는 오직 흑회단만을 믿고 있으나 그는 이利로써 유혹할 수 있는 인물입니다."

이리하여 원은 흑회단 여문덕에게 사자를 보내어 옥대玉帶를 선물하며 양성襄城 밖에 각장権場, 交易場을 설치하기를 요구하였다. 여문덕이 이를 허락하자 사신이 이렇게 말하였다.

"남쪽 사람들은 믿을 수 없으니 그 둘레에 토성을 쌓아 화물을 보호할 수 있도록 해 주기 바랍니다."

여문덕이 들어주지 않자 사신이 다시 와서 거듭 요청하자 여문덕은 조정에 청하여 허가를 얻어내었다. 원은 번성樊城 밖에 각장을 열고 녹문산鹿門山에 토담을 쌓아 밖으로는 호시互市와 통하게 하였지만 안에는 보루를 축조하였다. 그러자 여문덕의 아우 여문환呂文煥이 그들에게 속임을 당한 것을 알아 두 번이나 제치사를 둘 것을 신청하였으나 관리가 이를 숨겨 조정에 전달되지 못하였다.

원나라가 다시 백학성白鶴城에 제2의 보루를 축조하자 여문환은 다시 이를 알려 이 글이 막 전달되자 여문덕은 크게 놀라 이렇게 말하였다.

"우리 조정을 그르치게 한 자가 바로 나로구나!"

그리고 즉시 자신이 직접 나서겠다고 자청하였으나 마침 병이 들어 죽고 말았다.

○ 呂文德復瀘州, 文德號黑灰團.

劉整獻言於元曰:「南人惟恃黑灰團, 然可以利誘.」

乃遣使獻玉帶於文德, 求置権場於襄城外, 文德許之, 使曰:「南人無信, 願築土城以護貨物.」

文德不許, 使者復至, 文德請於朝許之. 開権場於樊城外, 築土牆於鹿門山, 外通互市, 內築堡. 文德弟呂文煥, 知被欺, 兩申制置, 爲吏所匿. 元人又於白鶴城築第二堡, 文煥再申, 方達.

文德大驚曰:「誤朝廷者, 我也!」

卽請自赴援, 會病卒.

【互市】서로 통호하여 시작의 열고 교역함.(往來交易. −원주)
【制置】呂文德이 당시 荊湖制置使였음.

1298 치우기蚩尤旗라는 별

갑자甲子 경정 5년(1264년) 7월, 혜성이 나타났는데 길이가 10여 장丈이나 되며 그 꼬리 빛은 하늘을 밝혔다. 사경四更에 동쪽하늘에 나타나 해가 높이 뜬 다음에야 사라졌다. 그리고 한 달 이상을 계속하다가 보이지 않게 되었다.

양동楊棟이 이를 가리켜 이렇게 말하였다.

"이는 치우기蚩尤旗라는 별입니다."

이 일로 해서 논란을 만나 그는 벼슬을 내어놓고 나라를 떠났다.

○ 甲子, 景定五年, 七月, 彗星長十數丈, 芒角燭天, 自四更從東見, 日高方斂. 月餘乃不見.

楊棟因指言:「蚩尤旗.」

因此遭論去國.

【彗】불길한 징조를 보여주는 별로 여겼음.(彗妖星. −원주)

1299 연경燕京을 중도中都 대흥부大興府로

8월(1264년), 원은 연경燕京을 중도中都 대흥부大興府로 삼았다. 이는 유병충劉秉忠이 연경을 도읍으로 정하기를 청하여 세조(쿠빌라이)가 이를 따른 것이었다.

○ 八月, 元以燕京爲中都大興府. 劉秉忠請定都于燕, 世祖從之.

1300 같은 태조太祖의 후예이다

원나라는 연호를 고쳐 지원至元이라 하였다.(1264년) 당시 아리부가의
군사가 여러 차례 패하였는데, 이때에 이르러 여러 왕 중에 옥룡답실玉龍
荅失과 한속대罕速帶, 음리길합音里吉合 및 그 모신 불로화不魯花, 탈홀사
脫忽思 등이 항복해왔다. 쿠빌라이는 이렇게 조서를 내렸다.

"제왕諸王은 모두 태조太祖의 후예이다."

그리고 석방하여 죄를 묻지 않고 그 참모 불로화만을 주살하였다.

○ 元改元至元, 時阿里不哥兵屢敗. 至是與諸王玉龍荅失·
罕速帶·音里吉合, 及其謀臣不魯花·脫忽思等來歸.

詔:「諸王皆太祖之裔.」

並釋不問, 其謀臣不魯花伏誅.

1301 행중서성行中書省

원은 각 지방에 행중서성行中書省을 두었다.

○ 元立諸路行中書省.

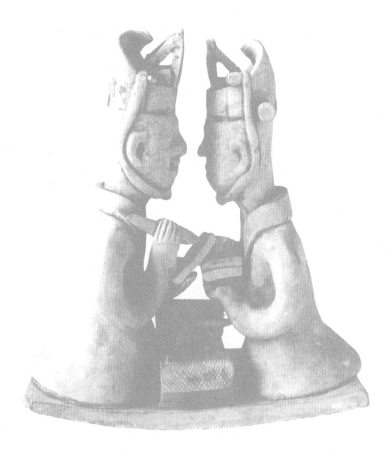

1302 송 이종理宗이 죽다

이 해(1264년) 겨울 10월,
이종理宗이 죽었다. 재위 41년,
이 동안 연호를 여덟 번을
바꾸었다. 보경寶慶과 소정
紹定 연간에는 사미원史彌遠
의 10년 집정이 있었고, 단평
端平 초년에는 선량한 사람
들이 조정에 가득하여 진덕수
眞德秀, 위료옹魏了翁 등이 혹은
집정執政이 되고 혹은 시종

〈진덕수(西山, 希元)〉《三才圖會》

侍從이 되어 인종仁宗의 경력慶曆 연간이나 철종哲宗의 원우元祐 연간에
비길 만하였다.

가희嘉禧 이후 순우淳祐에 이르는 사이 사숭지史嵩之가 여러 해 동안
정권을 잡았었다. 사숭지가 이미 떠나고 순우에서 보력寶曆에 이르는
사이, 바른 사람은 사악한 사람을 사악邪惡하다 하고, 사악한 사람은
바른 사람을 사악하다고 하여 서로 소장消長하다가 낭패를 보았는데,
개경開慶연간 정대전丁大全이 재상으로 있을 때만큼 심한 때는 없었다.

경정 원년, 정대전과 오잠이 재상이었을 때 두 사람은 비록 인품이
달랐으나 각각 먼 곳으로 귀양 가 죽었다. 그 다음은 가사도가 홀로
재상이 되어 드디어 국정을 잡게 되었다. 가사도는 말년에 임금 이종과
신하들이 서로 의심을 품는 흔적이 나타났는데, 미처 자리를 뜨기
전에 이종이 죽고 말았다. 이종은 나이 61살이었다.

이종은 즉위한 이래 줄곧 주돈이, 이정, 장재와 주희, 장식, 여조겸
등 여러 유학자의, 의리의 학문을 숭상하며 장려하였다. 그래서 그
묘호廟號를 이종理宗이라 한 것이다.

태자가 즉위하였다.(1264년) 이가 도종황제度宗皇帝이다.

○ 冬十月, 上崩. 在位四十一年, 改元者八, 寶慶・紹定, 則彌遠十年之政. 端平初元, 善類滿朝, 有眞德秀・魏了翁等, 爲執政侍從人, 以比慶曆・元祐. 自嘉禧以後, 至于淳祐, 則有嵩之數年之政. 嵩之旣去, 自淳祐至寶祐, 正人指邪爲邪, 邪人指正爲邪, 互爲消長而狼狽, 莫如開慶丁大全之政. 景定改元, 大全與吳潛, 雖人品不同, 各以竄死. 似道獨相, 遂執國政. 末年寖有君臣相猜之跡, 未及更變而崩, 壽六十一. 上臨御以來, 終始崇獎周程張氏, 及朱張呂氏諸儒義理之學, 故廟號理宗.

太子立, 是爲度宗皇帝.

【慶曆】北宋 仁宗의 年號. 1041~1048년
【元祐】북송 哲宗의 年號. 1086~1093년
【周】濂溪 周敦頤.
【程】明道(程顥)와 伊川(程頤).
【張】橫渠(張載).
【朱】晦菴(朱熹).
【張】南軒(張栻).
【呂】東萊(呂祖謙).

6. 度宗皇帝

◉ 度宗. 宋(南宋)의 제6대 황제.
趙禥. 1264년~1274년 재위.

1303 도종황제度宗皇帝

도종황제度宗皇帝는 처음 이름이 맹계
孟啓이며 복왕福王 여예與芮의 아들로 이종
의 조카다. 이종은 아들이 여럿 있었으나
제대로 발육되지 못하여 맹계를 궁중으로
데려다 기르고, 이름을 자孜로 고쳤다가
다시 기禥로 고친 다음 황자皇子로 삼아
충왕忠王에 봉하였다.

이윽고 태자에 책봉되어 이름을 다시
선譔으로 고쳤으며 갑자甲子년에 즉위하
였다. 이해는 바로 몽고가 나라 이름을
대원大元이라 하고 연호를 지원至元이라
한 초기였다.

〈송 도종〉《三才圖會》

가사도가 정치를 독단하여 평장군국
중사平章軍國重事가 되고 위국공魏國公에 봉해졌는데 그는 따로 재상을
두어 자신의 부관으로 삼았다.

度宗皇帝:

初名孟啓, 福王與芮之子, 理宗之猶子也. 理宗子多而不育, 鞠孟啓於宮中, 改名孜, 又改名禥. 立爲皇子, 封忠王. 已而建諸, 改名㬎, 歲甲子卽位.

時則蒙古部, 國號大元, 紀元至元之初也.

賈似道專政, 進平章軍國重事魏國公, 立相以自副.

【猶子】조카를 '猶子'라 함.(姪曰猶子. ─원주)

1304 가사도賈似道의 죄를 지적한 선비들

　　임안부臨安府의 선비 섭리葉李와 소규蕭規 등이 도종에게 글을 올려 가사도가 권력을 함부로 써서 민생民生을 해치고 국가를 그르치고 있다고 비방하였다.
　　가사도는 노하여 그들에게 다른 죄를 씌워 먼 곳으로 귀양보냈다.

　　○ 臨安府士人葉李·蕭規等, 上書詆似道專權, 害民誤國. 似道怒, 以他事罪竄遠州.

1305 시독侍讀, 시강侍講, 설서說書

　도종은 마정란馬廷鸞과 유몽염留夢炎에게 조서를 내려 시독侍讀을 겸하도록 하고, 이백옥李伯玉, 진종례陳宗禮, 범동수范東叟에게 시강侍講을 겸임시켰으며, 하기何基, 서기徐幾에게 숭정전崇政殿의 설서說書를 겸임토록 하였다.

　○ 詔馬廷鸞·留夢炎, 兼侍讀. 李伯玉·陳宗禮·范東叟, 兼侍講. 何基·徐幾, 兼崇政殿說書.

【何基】 金華人으로 호는 北山이며 시호는 文定.
【徐幾】 자는 子與이며 호는 進齊, 建陽 사람.

1306 왕반王盤

원은 왕반王盤을 한림학사승지翰林學士承旨에 임명하였다.

○ 元以王盤爲翰林學士承旨.

1307 안동安童, 백안伯顔, 유병충劉秉忠

을축 함순咸淳 원년(1265년), 원은 안동安童을 우승상에, 백안伯顔을
좌승상에 임명하고 유병충劉秉忠을 태보太保에 임명하여 중서성의 일에
참여하게 하였다.

○ 乙丑, 咸淳元年. 元以安童爲右丞相, 伯顔爲左丞相, 以劉
秉忠爲太保參中書省事.

【安童】 木華黎의 4세손이며 나이 겨우 13에 지위가 百僚의 위였다. 阿里不哥의
黨이 천여 명이나 되어 이들을 법으로 다스리려 하자 安童이 황제 곁에 있다가
"사람마다 모시는 주인이 있습니다. 폐하께서 사사로운 감정으로 이들을 죽이시면
어떻게 아직 항복하지 않은 자들을 회유할 수 있겠습니까?"라 하였다. 세조는
놀라 "그대는 나이도 어린데 어찌 그리 노숙한 말을 하는가?"라 하면서 그를

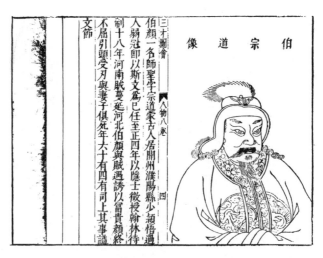

〈백안(伯師聖, 度宗)《三才圖會》

심히 중시하기 시작하였다. 至元 2년 그는 右相이 되었다. 이 해 겨울 황제는
許衡을 불러 省으로 들어와 정사를 논의토록 하였으나 허형은 병을 핑계로
사양하였다. 이에 안동이 직접 그 집으로 가서 살펴보고 함께 오랫동안 이야기를
나누었다. 세조는 일찍이 허형에게 "안동은 아직 어려 여러 가지 일을 겪지
못하였으니 잘 선도해 주시오" 라고 하자 허형은 이렇게 대답하였다. "안동은
聰敏하며 게다가 지켜내는 바도 있습니다. 그에게 고인의 말을 일러주면 모두
알아듣습니다. 제가 감히 진심을 다하지 아니할 수가 없습니다."(安童, 木華黎四
世孫, 年方十三, 位在百僚上. 阿里不哥之黨千餘人, 欲置之法, 安童侍側曰:「人各
爲其主, 陛下甫定大難, 而以私憾殺之, 何以懷服未降?」世祖驚曰:「卿年少, 何從
得老成語?」由是深重之. 至元二年, 爲右相. 是年冬, 召許衡至, 令入省議事. 衡以
疾辭, 安童卽親候之於其館, 與語良久. 世祖嘗諭衡曰:「安童尚幼, 未更事, 善導之」
衡對曰:「安童聰敏, 且有執守. 告以古人所言, 悉能領解, 臣不敢不盡心也.」—원주)
【伯顏】蒙古 八鄰部 사람으로 처음에 宗王 旭烈元을 따라 西域을 개척하였다.
그가 들어와 여러 가지 일을 상주하자 세조는 그를 기이하게 여겨 이렇게 말하였다.
"諸侯王의 신하가 아니지만 이를 머물러 짐의 일을 함께 모의하리라." 그리고는
조정의 신하로 삼아 安童의 딸을 아내를 삼아주었다. 그리고 左丞을 삼았다가
다시 右丞을 삼았다.(伯顏, 蒙古八鄰部人. 初從宗王旭烈元開西域. 遣入奏事,

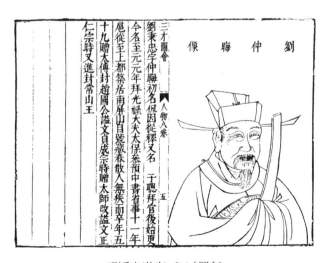

〈劉秉忠(仲晦)《三才圖會》〉

世祖奇之曰:「非諸侯王臣也, 其留事朕謀事.」出廷臣, 乃以安童女弟妻之, 拜左丞, 改右丞. ─원주)

【劉秉忠】자는 仲晦이며 어려서 승려가 되었다. 집이 邢州였는데 世祖가 王이었을 때 절의 주지 海雲을 따라 세조를 뵈었을 때 응대하여 인정을 받아 왕의 좌우에 머물러 모시게 되었다. 그는 읽지 않은 책이 없었고 특히 《易》과 소옹의 《皇極經世書》에 깊은 연구가 있었다. 그리고 天文 地理와 律歷, 심지어 여러 기예에 조차 통달하고 있었다. 일찍이 왕에게 數千言을 올렸는데 모두가 開國의 要務였다. 世祖가 즉위하여 이 중 많은 것을 시행하였으며 정벌에는 따라나섰다. 유병충이 세조의 곁에 있으면서도 옛날 입던 복장을 바꾸지 않자 翰林承旨 王鶚이 이렇게 상주하였다. "유병충은 帷幄에서 密謀에 참여하여 사직을 안정시키는 대계를 정하고 있습니다. 황제의 사랑이 미치지 않는 곳이 없으며 만물이 새롭게 되었는데 유병충만은 여전히 옛 야인의 복장을 하고 있으니 의당 의관을 바르게 하여 높은 관직을 드러내어야 숭상해야 합니다." 세조는 그 날 즉시 그를 光祿大夫로 삼아 大保의 직위에 앉혔다. 그리고 學士 竇默의 딸을 아내로 삼아주었다.(劉秉忠, 字仲晦. 少從釋氏, 家於邢州, 世祖爲王時, 從寺主海雲入覲, 應對稱旨, 遂留侍左右. 秉忠書無不讀, 尤深於易及邵氏經世書. 天文地理律歷, 以至衆伎多通之. 嘗上書數千言, 皆開國要務. 世祖卽位, 多施行之. 凡征伐, 以從行. 秉忠在世祖左右, 不改舊服. 翰林承旨王鶚奏言:「秉忠參帷幄密謀, 定社稷大計. 聖明御極, 萬物惟新, 以秉忠猶仍埜服, 宜正其衣冠, 崇以顯秩.」世祖卽日拜光祿大夫, 位大保. 仍詔以學士竇默女妻之. ─원주)

1308 호시互市 개설

병인丙寅 함순咸淳 2년(1266년), 송의 여문환呂文煥이 양양襄陽의 수비를
맡았다. 원나라는 이곳에 호시互市를 개설한 이래 성을 쌓고 보루를
설치하였으며, 강江 가운데에 만인대萬人臺와 살성교撒星橋를 만들어
이로써 송나라 원군을 막고 때때로 군사를 내어 양양과 번성樊城의
성 밖을 침입하였다. 원군의 위세는 날로 떨치기 시작하였다.

○ 丙寅, 咸淳二年, 呂文煥守襄陽. 元人自開互市以來, 築城
置堡, 江心起萬人臺·撒星橋, 以遏南兵之援, 時出師哨掠襄·
樊城外, 兵威漸振.

【丙寅】 원 세조 至元 3년(1266년)이다.(元世祖至元三年. ─원주)
【哨】 '서' 또는 '소'로 읽음.(所女反, 又所敎反. ─원주)

1309 가사도賈似道의 저택

가사도賈似道는 서호西湖의 갈령葛嶺에 저택을 지어놓고 스스로 즐기고 있었으며, 닷새에 하루만 배를 타고 입조하였으며 사무실에는 들르지 않았다. 이리하여 관리들은 문서를 껴안고 그의 저택으로 가서 서명을 받았으며 다른 재상들은 종이 끝에 서명만 할 뿐이었다.

이리하여 내외의 여러 관서의 탄핵이나 추천, 선발, 삭직 등 무엇이나 찾아가 아뢰지 않고는 감히 실행할 수가 없었다.

한때의 정직한 사람과 훌륭한 선비는 모두 배척되고 파직되어 거의 사라지고 관리의 길은 뇌물 바치기 경쟁으로 훌륭한 직책을 얻게 되었다.

외직外職의 장군이나 감사, 군수가 되고자 하는 자들이 바쳐오는 뇌물은 이루 헤아릴 수 없이 많았다.

조진趙溍 같은 무리들도 보옥을 바치기를 경쟁하여 탐욕을 부리는 풍조가 크게 유행하였으며 밖으로 군대가 패해도 이를 숨겨 임금에게 아뢰지 않았고, 아래에서 백성들이 이를 원망하면 그 책임을 물어 주벌하되 이유도 대지 않았다. 이러하건만 감히 말을 꺼내는 사람도 없었다.

○ 似道建第西葛湖嶺自娛, 五日一乘湖船入朝, 不赴堂治事, 吏抱文書, 就第呈署, 他相書紙尾而已. 內外諸司, 彈劾薦辟擧削, 非關白不敢行. 一時正人端士, 斥罷殆盡, 吏爭納賂, 以求美職. 圖爲帥閫監司郡守者, 貢獻至不可勝計. 趙溍輩爭獻寶玉, 貪風大肆, 兵喪于外, 匿不以聞, 民怨于下, 誅責無稽, 莫敢言者.

【西湖】杭州의 서쪽에 있는 호수.

1310 제국용사사制國用使司

원은 제국용사사制國用使司를 설치하여, 아합마阿合馬를 그 장관으로 삼고 세자 남목합南木合을 북평왕北平王에 봉하였다.

○ 元立制國用使司, 以阿合馬爲使, 封世子南木合爲北平王.

1311 일본日本에게 글을 내리다

원이 일본日本 국왕에게 글을 내렸다. (1266년)

○ 賜日本國王書.

1312 봉급俸給과 직전職田

처음으로 관리에게 봉급俸給과 직전職田을 주었다.

○ 初給官吏俸及職田.

1313 운남왕雲南王

원은 태자 홀가적忽哥赤을 운남왕雲南王에 봉하였다.(1266년)

○ 元封太子忽哥赤爲雲南王.

1314 관리들의 물갈이

정묘丁卯, 함순咸淳 3년(1267년), 원은 사천택史天澤을 좌승상으로 삼고 홀도답아忽都答兒와 야율주耶律鑄를 평장정사平章政事로 강등시켰으며, 백안伯顔도 강등시켜 우승右丞으로, 염희헌廉希憲도 좌승左丞으로 강등하였다.

○ 丁卯, 咸淳三年, 元以史天澤爲左丞相, 忽都答兒·耶律鑄, 降爲平章政事. 伯顔降右丞, 廉希憲降左丞.

【丁卯】원 세조 지원 4년(1267년)이다.(元世祖至元四年. −원주)

1315 양양襄陽이 포위되다

무진戊辰 함순 4년(1268년), 양양襄陽이 포위되어 여문환呂文煥이 급함을 알려오자, 고달高達과 범문호范文虎 등을 파견하여 구원토록 하였으나, 길이 막히자 두 장수도 명령에 따르지 않으려 했다.

○ 戊辰, 咸淳四年, 襄陽受圍, 文煥告急, 遣高達・范文虎赴援, 道不通, 二將亦不用命.

【戊辰】원 세조 지원 5년(1268년)이다.(元世祖至元五年. —원주)

1316 삼학三學의 선비들

삼학三學의 선비들이 천자에게 글을 올려 각 지방의 군사를 징발하여 힘을 합해 양양을 구하겠다고 청하였으나 아무런 회답이 없었다.

○ 三學士人上書乞調諸道兵, 倂力救襄, 不報.

【三學】 文學, 武學, 宗學을 가리킴.

1317 농토 측량

조정은 궁량弓量으로써 농토를 측량하였다.

○ 弓量推排田畝.

1318 섭몽정葉夢鼎

섭몽정葉夢鼎이 직위를 사직하고자 하였으나 허가를 얻지 못하자
곧바로 떠나 버렸다.

○ 葉夢鼎辭位, 不允, 徑去.

1319 강만리江萬里와 마정란馬廷鸞

강만리江萬里와 마정란馬廷鸞이 재상이 되었다.

○ 江萬里·馬廷鸞爲相.

1320 몽고문자蒙古文字

  원은 어사대御史臺와 각 도道에 제형안찰사提形按察使를 두었다. 새로
제정한 몽고문자蒙古文字를 널리 쓰도록 하고 승려 팔합사마八合思馬,
파스파에게 제사帝師라는 칭호로 고쳐 주었다. 녹문산鹿門山에 보루를
쌓았으며 각지에 몽고문자를 가르치는 학교를 세웠다.

  ○ 元立御吏臺, 及諸道提刑按察司. 行新製蒙古字, 更號僧
八合思馬爲帝師. 築堡鹿門山, 立諸路蒙古字學.

원대 자기 磁州窯 〈白釉黑花嬰戲瓷罐〉(元) 1994 遼寧 綏中 출토

1321 강만리江萬里

경오庚午 함순 6년(1270년), 강만리江萬里가 구원병을 보내어 양양을 구하기를 청하였으나 논의에 합의를 보지 못하자 사직하고 물러났다.

○ 庚午, 咸淳六年, 江萬里請援兵救襄, 議不合罷去.

【庚午】원 세조 지원 7년(1270년)이다.(元世祖至元七年. −원주)

1322 양양襄陽이 포위된 지가 3년

어느 날 황제(도종)가 가사도에게 물었다.

"양양襄陽이 원의 군사에게 포위된 지가 3년이나 되었는데, 어찌하면 되겠소?"

가사도는 이렇게 대답하였다.

"원의 군사는 벌써 물러갔는데 폐하께서는 어떤 사람의 말을 들었습니까?"

왕은 이렇게 말하였다.

"마침 어떤 여빈女嬪이 그렇게 말합디다."

가사도는 그를 불러 힐문하고 무고한 죄를 씌워 죽음을 내렸다. 이로부터 그 누구도 감히 변방의 일에 대하여 말하는 자가 없게 되었다.

○ 上一日問似道曰:「襄陽受圍三年, 奈何?」

對曰:「北兵已退, 陛下得何人之言?」

上曰:「適有女嬪言之.」

詰問, 誣以佗事賜死. 自是無敢以邊事言者.

1323 교활한 가사도賈似道

가사도의 권세가 천자를 능가할 만큼 커졌으며 그에게 아첨하는
자는 걸핏하면 그를 주공周公이 성왕成王을 보좌한 것에 비유하였고
왕의 친족과 외척, 환관宦官과 측근들조차 모두 재갈을 물린 듯 감히
마음대로 할 수가 없었다. 당세의 명망 있는 선비들 역시 그에게 이끌려
등용되어 조정에 올라 의례적인 날개가 되어 있기는 하였으나 마음
으로는 그에게 복종하지 않았다.

조정 밖의 감사監司와 군수에도 결백하고 절개 높은 사람을 쓰기는
하였지만 그 벼슬에 맞지 않는데도 승진한 자들은 각기 다른 오솔길을
가지고 있는 자였다. 가사도는 상에는 인색하나 재물에 손해를 끼친
자에게 주벌은 엄격하여 장수들의 마음을 잃어가고 있었다.

유정劉整이 원나라에 항복하고 나서 원나라에게 동남송 쪽을 취할
계책을 헌납하여 이렇게 말하였다.

"천천히 취하고자 한다면 촉蜀으로부터 경략하여 들어가야 하며 급히
취하고자 한다면 양수襄水, 회수淮水로부터 바로 돌진해 들어가면 됩니다."

이 무렵 송나라의 여러 장수가 잇따라 원나라에 항복하였는데, 송나라
국내의 허실을 알고 있는 자들이 차례를 이었건만 가사도는 바야흐로
태평성대라고 분바르고 꾸미기에 바빠 이러한 일에는 거의 유의하지도
않았다.

○ 似道權傾人主, 諛者動以周公輔成王擬之, 親王外戚, 宦官
近習, 皆箝制不敢恣, 當世望士, 亦引用. 登朝爲儀羽, 而服心不
在焉. 在外監司郡守, 亦參用廉介, 非其人而得進者, 各有蹊徑.
最以吝賞誅貨, 失將帥心.

劉整降北, 獻策取東南, 謂:「緩取則經營自蜀而下, 急則由襄

淮直進.」

時諸將北降, 知國虛實者相繼, 似道方以粉飾太平爲事, 畧不爲意.

【監司】提刑, 安撫, 轉運, 提擧 등으로 송나라 때는 네 개의 監司가 있었다.

1324 염희헌廉希憲과 허형許衡

(1) 이미 공자孔子의 계율을 받았습니다

원나라 평장정사平章政事 염희헌廉希憲이 파직되었다. 세조 쿠빌라이가 일찍이 그로 하여금 제사帝師, 八思巴의 계율戒律을 받도록 한 일이 있었는데 그 때 염희헌은 이렇게 대답하였다.

"저는 이미 공자의 계율을 받았습니다."

세조가 물었다.

"그대 공자에게도 역시 계율이라는 것이 있는가?"

염희헌은 이렇게 대답하였다.

"신하가 되어서는 마땅히 임금에게 충성을 다할 것이요, 자식으로서는 부모에게 효도를 다할 것이라 하였는데 이것입니다."

어떤 방사方士가 좋은 단약丹藥을 제련해주겠다고 청하자 쿠빌라이는 중서령中書令에 칙령을 내려 그 필요한 것을 공급하게 하였다. 그러자 염희헌은 이렇게 아뢰었다.

"옛날 임금으로 방사에게 속아 미혹해진 이가 많습니다. 요순堯舜 같은 임금이 장수할 수 있었던 것은 어떤 영험한 좋은 단약을 빌려 그렇게 된 것이 아닙니다."

세조는 그 말을 훌륭히 여겼다.

○ 元平章政事廉希憲罷, 世祖嘗令受帝師戒, 希憲對曰:「臣已受孔子戒.」

世祖曰:「汝孔子亦有戒耶?」

對曰:「爲臣當忠, 爲子當孝, 是也.」

有方士, 請鍊大丹, 敕中書給其所需, 希憲奏曰:「前世人主,多爲方士誑惑, 堯舜得壽, 不假靈于大丹也.」

世祖善之.

(2) 사악한 길

쿠빌라이는 허형許衡을 중서좌승中書左丞으로 삼았다. 당시 아합마阿合馬가 조정에서 권력을 전횡하고 있어 나라를 좀먹고 백성을 괴롭히기가 더 이상 없을 듯이 하였다. 그리하여 한 때 자신의 아들忽辛로 하여금 병권을 맡아보게 하고자 하자 허형이 말하였다.

"국가의 권력 있는 직책은 병兵, 민民, 재財의 세 가지일 뿐입니다. 지금 아버지가 상서성을 맡아 민정과 재정을 장악하고 있는데 다시 그 아들이 병권을 잡는다면 그 권력이 너무 무겁게 됩니다."

세조가 말하였다.

"경은 아합마가 모반을 일으킬까 우려하고 있습니까?"

허형은 이렇게 대답하였다.

"이는 배반의 길입니다. 옛날부터 간교하고 사악한 자가 이 길을 경유하지 않은 자가 없었습니다."

세조는 허형의 말을 아합마에게 일러주었고 아합마는 이때부터 허형을 원망하게 되었다.

以許衡爲中書左丞, 時阿合馬專權, 無上蠹國害民.

嘗欲以其子典兵柄, 衡曰:「國家事權, 兵民財三者而已. 父位尚書省, 典民典財, 而子又典兵太重.」

世祖曰:「卿慮阿合馬反耶?」

衡對曰:「此反道也. 古者姦邪未有不由此者.」
世祖以衡語語阿合馬, 阿合馬由是怨衡.

1325 조의朝儀

신미辛未 함순 7년(1271년), 원나라 유병충劉秉忠과 허형許衡이 제정된
조의朝儀를 바쳐 올렸다.

○ 辛未, 咸淳七年, 元劉秉忠·許衡, 進所定朝儀.

【辛未】 원 세조 지원 8년(1271년)이다.(元世祖至元八年. -원주)

1326 사농사司農司

사농사司農司를 설치하여 장문겸張文謙을 사농경司農卿에 임명하였다.

○ 立司農司, 以張文謙爲司農卿.

1327 양양襄陽을 압박하다

수군 7만을 교습시키고 전함 5천 척을 만들어 환성環城을 쌓아 양양襄陽에 핍박해 들어갔다.

○ 敎水軍七萬, 造戰艦五千, 築環城以逼襄陽.

1328 집현대학사국자좨주集賢大學士國子祭酒

허형許衡을 집현대학사국자좨주集賢大學士國子祭酒에 임명하였다.

○ 以許衡爲集賢大學士國子祭酒.

1329 원元의 국호 제정 조칙詔勅

10월(1271년), 국호를 대원大元으로 세우고 이렇게 조서를 내렸다.
"탄생에 아름다운 사명을 받아 사해를 차지하고 높은 지위에 오른
자는 반드시 그에 맞는 아름다운 이름이 있어야 백대에 왕을 이어가며
그 계통을 세우게 된다. 일찍부터 옛날 융성함을 따르는 것으로 유독
우리 집안만이 그러한 것이 아니다. 당唐이란 말로 하면 탕蕩이라는
뜻이니 요堯임금은 이로써 칭호를 드날렸고, 우虞란 락樂이니 순舜임금
은 이것으로 국호를 삼았다. 이를 잘 길들여 우禹임금이 흥하게 되었고
탕湯임금이 다스렸는데 서로 그 이름을 하夏라 한 것은 크다는 뜻이요
은殷은 가운데라는 뜻이다. 그런데 후세로 내려와서는 일이 달라져
국호도 옛것을 그대로 따르지 않았다.

그러나 비록 시세를 타 나라를 차지하게 되었다 해도 뜻에 따라
칭호를 정한 것은 아니었으니, 진秦이라거나 한漢이라 한 것은 대체로
초기에 일어나게 된 지명을 따른 것이며, 수隋나라나 당唐나라는 역시

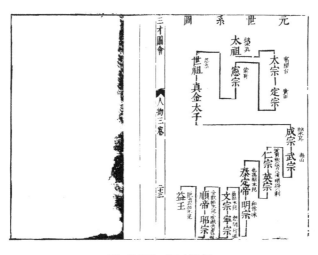

〈원 세계표〉《三才圖會》

처음에 봉해진 작읍爵邑의 이름을 따온 것이었다. 이는 모두가 백성의 견문에 익숙한 것을 따라 한 것으로 일시에 편의상 형세에 맞게 붙인 것이니 지극한 공公으로 본다면 약간 낮은 의미라 할 수 있다. 우리 태조太祖 성무황제聖武皇帝께서는 건부乾符를 잡으시고 삭방朔方에서 일어나 신무神武로서 황제의 위에 올라 사방에 큰 성망聲望을 떨치시고 영토를 크게 확대하여 그 지도의 넓기는 역대 고금에 없었다. 얼마 전에 어떤 노인이 조정에 와서 글을 올려 이렇게 청하였다. '이미 대업을 성취하신 지금 마땅히 어서 빨리 홍명鴻名을 정하셔야 합니다.' 이는 옛날 제도에도 있는 것으로 당연한 것이다. 이에 짐의 마음에 무슨 다른 어려움이 있겠는가? 가히 국호를 세워 대원大元이라 한다. 대체로 《역경易經》 건원乾元의 뜻이니 이로부터 큰 다스림이 온갖 만물에 널리 퍼져 그 형체를 이룰 것이니 누가 이 처음을 만들어 낸 공을 이름 지을 수 있겠는가?

나 일인이 만방萬邦을 다스려 편안하게 함에 더욱 절실하게 인仁의 요체를 체득하여 일에 따라 개혁하고 도는 하늘과 사람을 협조하게 하리라.

오호於戱라, 그 뜻에 맞게 이름을 지었나니 진실로 넘치게 아름답다 자랑할 일은 아니로되 다만 아름답고 영원히 가기를 바랄 뿐이로다. 하늘이 내 몸을 곤란 가운데 던졌으니 그 사명을 저버리지 않으리라. 하늘을 덮어 이 융성한 큰 이름을 함께 함을 기뻐하노니 그대들은 모두 나의 지극한 뜻을 체현體現하라!"

이 국호는 태보太保 유병충劉秉忠의 건의를 따른 것이었다.

○ 十月, 建國號大元, 詔曰:「誕膺景命, 奄四海, 以宅尊, 必有 美名, 紹百王而紀統. 肇從隆古, 匪獨我家. 且唐之爲言蕩也. 堯以之而著稱, 虞之爲言樂也. 舜因之而作號, 馴致禹興而湯造, 互名夏大以殷中, 世降以還, 事殊非古, 雖乘時而有國, 不以義

而制稱, 爲秦爲漢者, 蓋從初起之地名, 曰隋曰唐者, 又卽始封
之爵邑, 是皆徇百姓見聞之狃習, 要一時經制之權宜, 以至公,
得無少貶, 我太祖聖武皇帝, 握乾符而起朔土, 以神武而膺帝圖,
四振大聲, 大恢土宇, 輿圖之廣, 歷古所無, 頃者耆宿詣廷, 奏章
伸請謂:『旣成於大業, 宜早定於鴻名.』在古制以當然. 於朕心
乎何有? 可建國號曰大元. 蓋取易經乾元之義, 茲大治流形於
庶品, 孰名資始之功, 予一人底寧爲萬邦, 尤切體仁之要, 事從
因革, 道協天人, 於戲稱義而名, 固匪爲之溢美, 孚休惟永, 尚不
負於投艱, 嘉與敷天共隆大號, 咨爾有衆體予至懷!」

從太保劉秉忠之議也.

1330 섭몽정葉夢鼎을 재상으로 삼았으나

임신壬申 함순 8년(1272년), 송은 섭몽정葉夢鼎을 다시 재상으로 삼았으나 그는 가사도와 의견이 맞지 않아 그만두었다.

○ 壬申, 咸淳八年, 葉夢鼎再相, 以與似道意不合去.

【壬申】원 세조 지원 9년(1272년)이다.(元世祖至元九年. —원주)

〈西域回疆圖〉玉門關 서쪽 서역(新疆) 개척을 그린 것

1331 양양襄陽이 함락되다

양양襄陽이 함락되었다. 이에 앞서 이종理宗 초년에 양양은 그곳을 통제하던 신하가 잘 위무하지 못하여 왕민王旻이 난을 일으키도록 하는 지경에 이르러 한때 함락되기도 하였는데, 사방숙謝方叔이 재상이 되어 이증백李曾伯을 달래어 가서 이를 취하게 하였었다.

이때는 원나라 군사도 역시 고생스럽게 빼앗으려 나서지 않았으나 원에 항복해간 유정劉整이 정책을 실행하여 원나라가 많은 병력으로 양양을 포위한 것이다.

여문환呂文煥이 6년간 성을 지켜 이를 수비하여 이때에 이르렀으나 가사도는 구원할 계책을 세워주려 하지 않았다. 이들은 비록 양식은 아직 모자라지 않았지만 옷과 땔나무와 말먹일 꼴을 마련할 길이 없어 집을 헐어 땔나무로 하고 둘레를 막았던 닥나무를 엮어 옷으로 여겨 입고 견뎠다. 그러나 끝내 구원군이 오지 않자 드디어 성을 내주고 항복하여 원나라에게 쓰이게 된 것이었다.

○ 襄陽陷, 先是理宗初年, 襄陽以制臣失撫御, 致王旻作亂而陷, 謝方叔作相, 喩李曾伯遣將取之, 北方亦不苦爭, 及劉整策行, 重兵圍襄陽.

呂文煥守城六年, 打禦備至, 而似道不肯調援, 雖粮食未乏, 衣裝薪芻, 無所措辨, 至撤廬舍爲薪, 緝關楮爲衣, 援兵不至, 遂以城降, 爲元人之用.

【制臣】制置使 등의 신하.
【楮】닥나무. 종이를 만드는 나무.

1332 가사도賈似道의 거짓말

가사도는 여러 차례 글을 올려 자신이 군사를 감독하러 나서겠다고
하면서도 다른 한편으로 몰래 조정이 소문을 퍼뜨려 자신이 머물러야
한다고 하여 마침내 나가지 않게 되었다.

○ 賈似道累章出督, 而陰諷朝廷留之, 卒不行.

1333 서안왕西安王

원나라는 상서성尚書省을 중서성中書省에 합하고 황자 망가랄忙哥剌을 서안왕西安王에 봉하였다.

○ 元倂尚書省, 封皇子忙哥剌爲安西王.

1334 직학사원直學士院의 문천상文天祥

송나라 직학사원直學士院의 문천상文天祥이 사직을 구하였다. 처음에 가사도가 병을 핑계로 사직을 구한 일이 있었는데 문천상은 이는 임금을 협박하기 위한 것이라 여겼었다.

가사도는 문천상을 미워하여 장입지張立志를 시켜서 문천상을 탄핵하여 파면시키려 하였다. 이에 문천상은 전약수錢若水의 전례를 들어 사직을 구한 것이었다. 이때 그의 나이 37살이었다.

○ 直學士院文天祥致仕. 初賈似道稱疾乞致仕, 以爲要君. 似道諷張立志劾罷之. 天祥遂引錢若水例, 乞致仕, 時年三十七矣.

〈문천상(宋瑞, 履善)《三才圖會》

1335 평지에 흰털이 나다

계유癸酉 함순 9년(1273년), 평지에 흰털이 났다. 마치 은선채銀線菜와 같았는데 임안臨安에 더욱 많았다.

원나라가 번성樊城을 침략하여 그곳을 지키던 장한영張漢英 및 도통제都統制 범천순范天順과 우부牛富가 전사하였다.

○ 癸酉, 咸淳九年, 平地産白毛, 如銀線菜, 臨安尤多. 元侵樊城, 守將張漢英, 及都統制范天順·牛富死之.

【癸酉】원 세조 지원 10년(1273년)이다.(元世祖至元十年. —원주)

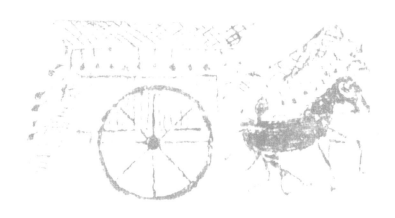

1336 너희들은 환속하라

원나라의 국자좨주國子祭酒 허형許衡이 사직하기를 청하여 허락되었다. 그의 집에서도 부지런하고 검소하였으며 수양을 힘쓰고 공평과 자애로써 모든 일에 진력하였다. 엄하지는 않으면서도 정연하여 집안에 있으면서도 마치 조정에 있는 듯이 하여 부부간에도 마치 손님을 대하듯이 공손히 하였다.

그는 집안의 장례葬禮를 모두 중국 고제를 따랐으며 불로佛老의 의식을 쓰지 않았다. 회주懷州·맹주孟州 지역이 모두 그에게 감화되었다.

그 이웃에 덕공德公이라는 승려가 있었는데 백 살이 넘었었다. 그는 일찍이 자신의 제자들에게 이렇게 말하였다.

"노승老僧이 고행苦行을 백 년 동안을 하였으되 부처가 되지 못하였다. 다만 헛되이 부모의 혈통을 끊어 불효자가 되었으니 지하에 가면 조상 어른들을 뵙기가 부끄럽다. 다만 원하는 것은 너희 소승들은 환속하여 각기 조상으로부터 이어 내려온 혈통을 이어가기를 바란다."

그리고 다시는 누구도 제자를 삼지 않았으니 대체로 그에게 감화된 것이었다.

○ 元國子祭酒許衡乞罷, 許之. 衡居家勤儉, 强於自治, 公愛兼盡, 不嚴而整, 閨門之內, 若朝廷然, 夫婦相待如賓. 凡喪葬一遵古制, 不用佛老, 懷孟之閒化之. 旁舍有僧德公者, 年百餘歲, 嘗謂其徒曰:「老僧苦行百年, 亦不能作佛. 徒爲不孝之人, 羞見祖宗于地下, 但願小僧輩, 還俗以壽汝祖宗之嗣.」自是不復度弟子, 蓋化之也.

1337 가사도의 어머니 장례

갑술甲戌 함순 9년(1274년), 가사도는 자신의 어머니 정씨가 죽어 한때 벼슬을 내어놓았다가 다시 벼슬길에 올랐다.

○ 甲戌, 咸淳十年, 賈似道丁母憂, 隨起復.

【甲戌】 원 세조 지원 11년(1274년)이다.(元世祖十一年. ─원주)

1338 진의중陳宜中

진의중陳宜中이 첨서추밀원僉書樞密院이 되었다.

○ 陳宜中僉書樞密院.

1339 도종度宗이 죽다

7월(1274년)에 황제 도종度宗이 죽었다. 재위 10년에 연호를 함순咸淳이라
하였다. 35세의 수를 누렸다. 가사도가 황자 현㬎을 세웠는데 네 살이었다.
이가 효공의성황제孝恭懿聖皇帝이다.

○ 七月, 上崩, 在位十年, 改元咸淳, 壽三十五.
似道立皇子㬎, 年四歲, 是爲孝恭懿聖皇帝.

7. 孝恭懿聖皇帝

> ❀ 恭帝. 宋(南宋)의 제7대 황제.
> 趙㬎. 1274년~1276년 재위.

1340 효공의성황제孝恭懿聖皇帝

효공의성황제孝恭懿聖皇帝는 이름이 현㬎이며 황후 전씨全氏가 낳았다.
태황태후 사씨謝氏가 조정에 나와 정치를 하였으며 연호를 덕우德祐로
고쳤다.(1275년)

孝恭懿聖皇帝:

名㬎, 皇后全氏出也. 太皇太后謝氏臨朝稱詔, 改元德祐.

1341 길왕吉王과 신왕信王

황제의 형 건국공建國公 시趙昰를 길왕吉王에 봉하고 순서에 따라 영국공
永國公 병趙昺을 신왕信王에 봉하였다.

○ 封兄建國公昰爲吉王, 徇永國公昺爲信王.

【昰】음은 '시'이다.(音是. —원주)

1342 원元의 공신功臣들

(1) 유병충劉秉忠

원나라 태보太保 유병충劉秉忠이 죽었다. 그는 천하를 태평하게 하는 것을 자기의 임무로 삼았다. 그는 알고 있는 것이라면 황제에게 알리지 않은 것이 없었으며, 그가 한 말은 반드시 받아들여졌다. 그가 천거한 사람은 각기 그 직책에 맞는 그릇들이었다.

그로 하여금 개평부開平府와 연경燕京에 성을 쌓도록 한 것은 모두가 유병충이 그 곳을 택하였기 때문이었다.

이때에 이르러 그가 병도 없이 단정하게 앉아서 숨을 거두자 세조 쿠빌라이는 이 소식을 듣고 놀라 애도하면서 신하들에게 이렇게 말하였다.

"유병충은 짐을 섬겨 30여 년이나 되면서 조심성 있고 신중하고 치밀하게 하였다. 또 그가 음양 술수陰陽術數에 정통한 자라는 것은 오직 짐만이 알고 있었다."

○ 元太保劉秉忠卒. 秉忠以天下爲己任, 知無不言, 言無不聽, 其薦人才各稱器, 使城開平城燕都, 皆秉忠相其地.

至是無疾端坐而卒, 世祖聞驚悼, 謂羣臣曰:「秉忠事朕三十餘年, 小心愼密, 其陰陽術數之精, 唯朕知之.」

【至是】8년 가을 8월이다.(八年秋八月. －원주)
【劉秉忠】太傅에 추증되었으며 趙國公에 봉해졌다. 시호는 文貞이다. 그는 어려서 부터 배움을 좋아하여 늙도록 쇠함이 없었다. 지위가 신하로서 극에 올랐지만 집에서 거친 음식을 먹으며 평소와 다를 것이 없었다. 스스로 호를 藏春散人이라 하였으며 詩文 十卷이 있다. 아들이 없어 아우 劉秉恕의 아들 蘭璋이 뒤를 이었다.

(劉秉忠, 贈大傅, 封趙國公, 諡文貞. 秉忠自幼好學, 至老不衰. 位極人臣, 而齋居
蔬食, 無異平昔. 自號藏春散人, 有詩文十卷. 無子, 以弟秉恕子蘭璋爲後. -원주)

(2) 살육을 하지 말아 주십시오

원나라는 중서평장사中書平章事 사천택史天澤과 중서좌승상中書左丞相
백안伯顏에게 군사를 거느리고 남침南侵하도록 명하자 뜰 아래에서 떠나는
인사를 하게 되었다. 이에 세조 쿠빌라이는 이렇게 일렀다.

"옛날 강남江南 땅을 취하였던 자는 오직 조빈曹彬 한 사람 뿐이었소.
그대들도 능히 사람을 죽이지 않고 취한다면 이는 나의 조빈이 될 것이오."

그런데 사천택은 병이 나서 돌아와 얼마 뒤 죽었다. 이에 앞서 세조는
의원을 보내어 그의 병을 살펴보도록 하였다. 사천택은 그 의원을
통해 쿠빌라이에게 글을 올렸다.

"신의 수명도 이제 끝났습니다. 죽음은 애석하지 않으나 다만 원컨대
우리 군사가 강을 건너가서는 살육이나 약탈에 대하여 경계하여 주시기를
바랍니다."

그리고 말이 끝나자 숨을 거두었다.

사천택은 충량忠亮하며 큰 절개가 있어 장군과 재상으로 근 50년을
출입하면서 네 황제太宗, 定宗, 憲宗, 世祖의 기둥과 주춧돌 역할을 하였으며
백관의 사표가 되었으니 가히 사직의 신하라 할 만하였다. 그는 부귀나
권세를 보면 몸을 거두어 숨거나 물러나 피하여 마치 옷에 더러운
물이 튀기듯이 여겼다. 그 때문에 그는 능히 끝을 잘 마칠 수 있었으며
개국의 원신元臣이 될 수 있었던 것이다.

元命中書平章史天澤, 中書左丞相伯顏, 帥諸軍南侵, 陛辭,
世祖諭之曰:「古之善取江南者唯曹彬一人, 汝能不殺, 是吾曹

彬也.」

天澤有疾而還, 尋卒.

先是世祖遣醫馳視, 天澤附奏曰:「臣大限有終, 死不足惜, 第願天兵渡江, 以殺掠爲戒.」

言訖而卒.

天澤忠亮有大節, 出入將相近五十年, 柱石四朝, 師表百辟, 可謂社稷之臣. 其視富貴權勢, 斂迹退避, 若將浼之者, 故能善始令終, 爲開國元臣.

❋ 1259 원주의 일부 내용을 중복하여 싣고 있다.(史天澤: 天澤平居未嘗自矜其能, 及臨大節論大事, 毅然以天下之重自任. 年至四十始折節讀書, 尤熟資治通鑑. 其立論出人意表, 出入將相五十餘年, 上不疑而下無怨. 言人以方郭子儀曹彬云.)

1343 앞다투어 원나라 군사를 인도

　원의 승상 백안伯顔이 군사를 양양襄陽과 번성樊城에 크게 모았다. 9월(1275년)에 항복한 장수 유정劉整이 기병을 거느리고 회주淮州와 사주泗州로 진격하였고 여문환呂文煥이 수군을 거느리고 양양으로 나아갔다. 이들은 앞다투어 원나라 군사를 인도하여 육지와 수로로 함께 진격하여 사시沙市의 신성新城을 공격하였다.

　도통都統 변거의邊居誼가 소속 부하 3천 명을 거느리고 힘을 다해 싸웠으나 전사하였다. 또 책응사策應使 하귀夏貴도 역전하였으나 원나라 군사가 불의의 공격을 가해오자 패하여 장강의 서남쪽에 불을 지르고 여주廬州로 돌아왔다. 선무사宣撫使 주사손朱禩孫이 많은 군사를 거느리고 구원에 나섰으나 하귀가 패하였다는 소식을 듣고는 싸우지 못하고 강릉江陵으로 돌아오고 말았다.

　○ 元伯顔丞相, 大會兵于襄樊. 九月, 以降人劉整, 領騎兵出淮泗, 呂文煥領舟師出襄陽. 爭先向導, 水陸並進, 攻沙市新城. 都統邊居誼, 帥所部三千人, 力戰死之. 策應使夏貴力戰, 元兵出其不意, 兵敗, 沿西南岸縱火, 歸廬州. 宣撫朱禩孫提重兵, 不戰歸江陵.

1344 악주鄂州가 항복하다

악주鄂州가 항복하였다.

○ 鄂州降.

1345 천목산天目山이 무너지다

천목산天目山이 무너졌다.

○ 天目山崩.

【天目山】 남송의 도읍지 臨安(杭州)의 主山이다.

1346 근왕병勤王兵 모집

천하에 조서를 내려 근왕병勤王兵을 모집하였다.

○ 詔天下勤王.

1347 장강長江 연안이 바람에 쓰러지듯

을해乙亥 덕우德祐 원년(1275년), 원의 백안伯顏이 아리해아阿里海牙에 머물러 군사 4만으로 악주를 지키게 하고, 자신은 아출阿朮과 함께 대군을 거느리고 강江을 건너 물길을 따라 동으로 내려왔다. 이때 장강 연안을 지키던 여러 장수들은 거의가 다 여문환의 부하였는데 바람만 보고 쓰러지듯이 항복하여 빌붙어버렸다.

○ 乙亥, 德祐元年, 元伯顏留阿里海牙, 以兵四萬守鄂, 而與阿朮率大軍渡江, 順流東下. 時沿江諸將, 多呂氏部曲望風降附.

【乙亥】원 세조 지원 12년(1275년)이다.(元世祖至元十二年. -원주)

1348 강주江州가 함락되다

강주江州가 함락되고 운사運使 전진손錢眞孫은 스스로 목매어 죽었다.
(1275년)

○ 江州降, 運使錢眞孫自縊.

1349 유정劉整의 분사憤死

유정劉整은 스스로 회주淮州에 출격하여 아무 성과가 없었음을 부끄럽게
여겨 무위군無爲軍 성 아래에서 분사憤死하였다.(1275년)

○ 劉整自愧出淮無功, 憤死無爲軍城下.

【無爲軍】 淮西에 속함.

1350 승진의 약속은 어찌 되었소

가사도賈似道는 임안臨安에 도독부都督府를 두어 군마를 지휘하고 있으면서 머뭇거리기만 할 뿐 나서지를 않았다. 그러다가 이미 원군이 건강建康을 함락시켰다는 말을 듣고 비로소 여러 군사를 거느리고 행재소를 출발하여 길을 돌아 행군하였다. 이렇게 며칠이 걸려 비로소 무호蕪湖에 도착하여 장차 경안부慶安府로 달려 하류의 적군을 견제하려 하였으나 그곳에 이르기 사흘 전에 안경부의 장수 범문호范文虎는 여문덕呂文德의 사위로 이미 항복하고 만 상태였다.

가사도의 군사가 다시 더 싸울 뜻을 잃자 가사도는 모든 사람의 계급을 올려 주겠다고 허락하였다. 그러자 장병들은 이렇게 욕을 하였다.

"관직을 얻어 무엇하겠는가? 기미己未, 1259년 경신庚申, 1260년에 약속했던 승진은 어디 갔소?"

가사도는 능히 대답을 못한 채 징을 한 번 올려 군사를 주금사珠今沙로 후퇴시켰다. 그러자 13만의 대군이 일시에 궤멸하여 가사도는 달아나 양주楊州로 들어갔다. (1275년)

○ 似道都督軍馬, 遷延不出, 聞兵已下建康, 始率諸軍發行在, 迂道而行, 數日始達蕪湖, 將趨安慶府, 牽制河流之師未至, 三日, 安慶帥范文虎, 乃呂氏婿, 已降.

將士無復固志, 似道許竭轉官資, 諸軍詬曰:「要官資做甚? 己未庚申官資何在.」

似道不能答, 鳴鑼一聲, 退兵于珠金砂, 十三萬衆一時潰散, 似道奔入楊州.

【蕪湖】 縣 이름으로 太平에 속함.
【安慶府】 淮西에 속하며 舒州.
【未至三日】 賈似道가 이르기 사흘 전이었다.

新疆 回教 형식의 원대 禿忽魯帖木兒 무덤

1351 문천상文天祥이 근왕병을 모집하다

강서江西의 제형提刑 문천상文天祥이 근왕병을 모집하였다. 문천상은 길주吉州 여릉廬陵 사람으로 병진년丙辰年의 과거에 장원으로 진사進士가 된 인물이다.(1275년)

○ 江西提刑文天祥, 募兵勤王. 天祥吉州廬陵人也, 丙辰魁進士第.

1352 서울을 옮기려

전수殿帥 한진韓震이 임금恭帝을 위협하여 서울을 옮기려 하자 진의중陳宜中이 그의 죄를 따져 주살하였다.(1275년)

○ 殿帥韓震, 謀刼遷都, 陳宜中以計誅之.

1353 충신의 아내

지주池州가 깨어졌다. 그곳 통수通守 조앙발趙昴發이 장차 죽고자 그 아내와 결별을 고하였다. 그러자 아내는 이렇게 말하였다.

"당신은 충신이 되실 수 있고, 저는 충신의 아내가 될 수 없다는 말입니까?"

조앙발은 기뻐하며 의관을 갖추고 함께 목을 매어 죽었다.

이튿날 백안이 입성하여 이를 보고 가엾게 여겨 수의와 관을 갖추어 장사지내 주었다.

○ 池州破. 通守趙昴發將死, 與其妻訣, 妻曰:「卿能爲忠臣, 妾顧不能爲忠臣妻耶?」

昴發喜具衣冠, 與俱縊. 明日伯顔入城, 見而憐之, 具衣棺葬焉.

【池州】江東에 속함.

1354 건강建康이 함락되다

건강建康이 함락되고 조회趙淮가 전사하였다.(1275년)

○ 建康破, 趙淮死之.

【建康】 지금의 南京이며 남조시대 각 나라가 서울로 삼았던 곳.
【趙淮】 趙葵의 아들.

1355 밤을 타 발꿈치를 맞대며 달아난 대신들

경사京師에 계엄을 펴자 조정의 신하들은 밤을 타 발꿈치를 맞대며
달아났다. (1275년)

○ 京師戒嚴, 朝臣接踵宵遁.

1356 가사도를 탄핵하다

왕약王熵과 진의중陳宜中 등이 가사도의 불충불효不忠不孝의 죄를 탄핵하였다. 진의중은 원래 가사도의 은혜를 입었었으나 이에 이르러 얼른 가사도를 탄핵하여 스스로 그 죄를 벗었다.

○ 王熵·陳宜中等, 劾似道不忠不孝之罪. 宜中本受賈恩, 至是亟劾賈以自解.

1357 가사도의 가슴뼈를 뽑아버리다

가사도가 폄직되어 귀양을 가자 정호신鄭虎臣이 아버지의 원수를 갚겠다고 자청하여 감압監押이 되어 장주漳州에 이르러 변소에서 그 가슴뼈를 뽑아 죽여버렸다.(1275년)

○ 似道赴貶, 鄭虎臣以父仇監押至漳州, 卽厠上拉其胸殺之.

【父仇】賈似道와 鄭虎臣의 아버지는 원한이 있었음.

1358 오지 않는 구원병들

장세걸張世傑이 군사를 이끌고 서울로 들어와 수비하였다. 이 무렵 원나라 군사가 국경에 있었는데도 진의중 등은 오직 가사도의 무리를 공격하는 데에만 열중하여 방어할 계책은 세우지 않고 있었다.

사마몽구司馬夢求는 강릉江陵 사시진沙市鎭의 감監이었는데 그는 힘을 다해 싸우다가 전사하였다.

조정은 각지의 장수들을 불러들여 서울(임안, 항주)을 지키게 하였으나 하귀夏貴와 잠만수昝萬壽, 황만석黃萬石 등은 오지 않았다. (1275년)

○ 張世傑以兵入衛. 元兵在境, 陳宜中等, 惟攻擊賈黨, 略無備禦之策. 司馬夢求, 監江陵沙市鎭, 力戰死. 徵諸帥入衛, 夏貴·昝萬壽·黃萬石等不至.

【夢求】 司馬溫公(司馬光)의 五世孫.

1359 일식日蝕

6월 경신庚申 삭일, 일식이 있어 캄캄하였다. 닭이 밤인 줄 알고 횃대에 올랐으며 지척에 있는 사람과 물건도 알아볼 수 없었다. 사시巳時로부터 오시午時가 되어서야 비로소 밝아졌다.(1275년)

○ 六月庚申朔, 日蝕, 晦冥, 鷄栖于塒, 咫尺不辨人物. 自巳至午, 明始復.

【塒】닭이 올라 잠자는 횃대.(鷄宿所. ─원주)

1360 유몽염留夢炎

유몽염留夢炎이 재상이 되었다.

○ 留夢炎相.

1361 문천상文天祥이 민병民兵을 이끌고

문천상文天祥은 고을의 민병民兵과 동계溪峒 땅의 장정 2만여 명을 거느
리고 들어와 서울을 지켰으나 유몽염과 뜻이 맞지 않아 상서尙書의
벼슬로 강절제치사江浙制置使가 되어 오문吳門을 지켰다.(1275년)

○ 文天祥將民兵峒丁二萬餘人入衛, 與夢炎意不相樂, 以尚
書除江浙制置, 守吳門.

【峒】 땅 이름. 鷄峒.
【吳門】 郡 이름. 平江府.

1362 임안臨按의 백 리 밖까지

여러 주군州郡이 연달아 항복하였고 원나라 군사가 임안臨按에서 백리 밖까지 들어와 독송관獨松關이 위급함을 알려 왔다. 이때 장세걸 군사는 5만과 각지에서 온 근왕병은 40만이었다. 문천상이 장세걸과 의논하였다.

"우리 두 군사가 굳게 지켜 민광閩廣의 여러 성을 온전히 하면서 왕사王師가 혈전을 벌여 만에 하나 승리를 거둔다면 그나마 어떻게 해볼 수 있을 것이오."

장세걸은 그 의견을 크게 찬성하여 이들을 출사시킬 논의를 벌였으나, 진의중은 왕사는 신중하게 움직여야 한다고 의견을 견지하여 조서를 내려 이를 막고 대신 사신柳岳을 원군에 파견하여 화의를 청하였다.(1275년)

○ 州郡連降, 元兵距臨安百里, 獨松關告急. 時張世傑軍五萬, 諸路勤王兵四十餘萬.

天祥與世傑議:「兩軍堅守, 閩廣全城, 王師血戰, 萬一得捷, 猶可爲也.」

世傑大喜議出師, 宜中以王師務持重, 降詔沮之, 遣使乞和.

【臨按】남송의 수도, 항주.
【獨松關】吳江縣에 있음.
【閩廣】지금의 복건성과 광동 지역. 남쪽 지역을 보전하겠다는 뜻.

1363 전투를 중지하라

문천상 등에게 조서를 내려 전투를 중지하게 하였다. (1275년)

○ 詔天祥等罷兵.

1364 이불李芾

담주潭州가 함락되었다. 당시 원군의 하나는 호남湖南으로부터 들어와 담주를 포위하였다. 담주를 지키던 이불李芾이 싸우면서 지켜 여러 차례 승리를 거두었다. 포위된 지 8, 9달 만에, 성이 거의 함락되자 온 집안이 모두 전사하였다.(1275년)

○ 潭州陷. 時一軍自湖南圍潭州, 守臣李芾戰守屢捷, 經八九月城將陷, 闔門死之.

【李芾】 호는 肯堂이며 潭州를 지키며 힘을 다해 방비하였다. 8, 9 개월 동안 나가 싸워 여러 차례 이겼으나 元나라 군대가 날로 증가하여 이불은 지탱할 수가 없게 되었다. 정월에 성이 무너지자 이불은 누각 아래 장작을 쌓아놓도록 하고 가족을 이끌고 누각에 올라 큰 잔치를 열었다. 그리고 금은을 그 곁에 쌓아놓고 술기운이 오르자 망나니(劊子)로 하여금 금은을 가져가고 도리어 칼을 가져오도록 하여 이렇게 명령을 내렸다. "윗사람부터 죽이되 맨 나중에 나를 베어라." 이리하여 집안이 모두 죽고 나자 망나니는 드디어 사방에 불을 질러 자신은 스스로 그 배를 갈라 죽고 말았다. 이 망나니의 이름은 沈惠였다. 역시 義烈한 丈夫라 할 수 있도다.(李芾, 號肯堂, 守潭, 竭力備禦. 凡八九月, 出戰屢捷, 而元生兵日增, 芾不能支. 正月城破, 芾命積薪樓下, 攜家人登樓大宴, 積金銀於兩畔, 酒半酣, 令劊子將金銀去, 卻令取刀來, 芾令:「從頭殺人, 到尾殺我.」 闔門皆死, 劊子遂四面放火, 自剚其腹而死. 劊子名沈惠, 亦可謂烈丈夫者矣. -원주)

1365 바닷길로 피난

병자丙子 덕우德祐 2년(1276년) 정월, 수왕秀王 여역與睪과 봉황형奉皇兄 익왕益王 시昰, 그리고 황제皇弟인 광왕廣王 병趙昺 등을 모시고 바닷길로 나섰다.

○ 丙子, 德祐二年正月, 秀王與睪, 奉皇兄益王昰, 皇弟廣王 昺等航海.

【丙子】원 세조 지원 13년(1276년)이다.(元世祖至元十三年. ―원주)
【航海】배를 타고 바다로 피난을 함.(浮海避難. ―원주)

1366 장세걸張世傑

장세걸張世傑이 조정에서 떠나갔다.

○ 世傑去朝.

1367 고정산高亭山

원군이 고정산高亭山에 주둔하였다. 도성에서 30리였다.(1276년)

○ 元兵駐高亭山, 去都城三十里.

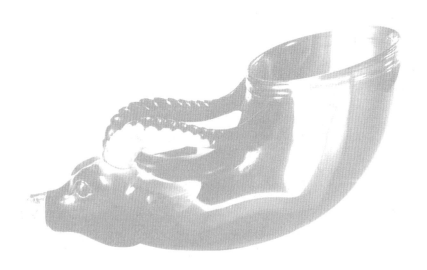

1368 진의중陳宜中이 밤에 달아나다

진의중陳宜中은 밤에 달아났다.

○ 宜中夜遁.

1369 문천상이 재상직을 사양하다

문천상이 우승상右丞相에 임명되었으나 그는 사양하고 받지 않았다.
(1276년)

○ 文天祥右丞相, 辭不拜.

【辭不拜】 문천상에게 우승상을 제수하였으나 사양하고 나가지 않았다.(除天祥
爲右相, 而辭不就. —원주)

1370 가여경賈餘慶과 오견吳堅을 재상으로

가여경賈餘慶과 오견吳堅이 재상이 되었다.

○ 賈餘慶·吳堅相.

1371 문천상文天祥이 원군에 억류당하다

문천상文天祥이 사신이 되어 원나라 군영 앞으로 나가면서 말과 기개가
강개하여 논의에 굴복하지 않자 백안伯顔은 그를 억류하였다.(1276년)

○ 天祥出使軍前, 辭氣慷慨, 議論不屈, 伯顔留之.

1372 원군元軍이 임안臨按에 입성하자

원나라 군사가 수도 임안臨按에 입성하자 가여경 등은 삼궁三宮을 받들어 투항하였다. 원나라는 태황태후太皇太后가 친히 내린 조서를 각지에 유시諭示하여 원에게 내부內附하도록 하였다.(1276년)

○ 元兵入臨安, 賈餘慶等, 奉三宮以降, 手詔諭諸路內附.

【三宮】 理宗의 황후 謝氏, 度宗의 황후 全氏, 그리고 少帝를 가리킴.

1373 문천상의 탈출

백안은 송나라 재상 가여경 등 대신들을 잡아 먼저 대도大都로 갔다.
문천상도 배에 태워 북쪽으로 호송하였는데 진강鎭江까지 갔을 때 틈을
타 탈출하였다.

○ 伯顔遣宰執先赴大都, 天祥亦登舟, 北行至鎭江, 得閒逸去.

【大都】至元 9년(1272년) 中都를 大都로 이름을 바꾸었다.(至元九年, 改中都曰
大都. ─원주)

1374 수천 명이 북으로 끌려가다

삼궁三宮이 북쪽으로 옮기면서 황족, 부마, 여관女官, 시종·태학생 등 수천 명이 따랐다. 모두가 진주眞州를 통과하게 되자 그곳을 지키던 묘재성苗再成이 어가御駕를 빼앗으려고 하여 거의 성공하였으나 이기지 못하였다.

○ 三宮北遷, 宮室·駙馬·宮人·內侍·大學等數千人. 皆在遣中, 過眞州, 守苗再成奪駕, 幾遂不克.

【駙馬】 天子의 사위를 駙馬라 함.

1375 황제 일행이 상도上都로 끌려가

5월(1276년)에 송나라 황제 일행이 원나라 상도上都에 도착하여 황제는 영국공瀛國公에 봉해졌다. 황제孝恭는 재위 2년에 연호를 덕우德祐라 하였다.

○ 五月, 宋帝至上都, 降封瀛國公.
帝在位二年, 改元者一: 曰德祐.

【上都】燕京에서 북쪽으로 八百里에 있는 開平府이다. 中統 5년 호를 더하여 上都라 하였다.(在燕京北八百里, 卽開平府, 中統五年, 加號曰上都. —원주)

1376 뱃길로 복주福州에 모였으나

익왕益王과 광왕廣王은 바닷길로 온주溫州에 이르렀다. 소류의蘇劉義와 육수부陸秀夫가 달려왔고, 진의중陳宜中과 장세걸張世傑 등도 뱃길로 복주福州에 이르자 사태후謝太后가 손수 조서를 선포하여 두 왕으로 천하도원수와 부원수로 삼아 각지의 충의군을 소집하였다.

5월 초하루, 진의중과 육수부, 장세걸 등이 함께 익왕 시昰를 황제로 세워 복주에서 즉위하였다.(1276년) 이가 단종황제端宗皇帝이다.

○ 益王·廣王, 由海道至溫州, 蘇劉義·陸秀夫來會, 陳宜中·張世傑, 海舟亦至福州, 宣謝太后手詔, 以二王爲天下都副元帥, 召諸路忠義.

五月朔, 陳宜中·陸秀夫·張世傑等, 共立益王昰爲帝, 卽位于福州, 是爲端宗皇帝.

【溫州】浙東에 속한다.
【元帥】廣王을 都元帥로 삼고 益王을 副元帥로 삼음.

8. 端宗皇帝

🌐 端宗. 宋(南宋)의 제8대 황제.
趙昰. 1276년~1277년 재위.

1377 단종황제端宗皇帝

단종황제는 이름이 시趙昰이며 효공의성황제孝恭懿聖皇帝의 형이다.
즉위하여 연호를 경염景炎으로 고쳤으며 멀리 북쪽 원나라의 상도上都에
있는 황제에게 효공의성황제孝恭懿聖皇帝라는 존호를 올리고, 태황태후를
수화성복지인태황태후壽和聖福至仁太皇太后라 하였으며, 황태후를 인안
황태후仁安皇太后라 하고 도종度宗의 숙비淑妃 양씨楊氏를 황태후皇太后라
하여 함께 정치를 보았다.

端宗皇帝:
名昰, 孝恭懿聖皇帝兄也. 卽位改元景炎. 遙上帝尊號爲孝
恭懿聖皇帝, 太皇太后爲壽和聖福至仁太皇太后, 皇太后爲仁
安皇太后, 尊度宗淑妃楊氏, 爲皇太后, 同聽政.

【昰】고문의 '是'자임.(古文是字. ―원주)

1378 겨우 행정을 꾸리기는 했으나

아우 광왕廣王 병趙昺을 위왕衛王에 봉하고 진의중을 좌승상으로,
장세걸을 소보少保로 임명하였다.

○ 封廣王昺爲衛王, 陳宜中左丞相, 張世傑少保.

1379 문천상이 찾아오다

문천상이 이르러 오자 우승상에 임명하였으나 진의중, 장세걸과
의견이 맞지 않아 관직의 임명을 거절하였다.

○ 文天祥至, 除右丞相, 以與宜中·世傑異意, 不肯拜.

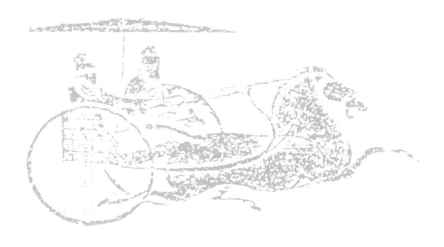

1380 도둑들조차 문천상에게 호응

9월, 문천상이 남검주南劍州에 독부督府를 개설하고 군사 수천 명을 모으자 드디어 소무군邵武軍을 수복하였다.

같은 해 10월 문천상이 군사를 거느리고 정주汀州로 가서 이르자 흥화군興化軍 통판通判 장일중張日中 등이 와서 합류하였다.

당시 공주贛州에 도둑이 창궐하여 강서江西, 민閩, 광동廣東 일대에 유혈의 참극이 벌어졌다. 장일중 등은 문천상이 도독부都督府를 설치하여 근왕병을 일으켰다는 말을 듣고 드디어 각기 군사를 일으켜 문천상에게 호응하였다.

문천상은 조시상趙時賞, 장일중, 조맹영趙孟濚에게 일군을 거느리고 공주를 공격하게 하여 영도寧都를 취하고, 오준吳浚에게는 다른 일군을 거느리고 우도雩都를 빼앗도록 하였다. 유수劉洙, 소명철蕭明哲, 진자경 陳子敬도 모두 강서에서 군사를 일으켜 찾아와 합류하였다.

○ 九月, 天祥開督南劍州, 募兵得數千, 遂復邵武軍. 同十月, 天祥帥師次于汀, 興化軍通判張日中等來會, 時贛寇猖獗, 血江閩廣之路.

日中等聞天祥開督勤王, 遂各起兵來應. 天祥遣趙時賞・張日中・趙孟濚, 將一軍趨贛, 以取寧都, 遣吳浚將, 一軍取雩都. 劉洙・蕭明哲・陳子敬, 皆自江西起兵來會.

【張日中】建昌軍의 南城人으로 橫渠先生(張載)의 13세 孫.

1381 교수教授 나개례羅開禮

추봉鄒鳳이 영도寧度에서 원군과 전투를 벌였으나 패하였다. 무강武崗의 교수教授 나개례羅開禮가 군사를 일으켜 영풍현永豐縣을 수복하면서 역시 전사하고 말았다. 문천상은 그를 위해 상복喪服을 입고 곡하였다.

○ 鄒鳳與元人戰于寧度, 敗績. 武崗教授羅開禮, 起兵復永豐縣, 亦死. 天祥爲製服哭焉.

1382 다시 바다로 나서서 피하다

11월(1276년) 원의 아라한阿剌罕과 동문병董文炳이 건녕부建寧府에 입성하여 드디어 복주福州를 침략하였다. 이에 진의중과 장세걸은 황제(단종)와 위왕, 양태후 등을 모시고 바다로 나가 조주潮州를 거쳐 광주廣州에 이르렀다가 다시 부양富陽으로 가서 사여협謝女峽으로 옮겼다.

○ 十一月, 元阿剌罕·董文炳入建寧府, 遂侵福州. 宜中·世傑, 奉帝及衛王·楊太后等航海, 由潮州至廣州, 趨富陽, 遷謝女陜.

1383 문천상의 저항 전투

정축丁丑 경염景炎 2년(1277년), 아라한阿剌罕이 정주汀州에 입성하자 문천상은 장주漳州로 달아났다. 그는 단종이 있는 곳으로 가서 천자를 호위하려 하였지만 길이 막혀 갈 수가 없었다. 이에 강서와 광동 사이를 오가며 싸워 승리하기도 하고 지기도 하였다.

○ 丁丑, 景炎二年, 阿剌罕入汀州, 文天祥奔漳州. 謀入衛, 道沮不通, 往來江廣間, 戰有勝負.

【丁丑】원 세조 지원 14년(1277년)이다.(元世祖至元十四年. ─원주)

1384 문천상에게 항복을 권유한 오준吳浚

　오준吳浚이 원에게 항복하고 장주로 달려가 문천상을 설득하여 항복을
권하였다. 그러나 문천상은 대의大義로써 그를 책하고 죽여버렸다.

　○ 吳浚降于元, 因趍漳, 說天祥降. 天祥責以大義誅之.

1385 매주梅州 수복

3월(1277년)에 문천상은 매주梅州를 수복하였다.

○ 三月, 文天祥復梅州.

1386 흥국현興國縣 수복

4월(1277년), 흥국현興國縣을 수복하였다.

○ 四月, 天祥復興國縣.

1387 조주潮州 수복

5월(1277년)에 장세걸이 조주潮州를 수복하였다.

○ 五月, 張世傑復潮州.

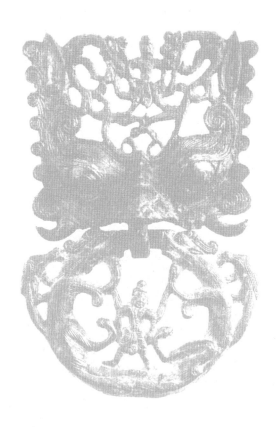

1388 송군宋軍의 회합

문천상은 매주梅州에서 강서江西로 나가 마침내 회창현會昌縣을 수복하여 조시상趙時賞과 장일중張日中의 군사와 모두 다시 만나게 되었다.

○ 天祥自梅州出江西, 遂復會昌縣, 與趙時賞·張日中之兵, 皆會之.

1389 재상 중의 진짜 재상

원나라 중서정사中書政事 염희헌廉希憲이 죽었다. 염희헌은 강릉江陵을 다스리고 있었는데 원근 백성들이 감화되어 그가 병이 들어 본국으로 소환되자 백성들이 모두 눈물을 흘리며 전송하였다. 뒤에 이 지방 사람들은 그의 사당을 세워 초상을 그려 제사지냈다.

그가 죽자 세조쿠빌라이가 이렇게 탄식하였다.

"염희헌처럼 나라의 큰일을 잘 처리할 사람은 다시는 없으리라."

백안伯顔도 역시 이렇게 말하였다.

"염공廉公은 재상 중의 진짜 재상, 남자 중의 진짜 남자였다."

세상에서는 이를 명언名言이라 여겼다.

○ 元中書政事廉希憲卒. 希憲在江浚, 遠近向化, 及有疾召還, 民皆垂涕擁送, 建祠繪像以祠之.

卒, 世祖歎曰:「無復有決大事如廉希憲者矣.」

伯顔亦曰:「廉公宰相中眞宰相, 男子中眞男子.」

世以爲名言.

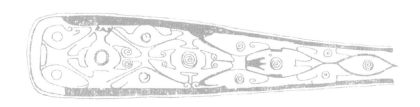

1390 길공吉贛의 여러 현을 수복

6월(1277년), 문천상이 우도雩都에서 원나라 군사를 패배시켜 드디어 흥국현興國縣에 주둔하였다.

가을 7월, 장일중과 조시상 등으로 하여금 군사를 거느리고 길공吉贛의 여러 현을 수복하도록 하여 드디어 감주贛州를 포위하게 되었다.

○ 六月, 天祥敗元人于雩都, 遂次于興國縣.

秋七月, 使張日中・趙時賞等, 帥師復吉贛諸縣, 遂圍贛州.

1391 장세걸張世傑의 회군

장세걸張世傑은 멀리 돌아 조주潮州를 경유하여 천주泉州를 포위하였으나 이기지 못하였다.

○ 張世傑回師, 由潮州圍泉州, 不克.

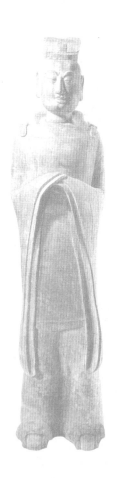

1392 다시 배로 쫓겨

황제(단종)를 모신 배가 조주潮州의 천만淺灣으로 옮겨갔다.

○ 帝舟遷于潮州之淺灣.

1393 문천상文天祥과 조시상趙時賞

(1) 문천상의 가족이 모두 포로가 되다

원나라 이항李恆이 군사를 파견하여 공주를 구원토록 하고 자신은
장수가 되어 흥국현에서 문천상을 습격하였다. 문천상은 이항이 졸지에
공격해 오리라고는 생각지 못하여 이에 군사를 이끌고 영풍永豊에 있는
추봉鄒灃에게로 달아났다. 이리하여 추봉의 군사가 먼저 무너졌고
원나라 군사는 문천상을 끝까지 추격하여 문천상은 방석령方石嶺에
이르렀을 때 이상의 군사가 추격하고 말았다. 이에 송나라의 장수
공신鞏信이 항전하였으나 온몸에 화살을 맞고 죽었다.

문천상은 공갱空阬에 이르렀으나 이항이 다시 추격하여 따라오고
말았다. 장일중이 분격하여 힘껏 싸워 원나라 군사는 약간 물러섰으나
이항이 철기鐵騎를 지휘하여 옆으로 공격하여 결국 송나라 군사는 무너
지고 말았다.

이때 문천상의 아내 구양씨歐陽氏, 아들 불생佛生과 환생環生, 딸 둘이
모두 사로잡히고 말았다.(1277년)

○ 元李恆遣兵援贛, 而自將襲天祥于興國. 天祥不意恆猝至,
乃引兵走, 卽鄒灃于永豊, 灃兵先潰, 恆窮追天祥. 天祥至方石嶺,
恆及之, 鞏信拒戰, 箭被體而死. 天祥至空阬, 恆又及之, 張日中
奮力戰, 元兵少卻, 恆麾鐵騎橫擊之, 日中身被十餘創, 猶手刃
十餘騎而死, 兵盡潰.

天祥妻歐陽氏, 男佛生, 還生, 及二女皆見執.

⑵ 내가 문천상이다

조시상趙時賞이 어깨에 메는 작은 가마의 뒤에 앉아 있었는데 원나라 군사가 물었다.

"누구냐?"

조사상이 말하였다.

"나는 성은 문文이다."

그러나 원군들이 그를 문천상으로 여겨 사로잡았다. 문천상은 이리하여 몸을 빼내어 맏아들 도생道生과 두호杜滸, 추봉鄒澦등과 함께 말을 달려 도망하여 마침내 순주循州에 이를 수 있었다. 그러자 사방으로 흩어졌던 송나라 군사도 자못 많이 모여들어 이에 남령南嶺에 주둔하였다. 그러나 막료幕僚들과 객장客將들은 모두가 사로잡히고 말았다.

조시상은 융흥隆興으로 끌려가서도 분격하여 꾸짖으며 굴복하지 않았다. 유수劉洙가 처형에 임하여 스스로 변명을 늘어놓자 조시상은 이렇게 꾸짖었다.

"오직 죽음이 있을 뿐이다. 어찌 그렇게까지 하느냐?"

장수와 보좌, 막료 등 포로가 되어 끌려온 모든 이가 모두 죽음을 당하였으며, 문천상의 처자와 가속들은 연경燕京으로 호송되었는데 두 아들은 도중에서 죽었다.

趙時賞坐肩輿後, 元人問:「爲誰?」

時賞曰:「我姓文.」

衆以爲天祥禽之,

天祥由是得挺身, 與其長子道生, 及杜滸鄒澦, 乘騎逸去, 遂奔循州. 散兵頗集, 乃屯于南嶺, 幕僚客將皆被執. 時賞至隆興, 奮罵不屈, 臨刑劉洙自辨, 時賞叱曰:「死耳. 何必然?」

於是將佐幕屬, 被執者皆死, 而天祥妻子家屬, 送于燕, 二子
死于道.

1394 광주廣州 함락

광주廣州가 함락되었다.(1277년)

○ 廣州陷.

1395 바다까지 찾아와 공격

11월(1277년), 원나라 유심劉深이 해군을 거느리고 천만淺灣을 공격
하였다. 장세걸은 나서서 싸웠지만 불리해지자 단종을 모시고 수산秀山
으로 달아났다.

진의중이 점성占城으로 가서 군사를 모아 오겠다고 하였으나 끝내
돌아오지 못하였다.

12월, 단종은 다시 정오并隩로 옮겨가다가 태풍이 일어났고 황제는
병이 나고 말았다. 원의 유심이 다시 해군으로써 정오를 공격하여
유여규兪如珪를 잡아가자 단종의 배는 사녀협謝女峽으로 옮겼다.

○ 十一月, 元劉深以舟師襲淺灣. 張世傑戰不利, 奉帝舟走秀山.
陳宜中之占城求兵, 遂不復還.

十二月, 帝再遷于幷隩, 颶風作, 帝有疾. 元劉深復以舟師來
襲幷隩, 執兪如珪, 帝舟遷于謝女峽.

1396 뇌산雷山 공격

무인戊寅 경염 3년(1278년), 장세걸이 군사를 보내 뇌산雷山을 공격하였으나 이기지 못하였다.

○ 戊寅, 景炎三年, 張世傑遣師討雷山, 不克.

【戊寅】원 세조 지원 15(1278년)년이다.(元世祖至元十五年. ─원주)

1397 여강포麗江浦

3월(1278년), 문천상이 군사를 여강포麗江浦에 주둔시켰다.

○ 三月, 文天祥會兵次于麗江浦.

1398 원군元軍이 민광閩廣으로 진격

원은 장홍범張弘範을 도원수로, 이항李恆을 부원수로 삼아 군사를
거느리고 민광閩廣으로 들어왔다.

○ 元以張弘範爲都元帥, 李恆副之, 帥師入閩廣.

1399 단종端宗이 죽다

단종의 배는 망주碙州로 옮겨갔다.

여름 4월(1278년), 단종端宗이 망주에서 죽었다. 육수부陸秀夫가 위왕衛王을 황제로 세웠다. 이가 제병帝昺이다.

○ 帝舟遷于碙州. 夏四月, 帝崩于碙州. 陸秀夫立衛王爲帝, 是爲帝昺.

9. 帝昺

● 帝昺. 宋(南宋)의 제9대 마지막 황제.
廟號가 없음. 1278년~1279년 재위.

1400 제병帝昺

(1) 어리고 불쌍한 마지막 황제

제병帝昺은 단종황제의 아우로 이름은 병趙昺이다. 즉위하여(1278년) 연호를 상흥祥興으로 바꾸었다. 황태비皇太妃 양씨楊氏가 황제와 자리를 같이하여 정치를 하였다. 이에 앞서 신하들은 거의가 제각기 흩어지려 하자 육수부가 이렇게 말하였다.

"도종황제度宗皇帝의 아드님 한 분이 아직 살아 계시니 그 분을 어떻게 그대로 방치할 수 있겠소? 옛날 사람 중에는 겨우 1 려旅 1 성成으로 중흥中興한 이가 있었소. 지금 우리는 백관百官과 유사有司가 모두 갖추어져 있으며 군사도 수만 명이나 되오. 하늘이 만약 송나라가 끊어지기를 원치 않는다면 이 어찌 나라를 일으키지 못하겠소?"

이에 여러 사람들과 함께 제병을 세운 것이었다. 제병은 나이 8살이었다.

帝昺：

端宗皇帝弟也, 名昺. 卽位改元祥興, 皇太后楊氏同聽政.
先是羣臣多欲散去, 陸秀夫曰：「度宗皇帝一子尚在, 將焉置之?

古人有以一旅一成中興者. 今百官有司皆具, 士卒數萬. 天若
未欲絶宋, 此豈不可爲國耶?」

乃與衆共立帝, 年八歲矣.

⑵ 피난 행렬에 끼인 초라한 모습

마침 황룡黃龍이 바다에 나타나 드디어 상흥祥興이라 하고, 망주碙州를
승격시켜 상룡현翔龍縣이라 하였다. 그리고 육수부를 좌승상左丞相으로
삼아 추밀사樞密使를 겸하게 하였다. 당시 바닷가를 이리저리 떠돌고
있는 상황이었으므로 모든 일이 소략하여 매번 세시歲時나 절기, 그리고
조회 때에는 오직 육수부 한 사람만이 의관을 갖추고 홀笏을 잡아
그 모습은 태평한 때와 같이 하였다.

그러나 혹 이리저리 피해 다니는 행렬 가운데 끼일 때면 처연히
눈물을 흘려 관복으로 이를 닦아 옷이 모두 젖어 좌우에 그와 함께
비통해하지 않는 사람이 없었다.

그는 승상에 임명되자 장세걸과 함께 정치를 맡아 밖으로 군사의
일과 안으로는 공사工事와 부역賦役에 관한 일이 모두 그의 손에서 나왔다.

그는 비록 갑자기 피하여 유랑해야 하는 상황 속에서도 오히려 날마다
주자朱子의 《대학장구大學章句》를 글씨로 써서 황제에게 권하고 강의
하였다.

適有黃龍見海中, 遂改祥興, 而升碙州爲翔龍縣, 以陸秀夫爲
左丞相, 兼樞密使. 時播越海濱, 庶事疎略, 每時節朝會, 獨秀夫,
儼然正笏立, 如治朝.

或在行中，悽然泣下，以朝衣拭淚，衣盡濕，左右無不悲慟者。
及拜首相，與張世傑共秉政，外籌軍旅，內調工役，凡出其手。
雖忽遽流離中，猶日書大學章句以勸講。

1401 다시 애산厓山으로 옮겨가다

6월(1278년), 황제의 배는 신회新會의 애산厓山으로 옮겨갔다.

○ 六月, 帝舟遷于新會之厓山.

1402 별들이 떨어지다

큰 별이 남으로 흘러 바다에 떨어지고 작은 별 천여 개가 뒤따라 떨어졌다. 그 소리가 마치 천둥과 같았으며 여러 각(刻)을 계속하다가 멎었다.

○ 有大星, 南流墜海中, 小星千餘隨之. 聲如雷, 數刻乃止.

1403 역질疫疾까지 번져

문천상은 제병帝昺이 즉위하였다는 말을 듣고 표를 올려 자신이 강서에서 패전한 죄를 스스로 탄핵하며 입조入朝를 청하였으나 조정에서는 입조를 허락하지 않고 도리어 소보少保의 벼슬을 더하여 신국공信國公에 봉하였다. 마침 군중軍中에 큰 역질이 돌아 사졸들이 많이 죽고 문천상의 아들 도생道生도 죽어 가족이 함께 진멸하고 말았다.

○ 天祥聞帝卽位, 上表自劾敗于江西之罪, 乞入朝不許, 而加少保, 封信國公. 會軍中大疫, 士卒多死. 天祥子道生復亡, 家屬俱盡.

1404 행정의 형태는 갖추다

원은 허형許衡을 집현전대학사集賢殿大學士에 임명하고 태사원太史院의
일을 겸하게 하였다.

○ 元以許衡爲集賢大學士, 兼領太史院事.

1405 자살도 못한 채

⑴ 밥 먹다가 맞닥뜨린 적군

문천상은 조양潮陽에 주둔하자 추봉鄒灃과 유자준劉子俊이 군사를 모아 이곳으로 집결하여 드디어 조주潮州에서 도적 진의陳懿와 유흥劉興을 쳤다. 유흥은 죽었으나 진의는 달아나 원군 장홍범張弘範의 길잡이가 되어 조양 공격에 협력하였다. 문천상은 원군에게 버틸 힘이 없어 그 휘하를 거느리고 해풍海豐으로 달아났다. 원나라 장수 장홍정張弘正이 그를 추격하였다.

문천상이 오파령五坡嶺에서 밥을 먹고 있을 때 갑자기 장홍정의 군사가 나타나 송나라 군사는 맞서 싸울 겨를도 없이 모두 머리를 숙이고 풀 속에 숨었다. 문천상은 사로잡히어 뇌자腦子를 먹었으나 죽지 못하였고 추봉은 목을 찔러 자결하고 말았다.

○ 文天祥屯潮陽, 鄒灃·劉子俊, 皆集師會之, 遂討盜陳懿劉興于潮, 興死, 懿遁, 道張弘範, 兵濟潮陽. 天祥力不支, 帥其麾下走海豐, 張弘正追之.

天祥方飯五坡嶺, 弘正兵突至, 衆不及戰皆頓首伏草莽, 天祥被執, 吞腦子不死, 鄒灃自剄.

⑵ 충의밖에 모른다

유자준劉子俊은 자기가 문천상이라 속여 문천상이 위험에서 벗어나도록 하였으나 문천상이 잡혀오자 둘은 서로 자신이 문천상이라고 진위를 다투었다.

드디어 유자준은 삶겨 죽고 문천상은 잡혀 좌우가 장홍범에게 절을 하라 명하였으나 문천상이 굽히지 않자 장홍범은 그의 결박을 풀어주고 손님의 예로써 대하였다. 문천상은 죽여주기를 고집스럽게 청하였지만 장홍범은 들어주지 않았다. 어떤 자가 장홍범에게 이렇게 말하였다.

"적국의 재상이니 무슨 일을 할지 예측할 수 없습니다. 가까이 하지 않아야 합니다."

그러자 장홍범은 이렇게 말하였다.

"저 자는 충성과 의밖에 모른다."

그리고는 문천상의 가족으로 포로가 된 사람을 찾아 모두 돌아가도록 풀어주고 문천상은 배에 태워 자신이 데리고 나섰다.

劉子俊自詭爲天祥, 冀可免不祥, 及執天祥至, 各爭眞僞, 遂烹子俊, 而執天祥見弘範. 左右命之拜, 天祥不屈, 弘範釋其縛, 以客禮見之. 天祥固請死, 弘範不許.

或謂弘範曰:「敵人之相, 不可測也. 不宜近之.」

弘範曰:「彼忠義也. 保無他.」

求族屬被俘者悉還之, 處舟中以自從.

1406 단종端宗을 애산厓山에 묻다

단종端宗을 애산厓山에 묻었다. (1278년)

○ 葬端宗于厓山.

1407 해남海南

원의 아리해아阿里海牙가 해남海南으로부터 군사를 돌려 상도上都로 귀환하였다.

○ 元阿里海牙, 自海南還師上都.

1408 참혹한 패전

(1) 문천상文天祥의 시詩

기묘己卯, 상흥祥興 2년 정월(1279년), 원나라 장홍범의 군사가 애산에 이르자 장세걸이 힘을 다해 방어하여 장홍범도 어쩔 수 없게 되었다. 이때 장세걸의 조카 한韓이라는 자가 원나라 군중에 있었는데 장홍범은 세 번이나 그를 송나라 군중에 보내어 장세걸을 설득하도록 하였다. 그러나 장세걸은 거부하면서 이렇게 말하였다.

"내가 지금 원에 항복하면 살아날 수 있을 뿐 아니라 게다가 부귀도 누리게 됨을 잘 알고 있다. 그러나 의로 보아 그렇게 마음을 옮길 수는 없다."

그리고는 역대 옛날 충신들의 사적을 들어 대답으로 삼자 장홍범은 이에 문천상에게 편지를 써 보내어 장세걸을 설득하도록 명하였다. 그러자 문천상은 이렇게 말하였다.

"나는 부모황제도 능히 호위하지 못하였는데 이에 남으로 하여금 그 부모를 배반하라고 가르친다면 되겠는가?"

장홍범은 굳이 명령을 내리자 문천상은 마침내 붓을 들어 배를 타고 영정양零丁洋을 지나면서 읊었던 시를 써 주었다. 그 시의 끝 구절은 이러하였다.

"사람으로 나서 자고로 그 누군들 죽지 않으랴?
 그저 죽은 후 단심丹心이 한청汗青을 비춤을 남겨놓을 뿐이지."
(人生自古誰無死, 留取丹心照汗青.)

장홍범은 웃으면서 더 이상 요구하지 않고 버려두었다.

○己卯, 祥興二年正月, 元張弘範兵至厓山, 張世傑力戰禦之, 弘範無如之何, 時世傑有甥韓在元師中, 弘範三使韓至宋師招世傑.

世傑不從, 曰:「吾知降生且富貴, 但義不可移耳.」

因歷數古忠臣以答之, 弘範乃命文天祥, 爲書招世傑, 天祥曰:「吾不能扞父母, 乃教人叛父母, 可乎?」

固命之, 天祥遂書所過零丁洋詩與之, 其末有云:『人生自古誰無死, 留取丹心照汗青.』

弘範笑而置之. 弘範復遣人語厓山士民曰:「汝陳丞相已去, 文丞相已執, 汝欲何爲?」

士民亦無叛者.

【己卯】원 세조 지원 16년(1279년)이다.(元世祖至元十六年. –원주)

【零丁洋詩】원래 7언 8구의 律詩이며 그 전문은 다음과 같다.

「辛苦遭逢起一經, 干戈落落四周星.

山河破碎水漂絮, 身世浮沈風打萍.

皇恐灘邊說皇恐, 零丁洋裏歎零丁.

人生自古誰無死, 留取丹心照汗青.」

⑵ 바닷물까지 마시며

장홍범이 다시 애산의 사민士民들에게 항복을 권하도록 사람을 파견하였다.

"그대들의 승상 진의중陳宜中은 이미 떠났고, 승상 문천상도 이미 포로가 되었다. 그대들은 이 이상 어쩌겠는가?"

그러나 사민들도 역시 어느 하나 조국을 배반하는 자가 없었다. 장홍범은 해군으로 그곳 바닷길 입구를 점거하여 막아버렸다. 그리하여 송나라 군사는 땔나무도, 먹을 물도 구할 수 없게 되어 병사들은 마른 밥乾糧을 먹으며 견뎌야 했다. 열흘을 넘자 갈증을 견뎌낼 수가 없어 내려가 바닷물을 떠 마셨다. 그러나 물이 짜서 마시고는 즉시 토하고 설사를 하여 병사들이 큰 고통을 겪으면서도 장세걸은 소류의蘇劉義, 방흥方興 등을 거느리고 아침저녁으로 큰 전투를 벌였다. 이때 원나라의 이항李恆이 광주廣州에서 군사를 거느리고 함께 공격하고자 달려오자 장홍범은 이항에게 명하여 애산의 북쪽을 지키게 하였다.

弘範又以舟師據海口, 宋師樵汲道絶, 兵士茹乾糧, 十餘日 而大渴, 乃下掬海水飮之, 水鹹, 飮卽嘔泄, 兵士大困, 世傑帥蘇 劉義・方興等, 旦夕大戰. 元李恆自廣州以師會攻, 弘範命恒守 厓山北面.

1409 송나라의 처절한 최후

(1) 어린 황제를 업고 바다에 뛰어들어

2월(1279년) 무인戊寅 초하루, 장
세걸의 부장 진보陳寶가 모반하여
원나라에 항복하였다. 기묘일己卯日
도통都統 장달張達이 밤에 원나라
군사를 습격하였다가 패하여 돌아
왔다. 원나라 군사가 장세걸의 배에
육박해 들어갔다. 갑신甲申 장홍범
은 군사를 넷으로 나누고 자신이
그 한 부대를 거느리고는 각 부대의
거리를 1리쯤으로 한 다음, 여러
장수들에게 이렇게 명령을 내렸다.

〈陸秀夫〉

"송나라 배는 서쪽 애산에 대고
있다가 만조가 되면 틀림없이 동쪽
으로 달아날 것이다. 그때 급히 쳐서
놓치지 않도록 하라. 나의 주악奏樂 소리를 듣거든 싸움을 시작하라.
명령을 어기는 자는 참형에 처할 것이다."

그리고 먼저 애산 북쪽에 있는 한 부대 이항에게 명하여 조수를
타고 공격하도록 하였다. 그런데 이항 등은 조수를 타고 내려오다가
장세걸에게 격퇴당하고 말았다. 한낮에 조수가 밀려오자 원나라 군중
에서 주악 소리가 들려왔다. 송나라 군사는 잠시 느슨하게 쉬도록
하는 것으로 여겨 싸울 준비를 하지 않고 있었다.

장홍범은 해군으로 앞장을 서서 공격하고 남쪽에 있던 부대가 뒤를
이었다. 송나라 군사는 남북 양쪽으로부터 적의 공격을 받았고 병사들
은 모두 지쳐 있어 더 이상 싸울 수가 없었다. 그런데 갑자기 송나라의

배 돛대에 꽂은 깃발이 쓰러지자 다른 배들의 깃발도 모두 쓰러지는 것이었다. 장세걸은 사태가 이미 끝났음을 알고 이에 정예를 뽑아 중군中軍으로 들어갔다. 이리하여 송나라 군사는 크게 궤멸되고 원나라 군사가 송나라 중군으로 육박해 들어왔다. 때마침 해가 저물어 비바람이 심하고 안개까지 사방을 막아 지척을 분간할 수 없게 되었다. 장세걸은 이에 소류의와 배의 닻줄을 끊고 16척의 배로써 항구를 빠져나왔다.

육수부陸秀夫는 황제帝昺가 탄 배를 탈주시키려고 하였으나 황제의 배는 크고 게다가 많은 배들이 그 둘레에 매여 있어 빠져나올 수가 없었다. 이에 그는 먼저 자신의 처자를 몰아 바다에 뛰어들게 하고는 자신도 어린 황제를 업고 바다에 뛰어들었다. 이리하여 황제는 죽었다.

후궁後宮과 신하들도 따라 죽은 자가 심히 많아 이레가 지난 뒤 바다 위에 떠오른 시신이 10여만이나 되었다. 원나라 군사는 이 가운데서 황제의 유해遺骸와 조서에 찍는 옥새를 찾아내었다.

○ 二月, 戊寅朔, 世傑將陳寶, 叛降于元. 己卯, 都統張達夜襲元師, 敗還.

元人進薄世傑之舟, 甲申, 弘範四分其軍, 自將一軍, 相去里許, 令諸將曰:「宋舟西艤厓山, 潮至必東遁. 急攻之勿令得去. 聞吾樂作乃戰, 違令者斬.」

先麾北面一軍, 乘早潮而戰, 世傑敗之. 李恆等順潮退師, 午潮上, 元師樂作, 宋師以爲且懈, 不設備. 弘範以舟師犯其前, 南師繼之, 宋師南北受敵, 兵士皆疲, 不能復戰, 俄有一檣旗仆, 諸舟之檣旗皆仆. 世傑知事去, 乃抽精兵入中軍, 諸軍大潰, 元師薄宋中軍.

會日暮, 風雨昏霧四塞, 咫尺不辨, 世傑乃與蘇劉義斷維, 以十六舟奪港而去. 陸秀夫走帝舟, 帝舟大, 且諸舟環結, 度不得出走.

乃先驅其妻子入海, 卽負帝同溺焉, 帝崩.

後宮諸臣從死者甚衆, 越七日, 屍浮海上者十餘萬人. 因得帝屍及詔書之寶.

(2) 송나라 핏줄 하나 있었기에

얼마 후 장세걸은 다시 애산으로 돌아가 남은 군사를 모았으며 양태후楊太后를 만나 그를 받들고 조씨趙氏의 자손을 찾아내어 뒤에 다시 복위시키고자 하였으나 태후는 비로소 어린 황제가 죽었음을 알고 가슴을 치며 크게 통곡하였다.

"내가 죽을 목숨을 견디며 험난한 난관을 지나 여기까지 온 것은 오직 조씨의 한 덩이 핏줄帝冑이 있었기 때문이었다. 이제는 희망이 없다."

그리고 바다에 몸을 던져 죽었다.(1279년) 장세걸은 그 유해를 바닷가에 장사지냈다.

已而世傑復還崖山收兵, 遇楊太后, 欲奉以求趙氏, 後而復立之, 楊太后始聞帝崩, 撫膺大慟曰:「我忍死艱關至此者, 正爲趙氏一塊肉耳. 今無望矣.」

遂赴海死. 世傑葬之海濱.

(3) 하늘이여, 배를 엎어주소서

장세걸은 다시 안남安南으로 가고자 서둘러 평장산平章山 아래까지 갔으나 여기서 큰 태풍을 만났다. 뱃사공들은 배를 대어 피하고자 하였으나 장세걸은 이렇게 말하였다.

"그럴 것 없다."

그리고는 향을 피우고 하늘을 우러러 이렇게 소리쳤다.

"내가 조씨를 위해 할 수 있는 일도 역시 여기에서 끝났습니다. 한 임금이 죽어 다시 한 임금을 세웠더니 지금 또 죽고 말았습니다. 내가 아직 죽지 않고 있음은 적병이 물러가고 따로 조씨를 세워 제사를 이어가도록 하고자 함일 것이라 기대했는데, 지금 이와 같음은 하늘의 뜻이 바로 이것입니까? 만약 하늘이 우리 조씨의 제사를 복원시키지 않으시겠다면 큰 바람으로 저의 배를 엎어주시옵소서."

배는 드디어 전복되어 장세걸은 빠져 죽고 여기에 송나라는 멸망하였다.

世傑將趨安南, 至平章山下, 遇颶風大作, 舟人欲艤, 世傑曰: 「無以爲也.」

焚香仰天呼曰: 「我爲趙氏亦已至矣. 一君亡復立一君今又亡, 我未死者, 庶幾敵兵退, 別立趙氏以存祀耳. 今若此, 豈天意耶? 若天不欲我復存趙祀, 則大風覆吾舟.」

舟遂覆世傑溺焉, 宋亡.

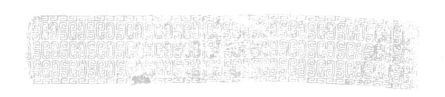

1410 나라가 망하였다는데

애산이 이미 함락되자 원의 장홍범 등은 크게 잔치를 열어 문천상에게
이렇게 말하였다.

"나라가 이제 멸망하였소. 그대 승상의 충효도 끝이 난 셈이오. 능히
마음을 고쳐 송나라를 섬기던 정성으로 원나라를 섬긴다면 재상의
지위를 잃지 않을 것이오."

문천상은 눈물을 줄줄 흘리며 이렇게 말하였다.

"나라가 망하는데 구제하지 못한 것은 신하로서 죽고 나서도 여죄가
있는 것이오. 그런데 하물며 죽음을 면하고자 패하여 도망하고 게다가
두 마음을 가지는 것임에랴?"

장홍범은 그를 의롭게 여겨 연경燕京으로 호송하였다. 길주吉州를
지나갈 때 원통함을 이기지 못하여 문천상은 먹지도 않았으나 8일이
되어도 죽지 않아 다시 식사를 하였다.

10월에 문천상은 연경에 도착하였으나 굴복하지 않아 옥에 갇혔다.
그럴수록 그의 절개는 더욱더 굳어질 뿐이었다.

○ 厓山旣破, 元張弘範等, 置酒大會, 謂文天祥曰:「國亡,
丞相忠孝盡矣. 能改心, 以事宋者事今, 不失爲宰相也.」

天祥泫然出涕曰:「國亡不能救, 爲人臣者, 死有餘罪, 況敗逃
其死而貳其心乎?」

弘範義之, 遣送于燕京. 道經吉州, 痛恨不食, 八日猶生, 乃復食.
十月, 天祥至燕, 不屈繫獄, 勵操愈堅.

1411 부흥 운동과 과거의 예언

(1) 안남安南으로 피신해 간 사람들

송나라의 옛 신하로 영해嶺海에서 안남安南으로 피신해 간 사람도 있었다. 안남은 국왕 이건덕李乾德이 소흥紹興 때 죽고 그 아들 양환陽煥이 섰다가 양환이 죽자 그 아들 천조天祚가 섰다. 천조는 효종孝宗의 순희淳熙 때 죽고 그 아들 용한龍翰이 섰다. 용한이 영종寧宗의 가정嘉定 때 죽고, 그 아들 호참昊旵이 섰다.

안남왕은 대대로 송나라의 정삭正朔을 받들어 왔는데 용한龍翰 때에 민閩 땅 사람 진경陳京이 그 나라로 들어가 정권을 잡았으며 국왕의 사위가 되었다. 진경의 아들 승陳承은 2대에 걸쳐 안남의 정권을 잡았다가 호감 때에 이르러 왕위를 빼앗아 호감의 아들 위황威晃에게 물려주었다.

송나라 이종理宗은 위황이 바치는 공물을 받고 그를 안남왕에 봉하였었다. 위황은 왕위를 아들 일조日照에게 물려주었는데 송나라가 멸망하자 이름을 일훤日烜으로 고치고 원나라에 공물을 바쳐 그 속국이 되었었다.

○ 宋之故臣, 亦有由嶺海走安南者, 安南自其國王李乾德卒於紹興, 子陽煥立, 陽煥卒, 子天祚立, 天祚卒於淳熙, 子龍翰立. 龍翰卒於嘉定, 子昊旵立.

世奉宋正朔, 當龍翰時, 有閩人陳京, 入其國得政, 爲國壻. 京子承, 再世執其國柄, 及昊旵時, 承奪其國, 傳子威晃, 理宗受其貢而封之. 威晃傳子日照, 宋亡乃改名日烜, 奉貢于元.

【紹興】 남송 高宗(趙構)의 연호. 1131~1162년.
【淳熙】 남송 孝宗의 연호. 1174~1189년.
【嘉定】 寧宗(趙擴)의 연호. 1208~1224년.

(2) 예언이 들어맞은 것인가

처음 소옹邵雍이 어떤 객과 이야기를 하면서 나라의 운명에 미치자 그는 진晉, 五代 後晉의 출제기出帝紀를 꺼내어 보여주면서 이렇게 말하였다.

"정강靖康의 응험이라는 것이 있으며 덕우德祐 때에 이르면 그 징험이 더욱 분명해질 것이오."

진단陳摶도 역시 일찍이 일변一汴, 이항二杭, 삼민三閩, 사광四廣의 설을 말한 적이 있었는데 과연 송나라는 민광閩廣에서 소진하고 말았다.

初邵雍與客語及國祚, 取晉出帝紀示之:「靖康驗矣. 至德祐益驗.」

陳摶亦嘗有一汴二杭, 三閩‧四廣之說, 宋果至閩廣而盡.

【邵雍】 송대 성리학자 康節先生.
【出帝】 五代 때 後晉의 出帝가 契丹에게 잡혔던 일.
【靖康驗】 靖康之恥를 말함. 출제(出帝)가 거란(契丹)에 잡힌 일과 같이 정강(靖康) 연간에 휘종이 금(金)나라에 잡혀가게 되는 일의 응험을 말함.
【德祐】 소제(少帝)가 원나라에 잡혀간 일을 말함.
【陳摶】 송대 유학자이며 예견자. 希夷先生.
【一汴二杭三閩四廣】 첫 수도는 汴京, 다음은 杭州(臨按), 그 다음은 閩(福建), 그리고 최후는 廣(廣東)임을 예언한 것.

(3) 남송과 북송

송나라는 태조太祖의 건륭建隆 원년(960년)으로부터 흠종欽宗의 정강
靖康 1126까지 167년北宋이었으며, 고종高宗의 건염建炎 1127으로부터
제병帝昺의 상흥祥興 1279에 이르기까지 다시 153년南宋이었다.

自太祖建隆, 至欽宗靖康, 一百六十七年. 自高宗建炎, 至祥興,
又一百五十三年.

【自太祖云云】송나라는 太祖로부터 欽宗에 이르기까지 모두 九世였으며 남송으로
이어져 高宗으로부터 帝昺에 이르기까지 역시 九世였음.(自太祖至欽宗凡九世,
自高宗至帝昺凡九世. –원주)

1412 송나라 사직이 끝나다

이상 송宋나라는 태조太祖 건륭建隆 원년(960~1279년) 경신庚申으로부터 제병帝昺의 상흥祥興 기묘己卯에 이르기까지 모두 320년으로 망하였다.

右宋自太祖建隆元年庚申, 至帝昺祥興己卯, 凡三百二十年而亡.

남송 최후의 지역 廣東 新會의 厓山.

綠釉鴟吻

임동석(苗浦 林東錫)

慶北 榮州 上苗에서 출생. 忠北 丹陽 德尚골에서 성장. 丹陽初中 졸업. 京東高 서울
教大 國際大 建國大 대학원 졸업. 雨田 辛鎬烈 선생에게 漢學 배움. 臺灣 國立臺灣師
範大學 國文研究所(大學院) 博士班 졸업. 中華民國 國家文學博士(1983). 建國大學校
教授. 文科大學長 역임. 成均館大 延世大 高麗大 外國語大 서울대 등 大學院 강의.
韓國中國言語學會 中國語文學研究會 韓國中語中文學會 會長 역임. 저서에《朝鮮譯
學考》(中文)《中國學術槪論》《中韓對比語文論》. 편역서에《수레를 밀기 위해 내린
사람들》《栗谷先生詩文選》. 역서에《漢語音韻學講義》《廣開土王碑研究》《東北民族
源流》《龍鳳文化源流》《論語心得》〈漢語雙聲疊韻研究〉 등 학술 논문 50여 편.

임동석중국사상100

십팔사략十八史略

曾先之 編 / 林東錫 譯註
1판 1쇄 발행/2009년 12월 12일
3쇄 발행/2017년 5월 1일
발행인 고정일
발행처 동서문화사
창업 1956. 12. 12. 등록 16-3799
서울중구다산로12길6(신당동,4층) ☎546-0331~5 (FAX)545-0331
www.dongsuhbook.com
잘못 만들어진 책은 바꾸어 드립니다.

*

*

사업자등록번호 211-87-75330
ISBN 978-89-497-0571-2 04080
ISBN 978-89-497-0542-2 (세트)